Sammlung Vandenhoeck

V&R

Inhalt

Vorwort

Im Mittelpunkt der folgenden Untersuchung steht die 1627 einsetzende Hexenverfolgung im Kurfürstentum Köln. Selbstverständlich muß dafür aber die Gesamtproblematik der Hexenverfolgung einbezogen werden. Der Titel des Buches lehnt sich bewußt an den eines anderen Buches an: »Der Krieg gegen die Juden 1933-1945« von Lucy S. Dawidowicz. Das heißt nicht etwa – diesem Mißverständnis sei sogleich vorgebeugt –, daß hier das eine mit dem anderen verglichen werden soll. Vielmehr geht es um die schon manchmal gestellte Frage nach Ähnlichkeiten, Übereinstimmungen, Berührungspunkten zwischen Juden- und Hexenverfolgungen. Die Hexenverfolgung im Kurfürstentum Köln weist solche Berührungspunkte in einem Ausmaß auf, wie das bislang nicht gesehen wurde.

Der Hauptgrund für diese Unkenntnis liegt in einer ganz eigentümlichen Quellenüberlieferung. Für den zentralen Landesteil des Kurfürstentums befinden sich Dokumente über Hexenprozesse eben nicht dort, wo sie normalerweise gesucht werden: in den Hexenprozeßakten. Im zuständigen Hauptstaatsarchiv Düsseldorf sind nur ganz wenige vorhanden. Das zentrale Archiv des Kurfürstentums ist bei einem Brand im Jahre 1689 weitgehend vernichtet worden. Die Stadtarchive in diesem Raum haben zum Teil im späten 17. Jahrhundert das gleiche Mißgeschick erfahren wie das Zentralarchiv, zum Teil haben sie aus anderen Gründen kaum einschlägige Unterlagen. Im Stadtarchiv Zülpich sind Fragmente von Hexenprozeßakten erhalten, und im Landeshauptarchiv Koblenz finden sich Einzelstücke vornehmlich für die Städte Andernach und Ahrweiler. Aber ob Bonn oder Brühl, Meckenheim oder Rheinbach – die Stadtarchive sind ebenso unergiebig wie die vom Landschaftsverband Rheinland betreuten Adelsarchive. Es ist zwar aus gedruckten Unterlagen des 17. Jahrhunderts bekannt, daß es Hexenprozesse in diesem Gebiet gegeben hat, die wirklichen Ausmaße der Verfolgung blieben jedoch im dunkeln.

Anders verhält es sich mit dem Herzogtum Westfalen, das

ebenfalls zum Kurfürstentum Köln gehörte. Aus diesem Landesteil sind relativ viele Hexenprozeßakten erhalten, allerdings sehr zerstreut und größtenteils mehr oder weniger bruchstückhaft; auch ist der wichtige Schriftverkehr zwischen der Verwaltungsspitze des Herzogtums und der Zentrale des Kurfürstentums bei dem Brand von 1689 vernichtet worden. Trotzdem reichen die erhaltenen Unterlagen zur Erkenntnis der Massenvernichtung aus. Die Hexenprozesse im Herzogtum Westfalen fanden aber aus unbekannten Gründen kaum Beachtung, erst vor gut zehn Jahren setzten Veröffentlichungen dazu ein.

Aber es gibt eine ausgezeichnete Quelle für die Vorgänge in Kurköln: die Protokolle des Hofrats, die ab 1579 mit geringfügigen Lücken erhalten sind. Diese Entscheidungsmitschriften der obersten Verwaltungsbehörde umfassen bis 1685 68 Bände, die allerdings mühsam auszuwerten sind, da es kaum Betreffvermerke gibt. Verlauf und Ausdehnung der Verfolgung werden auf diesem Wege erkennbar, aber – der Eigenart dieser Quelle gemäß – nur im großen Überblick, sozusagen aus der Vogelperspektive.

Hexenprozesse waren bekanntlich ein europäisches Phänomen. Aber sie wurden nur in bestimmten Gebieten durchgeführt, während sie in anderen Gebieten gar nicht oder nur in relativ geringem Umfang stattfanden. Der heutige Forschungsstand ist noch sehr lückenhaft, aber es dürfte trotzdem schon sicher sein, daß Deutschland das Zentrum der europäischen Hexenprozesse war. Doch auch Deutschland war nicht gleichmäßig betroffen, es gab eine relativ prozeßarme Zone und eine Kernzone der Hexenprozesse. Innerhalb dieser Kernzone sind wiederum Territorien zu beobachten, die mit ihrer Verfolgungsintensität völlig aus dem Rahmen fallen, nicht nur nach der Zahl der Opfer, sondern auch durch die Art der Durchführung. Kurköln nimmt unter diesen Territorien eine Sonderstellung ein. Zwar haben auch andere Fürsten eine gründliche Ausrottung der Hexen in ihren Ländern in Angriff genommen, aber der Kölner Kurfürst und seine Verwaltung konnten von ihnen allen lernen, ihrer aller Erfahrungen gebündelt nutzen. Denn in Kurköln wurde das Ausrottungsprogramm erst begonnen, als die Hexenprozesse in anderen Territorien schon ihrem Höhepunkt zustrebten.

Wie die räumliche Verteilung der Massenprozesse in Deutschland nicht gleichmäßig war, so irrig ist auch die oft vertretene Behauptung, in Deutschland hätten die Scheiterhaufen zwei Jahrhunderte lang in gleicher Intensität gebrannt. In Wirklichkeit traten die Massenprozesse in bestimmten zeitlichen Konzentrationen auf, sie verliefen in Wellen. Die größeren Verfolgungen nach der Reformation begannen 1562/63, um 1680 endeten sie. Ein Teil war regional begrenzt, aber es gibt zwei überregional herausragende Wellen: um 1590 und zwischen 1626 und 1631. Von diesen beiden bildete die letztere den Höhepunkt. In den Jahren zwischen 1626 und 1631 erreichte die Hexenverfolgung ihre größte Wucht, wobei sich innerhalb der Kernzone einige Territorien besonders hervortaten, allen voran Kurköln. Aber im Gegensatz zu anderen Territorien hatte das Kernland von Kurköln noch keine Massenverfolgung erlebt. Dafür nahm ab 1627 ein zentral gesteuertes Exstirpationsprogramm Gestalt an, das Berührungspunkte mit der Judenverfolgung aufweist. Exstirpation heißt medizinisch die restlose Entfernung eines Organs, und dieses Bild war bei den Inquisitoren sehr verbreitet: Ein unheilbares Übel sollte aus dem Körper der Christenheit herausgeschnitten werden, um nicht den ganzen Organismus zu gefährden.

Kurköln steht darum in Zentrum dieser Untersuchung. Der Landesherr war Kurfürst Ferdinand v. Wittelsbach, der schon ab 1595 die Verwaltung des Landes maßgeblich leitete, bevor er 1612 die Nachfolge seines Onkels antrat. Er war einer der wenigen Regenten, die während der ganzen Zeit des Dreißigjährigen Krieges an der Spitze ihres Landes standen; er starb 1650. Die von ihm ausgelöste Verfolgung war ein Extremfall. Es wird versucht, die Vorgänge in den Gesamtrahmen der Hexenverfolgung im Reich einzuordnen. Auch hier liegt der Blick hauptsächlich auf der zentralen Verfolgungswelle, dem Höhepunkt zwischen 1626 und 1631. Dabei wird neben Quellen und Literatur gelegentlich auf eine große Kartei über Hexenprozesse zurückgegriffen, deren Erstellung Heinrich Himmler veranlaßt hat: 1935 gründete er beim Sicherheitsdienst ein »Hexen-Sonderkommando«, das bis Frühjahr 1944 ein umfangreiches Material aus 154 Archiven und Bibliotheken zusammengetragen hat. (Zur Rezeption des Hexenthemas im Dritten Reich hat B. Schier soeben eine Untersuchung veröffentlicht.) Das Schlußkapitel greift ein heikles Thema auf, seine Überschrift endet nicht von ungefähr mit einen Fragezeichen. Gefragt werden muß aber – nach den Tätern, ihren Motiven, ihren Handlungsmöglichkeiten und nicht zuletzt nach ihrer Verantwortung.

I. Verschwörung und Verfolgung

1. Juden und Hexen

In der Zeit ab 1348 kam in großen Teilen der Christenheit der Verdacht einer riesigen Verschwörung auf, einer Verschwörung der Juden zur Vernichtung der Christen. Auslöser war die Pest, die mit verheerendem Massensterben über Europa hereinbrach.[1] Sie traf auf eine Bevölkerung, die durch Hunger-Seuchen-Zyklen in der ersten Hälfte des 14. Jahrhunderts biologisch geschwächt und daher besonders anfällig war. In voller Panik wurden die zeitübliche Erklärung aller Übel als Strafe Gottes ebenso abgelehnt wie natürliche Gründe und durch die Überzeugung von der großen jüdischen Verschwörung ersetzt. Die Juden sollten die Brunnen vergiftet haben: Das war der Grund für den »Schwarzen Tod«. Der Verschwörungsmythos der Brunnenvergiftung führte zu schrecklichen Ausschreitungen gegen die Juden. Die Verfolgung breitete sich von Frankreich über die Schweiz nach Deutschland aus. In Deutschland führte sie zum wahrscheinlich größten Massenmord an den Juden im Mittelalter. In mehr als 300 Gemeinden wurden sie »erschlagen, ertränkt, verbrannt, gerädert, gehengt, vertilgt, erdrosselt, lebendig begraben und mit allen Todesarten gefoltert wegen der Heiligung des göttlichen Namens«.[2] In Wirklichkeit lag in Deutschland aber keine spontane Reaktion der Bevölkerung vor, sondern die meisten Pogrome wurden gesteuert, manchmal in ganz präziser Regie durch Fürsten und Stadträte.[3] Die Gründe können hier auf sich beruhen bleiben, wichtig ist die Schlüsselstellung dieser Verfolgungswelle von 1348–50.

Die zunächst relativ günstige Stellung der Juden im Reich wurde beendet durch »die ersten großen Judenverfolgungen des christlichen Mittelalters«.[4] Den Anstoß gab der Aufruf zum 1. Kreuzzug vom 27. November 1095. Der Aufruf führte nämlich nicht nur zur bezweckten Sammlung von Ritterheeren zur Befreiung Jerusalems, er löste auch ganz unerwartete Reaktionen in sozial unzufriedenen Bevölkerungsgruppen aus. Bewaffnete Scharen machten als »Kreuzfahrer« zuerst ihre Beutezüge gegen die Juden. Bezeichnend ist die Notiz eines jüdischen Chronisten: »Als die Kreuzfahrer in die Städte kamen, in denen Juden wohnten, sprachen sie untereinander: Sehet, wir ziehen den weiten Weg, um die Grabstätte aufzusuchen und uns an den Ismaeliten zu rächen, und siehe, hier wohnen unter uns Juden, deren Väter ihn unverschuldet umgebracht und gekreuzigt haben! So laßt uns zuerst an ihnen Rache nehmen und sie austilgen unter den Völkern, daß der Name Israel nicht mehr erwähnt werde; oder sie sollten unseresgleichen werden und zu unserem Glauben sich bekennen«.[5] Massenmorde an den »Gottesmördern« waren die Folge. Viele Morde sollten noch folgen.

Es würde den Rahmen dieser Untersuchung sprengen, genauer auf die Entstehung des mittelalterlichen Judenstereotyps einzugehen, das auf der real gegebenen Sonderstellung der Juden in ihrer christlichen Umwelt fußte. Diese Sonderstellung reichte von der religiös bestimmten Lebensführung bis zum Gebrauch der hebräischen Sprache. Das Judenstereotyp war aber hauptsächlich, wenn auch nicht ausschließlich, kirchlichen Ursprungs. Juden waren nun einmal »Gottesmörder« und zwar in Erbschuld, hatten sie doch nach Matthäus 27,25 dem Pilatus als ganzes Volk zugerufen: »Sein Blut komme über uns und unsere Kinder«. Weiter sei nur noch an die angeblichen Ritualmorde an christlichen Knaben und an die Hostienschändungen erinnert, die so verhängnisvoll zur Verteufelung des ohnehin schon Fremden und damit Unheimlichen beigetragen haben. Blut kam reichlich über die Juden, aber auch die fortschreitende Verdrängung aus der Gesellschaft und dem Wirtschaftsleben, der Weg ins Ghetto und in zahllose Schikanen, die finanzielle Ausbeutung eingeschlossen. Das Judenstereotyp bestimmte sie zu Sündenböcken für alle möglichen Unglücksfälle und Mißstände, auf die der Volkszorn sich entladen konnte. Für Obrigkeiten und Kirche waren die Juden in doppelter Hinsicht nützlich: Sie konnten als Legitimationsbasis ebenso dienen wie zur Ablenkung sozialer Unzufriedenheit.

In diesem Prozeß nehmen die Pogrome in der Mitte des 14. Jahrhunderts eine Schlüsselstellung ein: »Es war der Gipfelpunkt einer Hetze, die auf dem objektiven Anderssein aufbaute und es konsequent dämonisierte«.[6] Mord und Vertreibung gehörten auch weiterhin zum Schicksal dieser Minderheit, der im 15. Jahrhundert mehr und mehr der ihr auch schon früher angelastete »Wucher« zum zentralen Vorwurf gemacht wurde. Wucher, Schacher und eine über Leichen gehende Geldgier wurden Bestandteile des Judenstereotyps ohne Rücksicht darauf, daß die Betroffenen kaum eine andere Wahl hatten als Geldhandel und Kramhandel, andererseits aber auf Geld viel stärker angewiesen waren als die Mehrheit der Gesellschaft, weil sie unter einem enormen Abgabedruck standen. Als Folge der Pogrome und der ständig steigenden Repression begann eine verstärkte Auswanderung von Deutschland nach Polen und Litauen, wo sich den Juden mindestens bis 1648 gute Existenzbedingungen boten.

Die Mehrheit der im Reich Zurückgebliebenen fristete in Armut und im Ghetto ein kümmerliches Dasein, an dem die zunächst positiv betrachtete Reformation nichts änderte. Eine gewisse Änderung kam dagegen in der Frühneuzeit vom sich festigenden absolutistischen Territorialstaat und seiner Wirtschaftspolitik. Einmal begann der Aufstieg der Hofjuden, der sog. »Hoffaktoren«, einer kleinen Gruppe von Juden, die an den fürstlichen Residenzen zu Wohlstand und manchmal auch zu Macht und Einfluß kam. Zum andern lebte die Mehrheit der Juden zwar weiterhin in dürftigen und schikanenreichen Verhältnissen, aber ihr wirtschaftlicher Handlungsspielraum wurde in einigen Fällen doch erweitert.[7] Vor allem hatten die mörderischen Massenverfolgungen aufgehört. Es gab auch jetzt noch hin und wieder Gewaltakte und Vertreibungen wie etwa beim sog. Fettmilchaufstand in Frankfurt am Main 1614 und in Worms ein Jahr später, aber im Vergleich mit den früheren Pogromen hielten sie sich in sehr engen Grenzen. Massenmorde kamen nicht mehr vor, in dieser Hinsicht traten die Juden während der Frühneuzeit in den Windschatten der deutschen Geschichte. Der Wandel hatte sich frühzeitig angekündigt: »Die Juden waren im Spätmittelalter in ihrer Opferrolle nicht allein: Ketzer, zunehmend Magier und Hexen machten ihnen ihren ›Rang‹ streitig; auch sie drohten, die göttliche und weltliche Ordnung zu erschüttern«.[8] Im 16. und 17. Jahrhundert hatten die Hexen allein die Opferrolle.

Hexen zählten zu den Ketzern, und zu letzteren hat A. Patschovsky kurz und treffend festgestellt: »Was waren die Ketzer in der Sicht des mittelalterlichen Menschen? Die Frage ist mit einem Satz beantwortet: Sie waren des Teufels«.[9] Den Hintergrund bildete ein Ketzerstereotyp, das Elemente enthielt, die ursprünglich den Christen selbst vorgeworfen worden waren: geheime Konventikel an finsteren Orten, perverse Unzucht, Kindermord. Später drehte die Kirche den Spieß um und erhob diese Anklagen gegen Heiden und Häretiker. Die antiken Götter wurden zu Dämonen umgedeutet – beispielhaft der Weg von der Magna Mater deum, der großen Mutter der Götter, zur Magna Mater daemonum, zur großen Mutter der Dämonen, letztlich zu Teufels Großmutter. Entsprechend wurden die heidnischen Kulte mit Scheußlichkeiten gespickte, finstere Teufelskulte. Dies galt ebenso für Häretiker, wobei Augustinus mit seinen Angriffen auf die Manichäer zum Vorbild für das Mittelalter wurde.

Im Gegensatz zum byzantinischen Raum hatte sich die lateinische Kirche des Westens seit der Spätantike kaum noch mit Abweichlern konfrontiert gesehen, als im 12. Jahrhundert die machtvolle Bewegung der Katharer vor allem in Oberitalien und Südfrankreich antrat. Da die Lehre der Katharer – griechisch: die Reinen – manichäische Züge aufwies, lag der Rückgriff auf Augustinus nahe. Gegen die Katharer, von denen das Wort »Ketzer« abgeleitet ist, wurde die Inquisition organisiert, die das Ketzerstereotyp systematisierte und verbreitete. Geheimversammlung mit Kindermord zur Herstellung magischer Mittel, perverse Unzucht, Teufelskult - fast alle Bestandteile des Hexensabbats waren damit vorgegeben. Was noch fehlte, war die Zuspitzung dieses Ketzerstereotyps auf Frauen, denn eine geschlechtsspezifische Ketzerei kannte die Kirche bis dahin nicht. Die voll entfaltete Hexenlehre enthielt vier Grundelemente. 1. Ein Mensch, mehrheitlich eine Frau schließt mit dem Teufel einen Pakt unter Abschwörung Gottes, 2. dieser Pakt wird mit dem Geschlechtsverkehr zwischen Teufel und Hexe besiegelt, 3. die Hexe verübt Schadenzauber, und sie nimmt 4. am Hexensabbat teil. Am Ende stand wieder ein großer Verschwörungsmythos: die satanische Verschwörung der Hexensekte zur Vernichtung der Christenheit, die nach ersten Auftritten im Spätmittelalter mit voller Wucht in der zweiten Hälfte des 16. und der ersten Hälfte des 17. Jahrhunderts angreift.[10]

Die Frage nach den Gründen für die Entstehung der Hexenlehre und für die Massenverfolgung gerade in der genannten Zeit soll später aufgegriffen werden, hier geht es um die Frage nach Berührungspunkten zwischen Juden- und Hexenverfolgung in

Deutschland. Wenn aber schon umstritten ist, ob Verbindungen
zwischen mittelalterlicher Judenfeindschaft und modernem Antisemitismus bestehen, erscheint es wenig erfolgversprechend,
Verbindungen zwischen beiden und Hexenverfolgungen zu suchen. Trotzdem drängt sich die Kontinuität von Verschwörungsmythos und Sündenbockfunktion geradezu auf. Waren nicht
Juden im Mittelalter und im 20. Jahrhundert wie Hexen in der
Frühneuzeit dämonisierte Menschen, die der Volkszorn für alle
möglichen Übel haftbar machen konnte? Auch die damit aufge-
worfene Frage nach der Rolle von Obrigkeit und Untertanen, von
»oben« und »unten« ist für alle drei Verfolgungen aktuell. Sie
wird nirgends vehementer diskutiert als im Zusammenhang mit
der Endlösung. Unter den Schlagwörtern »hitleristisch« und
»strukturalistisch« geht es einmal darum, ob ein ausdrücklicher
Befehl Hitlers zur Ermordung der europäischen Juden vorlag,
etwa im Sommer 1941, oder ob Hitler mehr die Atmosphäre, den
Willen zur Vernichtung schuf und dann den Initiativen anderer
seine Zustimmung gab. Wichtiger ist, ob Hitler von Anfang an die
physische Eliminierung der Juden beabsichtigte, sie womöglich
das Hauptziel seines ganzen Programms war, oder ob die natio-
nalsozialistische Judenpolitik trotz aller Brutalität von Hitlers
Sprachgebrauch schwankend, improvisiert und von der jeweiligen Situation bestimmt war und nur aus der Rückschau sich das
Bild des unerschütterlich verfolgten Ziels ergibt. Die eigentliche
Frage zielt aber auf die Gründe, die den paranoiden Haß, den
Mythos von der internationalen jüdischen Weltverschwörung zur
Vernichtungspraxis werden ließ, an der außer den Nazis große
Teile der deutschen Eliten in Verwaltung, Wirtschaft und Wehr-
macht beteiligt waren – ganz abgesehen von der Rolle einer
langen judenfeindlich-antisemitischen Tradition. Das verständli-
cherweise ohnehin schon spannungsgeladene Thema wird weiter emotional aufgeheizt durch Versuche, Hitlers ideologische
und politische Verantwortung für die Ermordung der Juden zu
leugnen oder doch abzuschwächen. Die Gegenreaktion führt
dann manchmal zu einer Überbetonung der Rolle Hitlers und zu
ungerechtfertigten Vorwürfen gegen Vertreter des strukturalistischen Ansatzes. Aus einer solchen Gegenreaktion heraus betont
R. Wistrich: »Im Gegensatz zu einer Reihe führender Historiker
der Gegenwart, die glaubhaft machen wollen, die ›Endlösung‹
sei das Ergebnis bloßer Ad-Hoc-Entscheidungen gewesen, in die

Hitler und seine Gefolgsleute durch Zufall und eigene Fehler
hineingestolpert seien, bin ich der Meinung, daß die Judenver-
nichtung ganz im Gegenteil das logische und erstrebte Resultat
der eschatologischen Politik Hitlers gewesen ist«.[11]

Weitere Schärfe erhält der Streit dadurch, daß ein Grundpro-
blem der Geschichtsschreibung berührt ist: das Verhältnis von In-
dividuum und Gesellschaft. Die Vertreter der »hitleristischen«
Position heben – der Name sagt es bereits – auf die Person Hitlers
ab, der Staat und Gesellschaft so total beherrschte, daß sie die
Befehle des allmächtigen Diktators nahezu widerstandslos aus-
führten, darunter sein von Anfang an erstrebtes Judenvernich-
tungsprogramm. Eine Position, die I. Kershaw auf den Punkt
bringt: »Diese Erklärung des Holocaust beruht, kurz gesagt, in
starkem Maße auf der Annahme, die Antriebskraft und Autono-
mie des einzelnen menschlichen Willens sei der für den Lauf der
Geschichte entscheidende Faktor«.[12] Für diese Historikerinnen
und Historiker soll also immer noch die antiquierte Formel Gültigkeit haben, Männer machen die Geschichte. Die Vertreter der
»strukturalistischen« Position legen dagegen das Hauptgewicht
auf die ökonomischen und sozialen Strukturen, in die das Indivi-
duum, in diesem Fall Hitler, eingebunden bleibt, so daß die
Vernichtung der Juden im Kontext der Expansion des NS-Staats
gesehen wird unter ausdrücklicher Vermeidung einer personali-
sierten Erklärung: »Dies ist eine Umkehrung der ›hitleristischen‹
Interpretation, bei der die Zielstrebigkeit des Nationalsozialismus so gut wie ausschließlich von der Ideologie des Führers
hergeleitet und das Streben der Nazis nach mehr ›Lebensraum‹
im Hinblick auf Hitlers manische Entschlossenheit, die Juden zu
vernichten, als untergeordnet betrachtet wird«.[13] Nun lassen sich
aber Expansionsdrang, Lebensraumpolitik, Rassenlehre und Ju-
denvernichtung auch als Einheit verstehen, wie überhaupt die
Positionen manchmal weniger gegensätzlich erscheinen, als sie
sich geben. Nach I. Kershaw erkennen ja auch »Strukturalisten«
die Wichtigkeit von Hitlers pathologischem Judenhaß an: »Um
die Hypothese aufs gröbste zuzuspitzen: Wenn Hitler zwischen
1933 und 1945 nicht an der Spitze des deutschen Staates gestanden hätte und sein Fanatismus in der ›Judenfrage‹ nicht Anstoß
und Sanktionierung, Prüfstein und Legitimierung für die eskalie-
rende Diskriminierung und Verfolgung gewesen wäre, könnte
man sich kaum vorstellen, daß es zur ›Endlösung‹ gekommen

wäre«. Die von ihm als »hitleristisch« eingestufte Historikerin L. Dawidowicz sagt aber nichts anderes, und da sie die strukturellen Bedingtheiten keineswegs unterschlägt, reduziert sich der Gegensatz auf eine gewisse Akzentverlagerung.[14] Soweit erkennbar, wollen die meisten Vertreter des »strukturalistischen« Ansatzes keine Geschichte des NS-Staates ohne Hitler schreiben, während andererseits die meisten Vertreter des »hitleristischen« Ansatzes die Entstehung und Entwicklung des NS-Staates keineswegs nur der Person Hitlers zuschreiben wollen.

Damit ist die Frage nach der Rolle von Führung und Bevölkerung, von Obrigkeit und Untertanen wieder aufgegriffen, die für Juden- wie für Hexenverfolgung gleichermaßen wichtig ist. Ohne eine spezifisch deutsche Ideologie zur Entstehungsgeschichte des Dritten Reiches zu bemühen, bleibt zu klären, in welchem Umfang antisemitische Stimmungen als Nährboden für die NS-Propaganda zur Verfügung standen. Lag eine Interessengemeinschaft von Volk und Führung auf diesem Gebiet vor? Die Antworten sind widersprüchlich – zwei Beispiele mögen genügen. R. Wistrich geht davon aus, Hitler habe gewußt, »daß der Antisemitismus bei der Masse der Deutschen nicht sehr tief gründete und daß viele einfache Parteimitglieder diesen Aspekt seines Programms nicht ganz ernst nahmen«. Dagegen nimmt H. Greive an, selbst eingefleischte Gegner des Antisemitismus vom linken Zentrum bis zu den Kommunisten hätten sich zurückhalten müssen, um ihre Anhängerschaft nicht zu verprellen, und er führt dieses antisemitische Potential darauf zurück, daß die traditionell judenfeindlichen Tendenzen auch nach der Aufklärungszeit »mehr oder weniger unverändert fortbestanden und demgemäß zu neuer Aktualisierung bereitlagen«.[15] Wahrscheinlich ist eine Verallgemeinerung nicht möglich. Das ist auch im Zusammenhang mit Hexenverfolgungen nicht möglich, trotzdem sind die Antworten hier klarer. Bei einem Teil der Hexenprozesse in Deutschland kam die Initiative nicht von »oben«, sondern von »unten«, und in einigen Fällen wurden Obrigkeiten vom Prozeßwillen ihrer Untertanen überrannt oder gar so unter Druck gesetzt, daß sie gegen ihre Überzeugung zustimmten. In den meisten Fällen aber waren sich die Fürsten und ihre Untertanen in der Verfolgungsfrage weitgehend einig. Selbst wenn die Initiative vom Fürsten ausging, konnte er einer breiten Zustimmung sicher sein.

»Hexenprozesse haben in Deutschland die nach den Judenverfolgungen größte nicht kriegsbedingte Massentötung von Menschen durch Menschen bewirkt« – dieser Aussage ist bis heute nicht widersprochen worden, und Widerspruch ist auch künftig nicht zu erwarten. Die Tatsache der zweitgrößten Massentötung reicht allein schon aus, beide Verfolgungen auf Berührungspunkte hin zu untersuchen. Die Feststellung von L. S. Dawidowicz: »Im Mittelalter wurden private Mißgeschicke und öffentliche Katastrophen Hexen und Dämonen zugeschrieben, während man im modernen Deutschland die Juden als Quelle des Bösen und der Katastrophen ansah«, bezieht sich auf die genannte Kontinuität von Verschwörungsmythos und Sündenbockfunktion.[16] Darauf ist noch einzugehen. Die europäischen Juden wurden ermordet nicht aufgrund irgendwelcher Taten ihrerseits, sondern aus dem einzigen Grund, weil sie Juden waren. Aber in der Vorstellung Hitlers und seiner Gefolgsleute hatten die Juden sehr wohl Taten begangen, Verbrechen schlimmster Art. Sie hatten die Masse der Deutschen 1918 in den Novemberverrat hineingetrieben, sie waren dabei, das deutsche Volk zu zersetzen, die jüdische Weltverschwörung plante nichts Geringeres, als mit Hilfe des Börsenjudentums und anderer heimtückischer Mittel alle arischen Völker letztlich zu vernichten. Mehr noch, die Juden waren der Feind im Endkampf um die Geschichte der Menschheit, die Inkarnation des Bösen, das Ebenbild des Teufels.[17] Die Hexen waren nicht weniger dämonisiert worden. In der Vorstellung der meisten Zeitgenossen bildeten sie eine existenzbedrohende Gefahr. Auch sie waren eine Inkarnation des Bösen. Die Verschwörung der satanischen Hexensekte plante die Vernichtung der Christenheit, mit heimtückischen Mitteln begingen sie an den Christen die schlimmsten Verbrechen. In Wirklichkeit taten sie – nichts. Sie wurden so lange gefoltert, bis sie das gestanden, was damals allgemein bekannt war, und was die Gerichte von ihnen hören wollten, daraufhin wurden sie verbrannt. Da dies aber nicht unumstritten ist, muß kurz näher darauf eingegangen werden.

Einige Autoren vertreten die These, tatsächlich existierende heidnische Kulte seien dämonologisch umgedeutet und mit Hilfe der Hexenprozesse zerstört worden. Nachgewiesen ist dies jedoch nur für einige eng begrenzte Regionen. Wichtiger sind Praktiken der magischen Volkskultur und die Abweichungen von den sittlich-religiösen Verhaltensvorschriften der Obrigkeiten, wie sie im Laufe der Konfessionalisierung verschärft durch-

gesetzt wurden. Die Opfer der Prozesse hatten aber nichts mit
Untaten zu schaffen, die sie in der Folter gestanden. Wie sollten
sie auch? Teufelspakt, Teufelsbuhlschaft und Ritt durch die Luft
zum Hexensabbat konnten sie nicht begangen haben. Beim Schadenzauber fahndeten die Gerichte nach dem, was die Landbevölkerung am meisten bedrohte, weshalb ja auch die bäuerlichen
Gemeinden immer wieder Forderungen nach Hexenprozessen
erhoben: Die Hexen sollten Unwetter herbeigezaubert haben zur
Ernteschädigung, sie sollten mit ihren teuflischen Mitteln Vieh-
sterben und Krankheit und Tod von Menschen verursacht haben.
Das war die fast immerwährende Anklage, so unrealistisch wie
der Flug durch die Nacht.[18] Daß hier Berührungspunkte zwischen
Juden- und Hexenverfolgung gegeben sind, ist wohl akzeptabel.
Der Verschwörungsmythos ist offenkundig, die Hexenlehre entspricht in ihrer Funktion einigermaßen der Rassenlehre, auch in
dem Aufwand, sie mit »gelehrten« bzw. »wissenschaftlichen«
Werken zu untermauern. Juden- und Hexenstereotyp fußten beide
auf langer Tradition, letzteres ging, wie erwähnt, auf das Ketzerbild zurück. Die Sündenbockfunktion ist ebenfalls klar. Wie noch
zu zeigen sein wird, standen die meisten Ausbrüche von Hexenverfolgung mit Agrarkrisen in Zusammenhang, was Manipula-
tionen durch die Obrigkeit nicht ausschließen mußte. Über die
Rolle der Krise beim Aufstieg des Nationalsozialismus und die
damit verbundene systematische antisemitische Hetze herrscht
kein Zweifel. Das Trauma des verlorenen Krieges und des Versail-
ler Vertrages ging Hand in Hand mit der wirtschaftlichen Misere
von der Inflation 1923 bis zur weltweiten Depression, deren Ini-
tialschock der Börsenkrach von 1929 war. Die Auswirkungen auf
Deutschland sind bekannt. Spätestens mit den Septemberwahlen
1930 stand fest, daß die Nazis von der allgemeinen Proteststim-
mung und Radikalisierung am meisten profitierten. Doch Kon-
junkturdaten und Wahlstatistiken machen zwar Aussagen über
die Größenordnung der Krise, aber nicht über das Krisenbewußtsein. Hoffnungslosigkeit, Angst, Haß, Radikalität und Gewalttä-
tigkeit gaben dem Krisenbewußtsein eine Überhöhung ins Escha-
tologische und Dämonische, die der Rhetorik Hitlers, besonders
seinem antisemitischen Feindbild außerordentlich zustatten kam.[19]
Soviel zu den Berührungspunkten.
　　Die gravierenden Unterschiede sind eindeutig. Einer von ihnen ist im Zusammenhang mit den mittelalterlichen Judenpogro-

men treffend formuliert worden: »Hexen mußten erst aufgespürt und ›überführt‹ werden – diese Mühe entfiel bei den Juden, deren Anderssein evident und deren ›Bösartigkeit‹ seit den Kirchenvätern allgemein bekannt war«.[20] Bei Beginn des 20. Jahrhunderts stellte sich das »Anderssein« der deutschen Juden so klar wohl kaum dar, wie auch sonst die Abgrenzung nicht unproblematisch ist, trotzdem liegen Hexenverfolgung und der Genozid auf verschiedenen Ebenen. Es kann selbstverständlich keine Rede davon sein, daß die Opfer der Prozesse eine von vornherein feststehende und klar zu bestimmende gesellschaftliche Gruppe waren. Zudem vollzog sich die Hexenverfolgung auf einem rechtsstaatlichen Boden, auch wenn dieser Boden schon von vielen Zeitgenossen je länger je mehr als entschieden zu schwankend empfunden wurde. Aber waren die gesetzlichen Grundlagen noch so lebensgefährlich, ließen sie auch praktisch dem Mißbrauch und der Willkür weiten Spielraum – die Intention war doch unbestreitbar ein ordentliches Gerichtsverfahren in jedem einzelnen Fall. Hier liegt der Genozid auf einer anderen Ebene.[21]

Berührungspunkte werden wieder sichtbar, wenn bei der Durchführung von Hexenprozessen die frühneuzeitliche Rechtsstaatlichkeit so gehandhabt wird, wie dies im Kurfürstentum Köln der Fall war. Sicher liegt eine Welt zwischen dem industrialisierten Massenstaat Nazi-Deutschland und einem Territorialstaat des 17. Jahrhunderts. Aber die beiden Vernichtungsaktionen, in dem einen Staat gegen Juden, in dem anderen gegen Hexen durchgeführt, weisen bemerkenswert viele Berührungspunkte auf. Sie reichen vom Sprachgebrauch bis zur Ausführung. Dazu nur je ein Beispiel. Das lateinische Wort »exstirpatio«, Ausrottung, hat selbstverständlich nicht erst auf Hexen Anwendung gefunden, es war auch schon für Ketzer gebraucht worden. In seiner Bedeutung von »restloser, endgültiger Ausrottung« kommt es übrigens sinngemäß der »Endlösung« ziemlich nahe. Die Besonderheit liegt in der Art und Weise, wie die kurkölnische Verwaltung damit umgeht. Im bürokratischen Sprachgebrauch verfestigte sich das Wort exstirpatio so sehr, daß es keiner zusätzlichen Erläuterung mehr bedurfte. Schrieb eine Dienststelle an eine andere über die exstirpatio, dann mußte sie nicht hinzufügen exstirpatio sagarum oder des Hexenwesens, das Wort hatte sich verselbständigt. Ein Berührungspunkt bei der Durchführung war die zentrale Steuerung eines systematischen Ausrottungsprogramms, soweit dies die

Möglichkeiten einer frühneuzeitlichen Verwaltung erlaubten. Zum Einsatz kamen dabei nicht besondere »Malefizkommissionen« wie beispielsweise in den Fürstbistümern Bamberg und Würzburg, sondern die bestehenden ordentlichen Gerichte. Sie wurden aber speziell für das Ausrottungsprogramm umfunktioniert durch die Hexenkommissare. Eine Schar von einschlägig erprobten Juristen wurde an die Gerichte geschickt, und diese Hexenkommissare führten die Prozesse durch – als mehr oder weniger »erfolgreiche« Verfolgungsspezialisten. Die oberste Justiz- und Verwaltungsbehörde des Landes, der Hofrat, steuerte unter persönlicher Kontrolle des Kurfürsten den Einsatz der Kommissare, gab den Gerichten entsprechende Anweisungen, räumte Widerstände aus dem Weg und regelte die komplizierten Fragen der Finanzierung. Dies alles geschah mitten im Dreißigjährigen Krieg.

2. *Land und Leute*

Wer heute das Wort Köln hört, denkt an die Stadt Köln am Rhein, nichts weiter. In den Zeiten, von denen dieses Buch handelt, war das anders. Die Stadt Köln war eine Freie Reichsstadt, ein Staat für sich, sorgfältig zu unterscheiden von dem Kurfürstentun Köln, dessen Hauptstadt nicht Köln, sondern Bonn war. Wenn von einem »kölnischen Beamten« gesprochen wird, dann ist ein Beamter der Reichsstadt gemeint, andernfalls muß es heißen: »kurkölnischer Beamter«. Dies ist nur eine der vielen Komplikationen in der komplizierten Reichsverfassung der Frühen Neuzeit.

Ein Staatsrechtler, der im 17. Jahrhundert den deutschen Staat beschreiben wollte, kam zu dem trostlosen Ergebnis, das sei kein Staat, sondern ein Monstrum. Und in der Tat, schon sein Name ist leicht monströs. Es hieß nicht einfach Königreich Deutschland oder Deutsches Reich, nein, es hieß »Heiliges römisches Reich deutscher Nation«. In dieser umständlichen Titulatur kam die mittelalterliche Verbindung des deutschen Königtums mit der römischen Kaiserwürde zum Ausdruck, die sich im 17. Jahrhundert noch insofern äußerte, als sich der deutsche König zugleich »römischer Kaiser« nannte. Über die Grenzen der deutschen Nation, wie immer diese zu definieren ist, reichte die Macht der Könige/Kaiser nicht hinaus. Selbst innerhalb des Reiches war sie

gering, denn während in anderen Teilen Europas große Machtge-
bilde entstanden waren, die Vorläufer der späteren Nationalstaa-
ten, hatte der deutsche Weg aus vielerlei Gründen in die territoriale Zersplitterung geführt. Im Westfälischen Frieden von 1648
war die Kleinstaaterei endgültig festgeschrieben worden. Über
1700 reichsunmittelbare Gewalten gab es: die Reichsstände.[1]
    An der Spitze der Reichsstände standen die Kurfürsten, die
allein das Recht hatten, den deutschen König und römischen
Kaiser zu wählen, ursprünglich sieben an der Zahl: Kurmainz,
Kurtrier, Kurköln, Kurpfalz, Kursachsen, Kurbrandenburg und,
als Ausnahme, der König von Böhmen. Im Dreißigjährigen Krieg
kam Kurbayern hinzu. Die drei erstgenannten Kurfürsten zählten zu den geistlichen Fürsten – auch eine Besonderheit der deutschen Reichsverfassung. Wie die weltlichen Herzöge, Markgra-
fen, Landgrafen usw. waren auch Würdenträger der Kirche als
Fürstbischöfe und Fürstäbte zu regierenden Landesherren aufgestiegen. Das Ende dieser Hierarchie reichsunmittelbarer Adeliger
bildeten die Reichsritter, die allerdings politisch kaum ins Gewicht fielen. Eine Gruppe der Reichsstände für sich waren die
Reichsstädte, verteilt über das ganze Reichsgebiet. So sah die
Landkarte des Alten Reiches sehr bunt aus. Von ansehnlichen
Flächenterritorien bis zu Miniherrschaften verteilten sich die
reichsunmittelbaren Gewalten über einen Raum, der bei im einzelnen unbestimmten Grenzverlauf ungefähr zwischen Frankreich und Polen, Dänemark und Italien lag. Die Republik der
Vereinigten Niederlande und die Schweizer Eidgenossenschaft
waren praktisch selbständige Staaten, längst bevor sie 1648 offiziell aus dem Reichsverband ausschieden. Die habsburgischen
Erblande mit Österreich, Böhmen und Ungarn bildeten ebenfalls
Gebiete für sich, und auch im Westen stimmte die Reichsgrenze
auf dem Papier mit der Wirklichkeit nicht überein.
    Alle diese Reichsstände zusammen standen dem Kaiser ge-
genüber, und das Organ für den Ausgleich von Konflikten und
Interessen war der Reichstag. Die Fürsten befanden sich darüber
hinaus in einer Doppelstellung. Nach oben wehrten sie alle Versuche ab, die Zentralgewalt des Kaisers zu stärken, nach unten, in
ihren eigenen Territorien, versuchten sie, die konkurrierenden
Kräfte auszuschalten. Konkurrenz waren hier die Landstände:
Adel, Geistlichkeit und Städte, die dem Fürsten auf dem Landtag
gegenüberstanden. Diese bei allen Verschiedenheiten in den

Grundelementen übereinstimmende landständische Verfassung war im Spätmittelalter ursprünglich einvernehmlich entwickelt worden zur Bewältigung neuer staatlicher Aufgaben. Die Finanzquellen des Fürsten waren begrenzt, Sonderabgaben konnten ihm die Landstände bewilligen, die sie ihrerseits auf ihre Bauern und Bürger umlegten. So kam es überall zur Entwicklung einer eigenen ständischen Steuererhebung und -verwaltung. Das Steuerbewilligungsrecht benutzten aber die Stände dazu, Mitspracherechte auch bei anderen Staatsgeschäften zu erhalten bis hin zu einer regelrechten Mitregierung. Dies geschah ganz ausgeprägt in den geistlichen Territorien, denn während den weltlichen Dynastien das Erbrecht Kontinuität verlieh, wurden die geistlichen Fürsten gewählt. Die Wähler, die adeligen Mitglieder der Domkapitel, ließen sich die Stimmabgabe vorweg mit Versprechungen, sogenannten Wahlkapitulationen, honorieren, die ihnen eine mehr oder weniger umfangreiche Mitsprache bei der Regierung garantierten. Dagegen kam es in vielen weltlichen Territorien zu scharfen Auseinandersetzungen zwischen den Ständen und dem zu absolutistischer Regierung drängenden Fürsten, Auseinandersetzungen, die bis zum Einsatz militärischer Gewalt gehen konnten. Diese sog. Ständekämpfe wurden meist verschärft durch Konfessionsgegensätze.

Die Reformation und der anschließende Konfessionalisierungsprozeß hatten zunächst die Glaubens- und Kirchenspaltung zwischen den Anhängern der Augsburgischen Konfession und den Altgläubigen zur Folge. Der nach langen Kämpfen ausgehandelte Kompromiß war der Augsburger Religionsfrieden von 1555. Er konnte nur erreicht werden, indem einige unüberbrückbare Gegensätze einfach beiseite gelassen oder bewußt unklar formuliert wurden. Bekanntlich blieb es aber nicht bei zwei Konfessionen. Die mit Zwinglis, später Calvins Namen verbundene reformatorische Bewegung drang vom Boden der Schweiz aus auch ins Reich ein und verbreitete sich dort weitgehend auf Kosten der Lutheraner. Drei Konfessionen waren das Ergebnis, kurz als Katholiken, Lutheraner und Calvinisten bezeichnet, obschon sie selbst sich anders nannten. Im Laufe der zweiten Hälfte des 16. Jahrhunderts verschärften sich die konfessionellen Gegensätze. Die Erbitterung der Lutheraner gegen die Calvinisten wuchs in dem Maße, wie die Calvinisten ihren Vormarsch verstärken konnten. Außerdem warfen ihnen die Lutheraner vor, unter falscher Flagge zu segeln mit der Behauptung, auch auf dem Boden der Augsburgischen Konfession zu stehen. Dazu kam die Gegenreformation. Die katholische Kirche hatte eine Phase der inneren Erneuerung und Stärkung durchgemacht und versuchte, verlorenes Gebiet zurückzuerobern. Die politisch-konfessionellen Gegensätze spitzten sich zu Anfang des 17. Jahrhunderts so weit zu, daß sich zwei militärische Sonderbündnisse organisierten. 1608 gründeten eine Reihe protestantischer Fürsten unter Führung der Kurpfalz die Union als Schutzbündnis gegen befürchtete Gewaltmaßnahmen. Eine von den Mitgliedern zu erbringende Beitragszahlung sollte die schnelle Aufstellung einer Söldnerarmee im Ernstfall ermöglichen. 1609 folgte umgehend die Gründung der katholischen Liga unter Führung Bayerns mit der entsprechenden Zielsetzung und Organisation. Verstärkte Spannungen zwischen den europäischen Mächten kamen hinzu, um schließlich einen regionalen Machtkampf in einen europäischen Krieg eskalieren zu lassen.

Der Aufstand in Böhmen war zunächst einer der üblichen Ständekämpfe, verschärft durch konfessionelle Gegensätze. Im Machtbereich der österreichischen Habsburger hatte sich ein Großteil der Stände dem Protestantismus zugewandt, während die herrschende Dynastie an der römischen Kirche festhielt. Die starke Stellung der Stände hatte mehrere Gründe. Die mit Abstand stärkste Steigerung der Ständemacht brachte die große Dynastie- und Staatskrise ab 1606, die als »Bruderzwist im Hause Habsburg« bekannt ist. Im Mittelpunkt stand die Person Kaiser Rudolfs II., der mit zunehmendem Alter Züge einer Geisteskrankheit erkennen ließ, sein Mißtrauen gegen seine Verwandten näherte sich dem Verfolgungswahn. Die Weigerung des kinderlosen Kaisers, die Nachfolgefrage zu klären, brachte die Stellung der Dynastie in Gefahr. Zur Staatskrise wuchs sich die Dynastiekrise im Gefolge des langen Türkenkrieges von 1592 bis 1606 aus. Die von Erzherzog Matthias mühsam ausgehandelten Friedensbedingungen wurden vom Kaiser hintertrieben. Das Ergebnis der in den nächsten Jahren zwischen dem Kaiser und seinem Bruder Matthias geführten Kämpfe waren weitgehende Zugeständnisse an die Stände. Matthias setzte sich durch, wurde auch nach Rudolfs Tod zum Kaiser gewählt (1612–1619), aber nun hoffte er, die notgedrungen erweiterte Ständemacht wieder zurückzudrängen zu können. Als dies in Böhmen versucht wurde,

stürmte am 23. Mai 1618 eine Ständeabordnung auf die Prager
Burg und warf die beiden führenden kaiserlichen Statthalter und
ihren Sekretär aus dem Fenster. Was als einer von vielen Stände-
und Konfessionskämpfen begann, zog nach und nach den größten Teil Europas in einen Krieg, der dreißig Jahre dauern sollte.
Als Mitglied der Liga war daran auch das Kurfürstentum Köln
beteiligt.

Dieses Territorium war kein geschlossenes Gebiet – wie so
viele Territorien des Alten Reiches. In der Hauptsache setzte es
sich aus drei Landesteilen zusammen, die keine geographische
Verbindung miteinander hatten. Da war einmal das rheinische
Erzstift, ein schmaler Landstreifen am linken Rheinufer ungefähr
zwischen den Städten Kempen im Norden und Nürburg im
Süden. Das zweite Gebiet lag am Südrand des Münsterlandes,
das Vest Recklinghausen. Dazu kam noch das Herzogtum Westfalen, das kurkölnische Sauerland mit der Zentrale in Arnsberg.
Dies gilt aber nur im großen und ganzen, denn während das
Herzogtum Westfalen und das Vest Recklinghausen zwar gewun-
dene, doch eindeutige Grenzen hatten, bildete das rheinische
Erzstift ein buntscheckiges Gebilde. Es wies zahlreiche Enklaven
und Exklaven auf, griff an manchen Stellen auch auf das rechte
Rheinufer über wie bei Deutz, Königswinter und Linz und hatte
dazu noch einige völlig isolierte Außenbesitzungen wie das Gebiet
um Rheinberg im Herzogtum Kleve. So ist es kein Wunder, daß
Angaben zur Bevölkerungszahl sehr ungenau sind und auf lük-
kenhaften statistischen Unterlagen aus der Zeit um 1800 beruhen.
Danach wird die Einwohnerzahl für das rheinische Erzstift mit
seinen rd. 4300 qkm. auf 160 000 bis 200 000 geschätzt, für das
Herzogtum Westfalen mit gut 3800 qkm. auf 125 000 und für das
600 qkm. große Vest Recklinghausen auf 27 000. In der Zeit des
späten 16. Jahrhunderts mögen diese Zahlen »mit einigem speku-
lativen Mut« so angesetzt werden: rheinisches Erzstift 105/130 000,
Herzogtum Westfalen 73 000, Vest Recklinghausen 18 000, im
Höchstfall also insgesamt 220 000 Menschen.[2]

Die Urbanisierung entsprach dem Durchschnitt des gesamten
Niederrheingebiets. Das rheinische Erzstift wies 18 landtagsfähi-
ge Städte auf, davon hatten aber nur Bonn, Neuss, Kempen,
Rheinberg, Ahrweiler, Rheinbach und Andernach in der Mitte des
17. Jahrhunderts mehr als 200 Bürgerhäuser innerhalb der Stadt-
mauern. Alle anderen waren kleine und kleinste Ackerbürger-

städtchen, deren Einwohner hauptsächlich von der Landwirtschaft lebten. Die Erwerbsstruktur war überhaupt agrarisch orien-
tiert. Nach einer Aufstellung von 1669 befand sich knapp die
Hälfte des landwirtschaftlichen Besitzes in geistlicher und adeliger Hand, aber verpachtet, wobei genügend Höfe mit rentablen
Betriebsgrößen existierten, deren Arbeitskräftebedarf der nicht
unbeträchtlichen Zahl kleinbäuerlicher Betriebe zusätzliche Ver-
dienstmöglichkeiten bot. Zudem waren die Böden im Vergleich
mit anderen deutschen Regionen so gut, daß von überdurch-
schnittlichen Erträgen ausgegangen werden kann.[3]

Neben diesen relativ günstigen wirtschaftlichen Grundlagen
stand jedoch eine finanzielle Verschuldung des Landes, die wieder mit den großen Fragen der Reichspolitik zusammenhing, in
die das Kurfürstentum Köln unlösbar verwickelt war. Es ging um
den Kölner Krieg ab 1583, der seinerseits nur vor dem Hintergrund der politischen und konfessionellen Kämpfe des 16. Jahrhunderts verständlich wird. Der Augsburger Religionsfrieden
von 1555 hatte den Fürsten das Recht zugesprochen, die Konfession in ihrem Territoriun zu bestimmen, dagegen konnten die Untertanen mit Hab und Gut auswandern, wenn sie die Konfession
des Fürsten nicht übernehmen wollten. Ausgenommen von dieser Regelung waren die geistlichen Fürsten, für die zwei Sonder-
bestimmungen galten, nämlich der »geistliche Vorbehalt« und
die »declaratio Ferdinandea«. Der »geistliche Vorbehalt« besagte,
daß geistliche Fürsten nur für ihre Person die Konfession wechseln konnten, während sie ihr Territorium einem katholischen
Nachfolger überlassen mußten – das war eine Bestimmung zugunsten der Katholiken. Die »declaratio Ferdinandea«, die »Erklärung des Königs Ferdinand«, schränkte das Konfessionsbestimmungsrecht der geistlichen Fürsten nochmals ein, indem sie
den Protestanten in den geistlichen Territorien den Konfessionsstand des Jahres 1555 garantierte – das war zugunsten der Lutheraner. Aber: Der »geistliche Vorbehalt« stand im Text des Augsburger Religionsfriedens, die »declaratio Ferdinandea« dagegen
nicht, sie war eine gesondert ausgestellte Urkunde.

In Kurköln versuchte nun Kurfürst Gebhard Truchseß v. Waldburg (1577–1583) unter Bruch des geistlichen Vorbehalts für seine
Person die Konfession zu wechseln, ohne auf das Kurfürstentum
zu verzichten und zurückzutreten. Dabei ging es nicht allein um
den geistlichen Vorbehalt, sondern zugleich um die Mehrheit im

Kollegium der Kurfürsten. Gelang es Gebhard, sich im Amt zu halten und den Konfessionswechsel im Territorium durchzusetzen, änderte sich das Mehrheitsverhältnis im Kurkolleg, und möglich wurde damit die Wahl eines protestantischen Kaisers.[4] Dagegen liefen die katholischen Mächte unter Führung der Kurie Sturm. Nachdem im März 1583 die päpstliche Absetzungsbulle gegen Gebhard publiziert war, wurde schon im Mai Roms neuer Kandidat, der bayerische Prinz Ernst v. Wittelsbach, gewählt, der bereits Bischof von Freising, Hildesheim und Lüttich war. Das Zweckbündnis zwischen Rom und München resultierte aus der Tatsache, daß im Reich keine andere romtreue und potente Macht zur Verfügung stand als Bayern, um den schwankenden Katholizismus zu stützen. Der abgesetzte Gebhard Truchseß wich aber nicht freiwillig. Er zog sich ins Herzogtum Westfalen zurück, wo er noch Rückhalt hatte und organisierte den Widerstand. Daß er in dem anschließenden Krieg letztlich doch besiegt wurde, lag an verschiedenen ungünstigen Umständen, vor allem aber an den ganz ungleich verteilten Machtverhältnissen. Außer der Kurie unterstützten die Wittelsbacher ihren Kandidaten, letztere unter Einsatz aller finanziellen Mittel bis zur völligen Erschöpfung ihrer Länder. Dagegen hielten sich die protestantischen Reichsstände bis auf eine kleine Gruppe von Calvinisten dem truchseßschen Unternehmen fern, schon mit Rücksicht auf den Augsburger Religionsfrieden.[5]

Gebhard Truchseß gab 1589 auf und entsagte seinem Anspruch auf das Kölner Erzstift. Aber auch Spanien hatte in die Kämpfe eingegriffen, was einem Krieg gegen die aufständischen Nordniederlande auf Reichsboden gleichkam. Er sollte sich noch sehr lange hinziehen. Für das rheinische Erzstift bedeutete dies eine schwere Belastung, erst 1594 gelang es den Landständen, die Soldrückstände für die letzten spanischen Söldner aufzubringen und sie zum Abzug zu bewegen. Die günstigen wirtschaftlichen Grundlagen waren damit schwer belastet. Die Situation »gemahnte mancherorts bereits an den Zustand, der im Dreißigjährigen Krieg für große Teile des Reiches kennzeichnend werden sollte: ausgeplünderte und niedergebrannte Dörfer, zerstörte und im Mark ihrer Wirtschaftskraft getroffene Städte und eine durch Krieg und Seuchen dezimierte, finanziell ausgepreßte und politisch wie geistig entmündigte Bevölkerung«. Dies galt sicher nur »mancherorts« und wohl auch nicht auf die Dauer, aber es war

eine schwere Belastung.[6] Der neue Landesherr tat in dieser Lage
jedoch nichts, um die Kriegsauswirkungen zu meistern. Daß er
dem Bischofsbild des erneuerten Katholizismus in keiner Weise
entsprach, ist ihm nicht vorzuwerfen. Als Elfjähriger zum geistlichen Stand bestimmt, hatte er sich mehrfach dagegen zu wehren
versucht und war nur unter schwerem Druck seines Vaters Geistlicher geworden. Vor der entscheidenden Wahl in Köln 1583
mußte er wieder unter Druck gesetzt werden, um seine Freisinger
Geliebte zu verlassen – das spricht für sich. Aber auch für die
weltliche Regierung zeigte er keinerlei Interesse, Verwaltungsar-
beit überließ er seinen Räten, derweilen er sich in Lüttich und Spa
aufhielt. Nach langen Verhandlungen konnten die Landstände
ihn Ende 1595 dazu bewegen, zugunsten seines zum Koadjutor
gewählten Neffen Ferdinand auf die praktische Ausübung der
Regierung zu verzichten. Er blieb zwar offiziell Kurfürst und
wahrte eine Reihe von Vorrechten, doch zog er sich nach Arnsberg
zurück und trat bis zu seinem Tod 1612 als Regent nicht mehr in
Erscheinung.[7]

Damit war die Bahn frei für einen Mann, der als Achtzehnjäh-
riger anfing, die Regierungsgeschäfte in Kurköln zu übernch-
men, um sie sein ganzes Leben hindurch bis 1650 auszuüben. Im
Gegensatz zu seinem Onkel übte er sie tatsächlich selbst aus und
zwar auf weltlichem wie auf geistlichem Gebiet, obschon er
später auch Bischof von Lüttich, Hildesheim, Münster und Paderborn war. In Kurköln sorgte er zunächst einmal für einen ab jetzt
dauerhaften administrativen Mittelpunkt, indem er Bonn 1597
offiziell zur Haupt- und Residenzstadt machte, in die er 1601
selbst übersiedelte. Dort hatten auch die Zentralbehörden ihren
Sitz. An ältere Einrichtungen anknüpfend und nach einigem
Experimentieren prägte er hauptsächlich zwei: den Hofrat und
die Hofkammer. Die 1597 erlassene Hofratsordnung blieb nahezu
unverändert bis zum Ende des Kurstaates in Kraft. Der Hofrat
war die oberste Instanz in Justiz- und Verwaltungssachen, Finan-
zen ausgenommen. Er unterstand allein dem Kurfürsten, während dem Hofrat seinerseits die unteren Verwaltungseinheiten
unterstellt waren. Der Hofrat kontrollierte vom landesherrlichen
Lehen bis zum Straßenbau und zur Einstellung von Beamten alle
Bereiche der inneren Verwaltung, wurde aber auch zu außenpo-
litischen Verhandlungen herangezogen. Daneben entschied er als
oberstes Gericht in Straf- und Zivilsachen. Allerdings lag Ferdi-

nand daran, den Hofrat von der Behandlung von Rechtsfällen möglichst zu entlasten durch die Anweisung, Rechtsfälle bei den zuständigen Gerichten zu belassen. Wurde die Zentralbehörde aber von Gerichten angerufen, sollte sie bei schwerwiegenden rechtlichen Gründen in Aktion treten, ansonsten den Fall an das Gericht zurückverweisen. Die Besetzung der Hofratsstellen behielt sich Ferdinand selbst vor, angeblich um die schuldengeplagte Staatskasse nicht durch zu hohe Besoldungskosten zu belasten, in Wirklichkeit, um in der Personalpolitik freie Hand zu haben. Dem Recht der Landstände wurde jedoch entsprochen, wenn auch praktisch weniger die Adeligen als die bürgerlichen Juristen das Sagen hatten. Ebenso sah es bei der Hofkammer aus, der obersten Finanzbehörde. Sie unterstand nur dem Kurfürsten und hatte ihrerseits die regionalen Verwaltungseinheiten unter sich, die Oberkellnereien und Kellnereien. Neben diesen beiden Zentralbehörden gab es seit dem Anfang des 17. Jahrhunderts noch den Geheimen Rat. Er war jedoch nie eine festgefügte Behörde, sondern ein spezielles Beratungsorgan des Kurfürsten in Sachen der Reichs- und Außenpolitik. In dieses Organ berief der Kurfürst besondere Vertraute oder Spezialisten, und es trat nur sporadisch zusammen.

Komplizierter als die Zentralbehörden stellen sich die unteren Verwaltungseinheiten dar, die Ferdinand übernahm und ohne nennenswerte Veränderungen beibehielt: »Die Ämter, die den im Spätmittelalter herausgebildeten Status der elementaren Einheiten staatlicher Verwaltung bis zum Ende des Kurstaates behielten, füllten anscheinend die Fläche des Staates aus, und ein Kartenbild kann den trügerischen Eindruck erwecken, als ob in dem nur durch die Amtsgrenzen gegliederten Staatsgebiet ... eine einzige Obrigkeit allerorts einheitlich gewaltet hätte ... Tatsächlich war die Landesherrschaft stets auch von Herrschaftsrechten anderer – der Landstände in der Hauptsache – überlagert oder durchlöchert«.[8] Diese Komplikationen machten sich auch im Gerichtswesen bemerkbar, worauf noch zurückzukommen ist. Das Amt als geographischer Verwaltungsbezirk konnte zudem von sehr unterschiedlicher Ausdehnung und Organisation sein. Neben ganz großen Ämtern, die als Oberämter bezeichnet wurden, ohne übergeordnete Verwaltungsinstanzen zu sein, standen winzige Ämter, die eine kleine Stadt und ihr Umland umfaßten. Entsprechend unterschiedlich war die Personalausstattung, die bei

großen Ämtern aus einem Amtmann und seinem Beamtenstab
bestand, während Kleinämter oft nicht einmal einen Amtmann
hatten. Der Amtsverwaltung zugeordnet waren die Kellner, die
Beamten der unteren Finanzverwaltung, ebenfalls personalmäßig
ganz unterschiedlich ausgestattet. Gerade bei kleinen Amtsbezir-
ken konnten sich die Funktionen vielfältig überschneiden.

Nicht weniger kompliziert war das Gerichtswesen, dessen
größter Teil hier aber unberücksichtigt bleiben kann, so die Zivil-
gerichtsbarkeit, die niedere Gerichtsbarkeit und die geistliche
Gerichtsbarkeit. Es geht ausschließlich um die Hochgerichtsbarkeit oder Blutgerichtsbarkeit, also um das Recht, über Leib und
Leben zu richten. Zuständig waren von seiten des Landesherrn
im 16. und 17. Jahrhundert die Schöffengerichte; sie bestanden
aus 7 bis 14 Schöffen unter einem vom Landesherrn bestimmten
Richter, Schultheiß genannt. Die Gliederung der Gerichtsbezirke
schwankte ebenso wie die Stärke des Gerichtspersonals und die
Zusammensetzung der Schöffenkollegien. Festzuhalten ist noch,
daß außer dem Kurfürsten auch einigen Unterherrschaften die
Blutgerichtsbarkeit zustand.[9] Eine Sonderstellung im kurkölnischen Gerichtswesen nahm das Hohe Weltliche Gericht in der
Reichsstadt Köln ein. War die Reichsstadt auch der Landesherrschaft des Kurfürsten entzogen, so hatte er doch eine Stellung im
Gerichtswesen der Stadt behalten, eben das genannte Gericht, zuständig für die Blutgerichtsbarkeit. Allerdings war seine Tätigkeit eingeschränkt. Wenn die Stadt eine Verhaftung vorgenommen und die Untersuchung des Falles Indizien für ein Kapitalver-
brechen erbracht hatte, dann mußte die Stadt den Delinquenten
an das Gericht des Kurfürsten ausliefern. Die Schöffen dieses
Hohen Weltlichen Gerichts haben in den kurkölnischen Hexenprozessen eine wichtige Rolle gespielt. Die strittigen Zuständig-
keiten dieses Gerichts bei Prozessen in Zivilsachen können auf
sich beruhen bleiben.[10] Zu erwähnen sind noch zwei Gerichte, die
auch in kurkölnische Hexenprozesse eingegriffen haben, die beiden Reichsgerichte: das Reichskammergericht und der Reichshofrat. Denn ob Territorien oder Reichsstädte, sie waren alle
Reichsstände und unterstanden als solche, wenn auch mit gewissen Einschränkungen, diesen Reichsgerichten.

Während sich Ferdinand mit Fragen der weltlichen Verwaltung, der Schulden und Einnahmen befassen mußte, stand er
zugleich einem sehr reformbedürftigen Kirchenwesen gegen-

über. Reformbestrebungen zur Erneuerung des Katholizismus
hatte es zwar im 16. Jahrhundert mehrfach gegeben, aber sie
waren alle ohne Erfolg geblieben. Im Gefolge der Wirren des
Kölner Krieges hielt es die Kurie für ratsam, in Köln eine ständige
Nuntiatur einzurichten. Schon bald berichtete der Nuntius nach
Rom, das Erzbistum sei völlig verwahrlost.[11] Mit massiver Unterstützung der Nuntiatur und der Kölner Jesuiten nahm Ferdinand
die Reform in Angriff, die auf eine Durchsetzung der Trienter
Konzilsbeschlüsse abzielte. Der Kampf gegen den Widerstand
des vortridentinischen Katholizismus wie gegen den Protestantismus gingen ineinander über, katholische Reform und Gegenreformation verschmolzen teilweise. Der Kampf um die Katechese
ist ein gutes Beispiel. Die von Petrus Canisius 1544 gegründete
Niederlassung der Jesuiten in der Reichsstadt Köln war mit
eindrucksvollem Beispiel vorangegangen. Die Jesuiten hatten
ihre größten Erfolge durch Jugendarbeit und Katechese erzielt.
Ihr pädagogischer Einsatz gipfelte in der zweiten Hälfte des 16.
Jahrhunderts im Ausbau des Gymnasium Tricoronatum zu einer
blühenden Bildungsstätte mit bis zu tausend Schülern, und die
Volkskatechese verschaffte ihnen eine Massenwirkung. Bei den
Pfarr- und Stiftsschulen einzusetzen, hielt dann auch Ferdinand
für einen wichtigen Schritt im Kampf für tridentinische Reform
und gegen den Protestantismus. Zum Teil infolge von Nachlässigkeit, zum Teil infolge schlechter Besoldung ließ der Unterricht
durch Pfarrer und Lehrer allenthalben zu wünschen übrig, sofern
er überhaupt durchgeführt wurde. Die Folge davon waren Privatschulen, die mehr oder weniger offen der Verbreitung des Protestantismus dienten. Die Gegenmaßnahmen zeigen exemplarisch,
wie mühsam sich Änderungen durchsetzen ließen. Die einschlägigen Beschlüsse der Diözesansynode von 1589 mußten 1612
erneut eingeschärft und durch Kontrollmaßnahmen abgesichert
werden, d. h. sie können nur wenig wirkungsvoll gewesen sein.
Die Katechese in Pfarrkirchen und Schulen beschäftigte auch
künftig immer wieder die kirchlichen Instanzen.[12]

Nicht weniger schwierig als bei den Laien zeigte sich die
Durchsetzung der Trienter Konzilsbeschlüsse beim Klerus. Mit
Visitationen, kirchlichen Gerichtsbehörden und Glaubensprüfungen mußten Weltgeistliche und Ordensleute auf den neuen
Kurs gebracht werden. Eines der Hauptprobleme der Klerusreform war die Pfründenhäufung, der Besitz mehrerer Stellen durch

einen Geistlichen. Wer mehr als eine Pfarrstelle sein eigen nannte, konnte schlechterdings nur eine davon betreuen, die anderen Pfarreien blieben sich selbst überlassen oder wurden von erbärmlich bezahlten Vikaren vertretungsweise notdürftig versorgt. Die daraus folgenden Schäden für die Seelsorge mußten jede Reform blockieren, ein Mißstand, gegen den seit spätmittelalterlichen Zeiten immer wieder angekämpft worden war. Natürlich boten die Bischöfe aus dem Hause Wittelsbach bei der Pfründenhäufung ein denkbar schlechtes Beispiel, vereinigte doch Ferdinand selbst fünf Bistümer in seiner Hand. Aber dieses Ergebnis einer Notlage der Kurie, das der Preis für das Bündnis Rom–München war, erwies sich als nicht so schädlich wie die überkommenen Verfassungszustände. Im Falle der Pfründenhäufung beim Klerus standen die Patronatsrechte im Wege, die in mittelalterlichen Zeiten wurzelten und sich zählebig hielten. So war der Bischof kirchenrechtlich zwar allein zur Priesterweihe befugt, aber das Recht der Pfründenübertragung hatte er nur in wenigen Fällen. Das Recht, die Pfründe, das Einkommen für den Priester, zu vergeben, lag überwiegend in den Händen der Patronatsherren, die im Zweifelsfall lieber einen ungeeigneten Schützling als einen fähigen Seelsorger im Besitz der Pfründe sehen wollten. Die Pfründenhäufung ging jedoch nur zu oft auf schiere materielle Not zurück. Die Vermögensverhältnisse vieler Gemeinden waren derartig schlecht, daß sie keinen Geistlichen unterhalten konnten, was diesen wiederum zwang, nach mehreren Stellen zu trachten.

Ganz allgemein blieb die drückende Finanzsituation ein Haupthindernis für das ganze Reformwerk. Die Rheinzölle, eine der Haupteinnahmequellen, waren langfristig verpfändet, die übrigen Einnahmen durch den Kölner Krieg gesunken. Dem stand eine Schuldenlast gegenüber, die zum Teil noch auf das 15. Jahrhundert zurückging. Die kriegerischen Verwicklungen des 16. Jahrhunderts erhöhten sie noch und ließen den Zinsendienst ins Stocken geraten. Damit gerieten die Gläubiger in Bedrängnis, und da diese hauptsächlich kirchliche Institutionen waren, wirkte sich das Versiegen der Zinszahlungen negativ in allen kirchlichen Bereichen aus. Die Priesterausbildung z. B. hatte darunter zu leiden, womit ein weiterer Schwerpunkt der Reform betroffen war. Das Trienter Konzil hatte die Einrichtung von Priesterseminaren vorgeschrieben. Das scheiterte in Kurköln an finanziellen Schwierigkeiten. Ferdinand stellte 1615 aus eigenen Mitteln

Ausbildungsplätze für zwölf Priesteramtskandidaten zur Verfügung, eine lächerlich geringe Zahl angesichts der über 1500 Pfarreien im Erzbistum – und selbst diese Stiftung fiel 1645 dem Dreißigjährigen Krieg zum Opfer. Aber neben diesen Schwierigkeiten sind die inneren Widerstände gegen die tridentinische Reform nicht zu unterschätzen. Mit welcher Härte teilweise gefochten wurde, zeigt beispielhaft der Kampf um die Klosterreform. Von Kerkerhaft für einzelne Ordensleute bis zu Kollektivstrafen gegen ganze Konvente reichten die Maßnahmen – mit entsprechend zahllosen Beschwerden wegen Privilegienverletzung seitens der Betroffenen. Die Neuordnung im eigenen Hause bildete für Ferdinand die Grundlage zur Bekämpfung des Protestantismus. Daneben fehlen freilich nicht die üblichen Zwangsmaßnahmen der gewaltsamen Rekatholisierung, wie sie je nach Stärke der protestantischen Minderheiten auch in Münster, Paderborn und Hildesheim zur Anwendung kamen. Von Geldstrafen bis Landesverweisungen wurden alle Mittel eingesetzt, um die Konfessionseinheit in den Territorien durchzusetzen. Die Trienter Dekrete wurden in Kurköln endgültig erst in den Jahren 1661/62 durchgesetzt, diese Tatsache zeigt, wie kompliziert und zeitraubend die Auseinandersetzung verlief. Trotzdem war schon beim Tode des Kurfürsten Ferdinand der Katholizismus restauriert, der Protestantismus bis auf wenige Reste unterdrückt.[13]

Wer war der Mann, der in der ersten Hälfte des 17. Jahrhunderts an der Spitze einer so stattlichen Zahl von Territorien stand? Am 6. Oktober 1577 wurde er als Sohn des Herzogs Wilhelms V. v. Bayern und der Herzogin Renate v. Lothringen geboren. Schon als Kind für den geistlichen Stand bestimmt, erhielt er im Alter von sieben Jahren die Tonsur – das genügte, um mit der Anhäufung von Pfründen beginnen zu können. Bald verfügte er über Dompfründen in Mainz, Trier, Salzburg, Würzburg, Passau und Köln. Zwölfjährig wurde er nach Ingolstadt zur Erziehung durch die Jesuiten geschickt. Sozusagen von der Schulbank weg erfolgte die Berufung zum Koadjutor von Kurköln. Den Jesuiten und der gegenreformatorischen Frömmigkeit blieb er bis an sein Lebensende verpflichtet, darin seinem älteren Bruder Maximilian ähnlich. Warum er die Priester- und Bischofsweihe trotz Drängens der Kurie ablehnte, blieb ungeklärt. Daß diese Haltung auf religiöser Gleichgültigkeit beruhen könnte, ist jedenfalls zu Recht ausgeschlossen worden.[14] Die Hauptaufgabe seiner Politik sah er in der Wiederherstellung der katholischen Kirche nach dem ihm vermittelten Verständnis, nämlich in der Durchsetzung der tridentinischen Reform und damit verbunden in der Beseitigung des Protestantismus und aller antikatholischen Kräfte, wie es in seiner programmatischen »Religionsordnung« von 1614 festgelegt war. Insofern darf auch die Frage nach seiner Politik im Dreißigjährigen Krieg nicht isoliert gesehen werden. Kirchen-, Innen- und Außenpolitik treten bei ihm als Einheit in Erscheinung: »Im Einsatz für die Wiederherstellung der alten Religion hatte schon der junge Prinz die Hauptaufgabe seines Lebens gesehen, gegen Ende seiner Regierung mußte der Kurfürst feststellen, wie der dafür geführte Kampf immer mehr zu einer Auseinandersetzung um die politische Vorherrschaft in Europa wurde, in der schließlich fast alle katholischen Restaurationsansprüche unter empfindlichen Verlusten abgewiesen wurden. Nur schwer hat Ferdinand sich dieser Entwicklung gefügt, im Grunde suchte er bis zuletzt an der religiös-kirchlichen Zielsetzung des Krieges festzuhalten ...«.[15] Als er am 13. September 1650 starb, hatte er dieses Ziel zwar nicht erreicht, aber doch für die Restauration des Katholizismus in seinen Territorien soviel getan, wie er konnte.

Die neuere Geschichtsschreibung hat die konsequente Härte von Ferdinands Vorgehen gegen Andersgläubige in der Regel eindeutig und umfassend dargestellt, wenn er auch im Rahmen seiner Zielsetzung als »der erste große nachtridentinische Reformbischof der Kölner Erzdiözese« bezeichnet worden ist. Ausnahmen bestätigen die Regel: »Der edle Ferdinand sah aber ein, daß die neue Lehre am wirksamsten nicht durch Gewalt, sondern durch liebreiche Worte katholischer Überzeugung ... abgewehrt werden könne«.[16] Seine sonstigen administrativen und politischen Fähigkeiten werden überwiegend positiv beurteilt. Über sein Privatleben herrscht insoweit Einigkeit, als er nach Ausweis aller zeitgenössischen Zeugnisse bemüht und überzeugt vorzuleben bestrebt war, was er von anderen forderte. Konsens besteht auch über sein Mäzenatentum gegenüber Künstlern, wobei Musiker seine besondere Förderung genossen. Ferdinand kam von einem Hof, an dem Musikkultur gepflegt wurde, und er war selbst ein großer Musikfreund. In der Tradition des Münchener Vorbilds berief er namhafte italienische und südniederländische Musiker an seinen Hof. Zweifelsohne hat er den Ruhm der Bonner Hofkapelle begründet.[17]

II. Die Ausrottung

1. Zur Ehre Gottes und des Landes Wohl

Im Jahr 1532 billigten die Reichsstände auf dem Regensburger Reichstag die »Peinliche Halsgerichtsordnung Kaiser Karls V.«, kurz »Carolina« genannt. Im Grunde handelte es sich weniger um ein Strafgesetzbuch als um eine Strafprozeßordnung. Sie enthielt zwar eine Klausel, die den Fürsten bei ihrer Gesetzgebung eigenen Spielraum ließ, doch hat sich die Carolina im ganzen durchgesetzt. In diesem Zusammenhang ist oft behauptet worden, die Carolina habe den Inquisitionsprozeß aus fremden Quellen in Deutschland eingeführt, gemeint war das römische Recht. Danach hat die Carolina bei Verdacht einer Straftat die Untersuchung von Amts wegen vorgeschrieben, die Gerichte hatten zu inquirieren (inquirere – untersuchen), auch wenn von privater Seite nicht Klage erhoben wurde (accusare – anklagen). Sie soll also den alten Akkusationsprozeß verdrängt haben, der auf der privatrechtlichen Auffassung des Strafrechts beruhte und im Verbrechen die Verletzung einer Privatperson sah, die selbst für das Einschreiten des Gerichts durch Klage zu sorgen hatte: Wo kein Kläger, da kein Richter. Beides ist aber korrekturbedürftig. Der Inquisitionsprozeß wurde während des späten Mittelalters im Reich entwickelt, Einflüsse von auswärts kamen im Laufe der Zeit hinzu. Außerdem hat die Carolina neben der inquisitorischen auch die akkusatorische Form im Strafverfahren anerkannt, wobei die Unterschiede gar nicht so groß waren, wie oft angenommen wurde. Auch die Folter ist im spätmittelalterlichen Reich entwickelt worden, unabhängig davon, daß sie schon dem römischen Recht bekannt war. Die Folter ist für die massenhafte Durchführung von Hexenprozessen äußerst wichtig geworden, aber die Folter war nicht etwa auf dieses Delikt beschränkt, sondern kam auch bei Mord und anderen Straftaten zur Anwendung.

Die Carolina befaßt sich auch mit dem Straftatbestand der Zauberei, Art. 109 lautet: »Item so jemandt den leuten durch zauberey

schaden oder nachtheyl zufügt, soll man straffen vom leben zum
todt, vnnd man soll solche straff mit dem fewer thun. Wo aber
jemandt zauberey gebraucht, vnnd damit niemant schaden gethan hett, soll sunst gestrafft werden, nach gelegenheit der sach,
darinnen die vrtheyler radt gebrauchen sollen, wie vom radt
suchen geschrieben steht«.[1] Wie viele Landesherren machte auch
Ferdinand von der Klausel im Strafgesetzbuch Gebrauch, die den
Fürsten Änderungen durch eigene Gesetzgebung einräumte, und
erließ schon als Koadjutor 1607 eine für alle Landesteile des Kurstaates gültige Hexenprozeßordnung, die 1628 in erweiterter Form
noch einmal herausgegeben wurde.[2] Sie beginnt mit Bestimmungen, die teils die Angeklagten schützen sollen, sie andernteils aber
schlimmsten Gefahren aussetzen. So werden beispielsweise zwei
unparteiische Zeugen gefordert, die die Angeklagte als notorisch
bekannte zauberische Person beschuldigen; gleich anschließend
wird aber wieder zuungunsten der Angeklagten entschieden,
indem »Besagungen«, also Beschuldigungen durch gefolterte
und geständige Hexen, als Beweismittel zugelassen werden. Diese
Mängel des ersten Teils verblassen aber angesichts der furchterre-
genden Liste, die im zweiten Teil ausreichende Indizien zur
Anwendung der Folter aufzählt. Die Carolina nennt in Art. 44 vier
Indizien, die zur Einleitung eines Strafverfahrens genügen. Danach steht in Zaubereiverdacht, 1. wer sich anbietet, einen anderen die Zauberei zu lehren; 2. wer einem Menschen mit Schadenzauber droht, sofern dem Bedrohten der angekündigte Schaden
tatsächlich widerfährt; 3. wer mit zauberischen Personen enge
Gemeinschaft hat; 4. wer mit zauberischen Gegenständen, Gebärden und Worten umgeht und allgemein im Ruf der Zauberei
steht. Dies ist eine der gesetzlichen Grundlagen, die als lebensgefährlich zu bezeichnen sind, denn mit diesen Indizien kann so
ziemlich jeder in einen Hexenprozeß verwickelt werden.

Ferdinands Schreckensliste geht darüber aber noch hinaus.
Danach genügen folgende 13 Indizien – und zwar einige für sich
allein – zur Anwendung der Folter: 1. wer sich anbietet, anderen
das Zaubern beizubringen, 2. wer verdächtig ist und flüchtet,
3. wer einem anderen Schaden androht, der auch eintritt, 4. wer
enge Gemeinschaft mit zauberischen Personen hat, 5. wer sich
selbst bezichtigt, 6. wer zauberische Worte gebraucht oder sich
anbietet, gestohlene Gegenstände wieder ausfindig zu machen,
7. wer mit zauberischen Gegenständen und Gebärden umgeht,

8. wer sich an einem Ort aufgehalten hat, an dem anschließend Menschen oder Vieh ein Unglück zustößt, 9. wer bei sich Zaubertöpfe oder andere zauberische Dinge verwahrt, 10. wer von einem einwandfreien Zeugen beschuldigt wird, 11. wer allgemein berüchtigt ist, 12. wer bei seiner Verhaftung tiefe Niedergeschlagenheit bekundet. Der Punkt 13 soll wörtlich zitiert werden, weil er später eine besondere Rolle gespielt hat: »Zum Dreyzehenden gibt auch grosse anlheitung zur peinlicher fragen wenn ahn der diffamirter personen ungewonliche Stigmata undt Zeichen als wann schon darin gestochen kein blut daruß kommen thuet, erfunden werden«. Wie gesagt, einige dieser Indizien geben für sich allein Anlaß zur Folterung, es wird aber empfohlen, aus Sicherheitsgründen mit der Folterung zu warten, bis mehrere Indizien vorliegen. Insgesamt ist diese Auflistung allerdings keine Besonderheit, von Verfechtern der Hexenlehre sind im 16. und 17. Jahrhundert oft solche und ähnliche Punkte zusammengestellt worden.

Das in Punkt 13 der Hexenprozeßordnung als besonders wichtig bezeichnete Indiz des Hexenstigmas stand in den Jahren 1629/30 im Mittelpunkt der Diskussion um die Hexenprozesse und führte zu einer erbitterten Fehde mit einer Reihe von Schriften und Gegenschriften. Diese Auseinandersetzung ist deshalb so bemerkenswert, weil sie ein aufschlußreiches Licht auf die Einstellung der Verfolgungsbefürworter einschließlich des Kurfürsten wirft. Das Ausrottungsprogramm erreichte nach einer Anlaufphase 1629 seine volle Wucht. In die aufgeladene Atmosphäre platzte die zweite Veröffentlichung der 1607 ganz unbeachtet gebliebenen Hexenprozeßordnung. Sie trägt das Datum des 27. November 1628. In der Hofratssitzung vom 4. Januar 1629 wurde ihre Vervielfältigung und Verteilung an die Gerichte befohlen und damit der Streit ausgelöst.[3] Der Punkt 13 der Indizienliste brachte beileibe keine Neuigkeit, aber der Zeitpunkt und die Person des Herausgebers erregten Aufruhr. Hier schrieb nicht irgendein gelehrter Verfechter der Hexenlehre oder ein praxisgeschulter Hexenrichter, hier stand der Punkt 13 in einer vom Kurfürsten sanktionierten Gerichtsordnung zur Steuerung einer Massenverfolgung. Daß sich der Streit sofort auf den Punkt 13 konzentrierte, war kein Zufall. Als ob die in Punkt eins bis zwölf genannten Indizien nicht ausreichten, einen Menschen in die Folterkammer zu bringen! Doch bei näherer Betrachtung erweisen sie sich allesamt als vage, sie sind weder verifizierbar noch falsifizierbar. Das gilt auch für die Indizien, die auf den ersten Blick empirisch überprüfbar scheinen. Punkt 2 nennt die Flucht als Indiz, aber die Angeklagten konnten die vermeintliche Flucht als Verwandtenbesuch in der nächsten Stadt erklären. Sogar die Selbstbezichtigung in Punkt 5 ließ sich als Scherz oder harmlose Prahlerei in angetrunkenem Zustand ausgeben. Was sonst noch als Indiz aufgeführt wird, ist nicht der Rede wert. Der Seufzer einer verhafteten Person, »es ist nunmehr mit mir gethain« (Punkt 12), sagt gar nichts, auch wenn er als Selbstverurteilung verbrämt wird. Als einziges »hartes Faktum« bleibt der Punkt 13. Angeblich besiegelte der Teufel seinen Bund mit der Hexe, indem er ihr irgendwo am Körper ein Zeichen einritzte. Dieses Hexenstigma sollte erkennbar sein, wenn bei Einstich mit einer Nadel kein Blut austrat. Hier setzten die Verfolgungsgegner an. Denn anders als bei den Protestanten wurde auf katholischer Seite der Kampf gegen die Hexenprozesse auf dem Weg der Kritik an der Gerichtspraxis ausgetragen. Das Hauptargument der katholischen Prozeßverfechter hieß, Gott lasse die Hinrichtung Unschuldiger nicht zu. Das Hexenstigma hatte aber oft genug bei Todesurteilen eine entscheidende Rolle gespielt. Gelang hier der Nachweis von Justizmorden, war die Axt an die Wurzel des Hauptarguments gelegt. In der Auseinandersetzung ging es also nur vordergründig um das Hexenzeichen, in Wirklichkeit um die Hexenprozesse schlechthin.

Die erste bekannte Reaktion stammte von zwei Schöffen des Hohen Weltlichen Gerichts in Köln, die als Hexenkommissare im Kurfürstentum eingesetzt waren: Dr. Walram Wilhelm Blankenberg und Dr. Johannes Romesswinckel. Sie sollten im März 1629 zur Leitung der Hexenprozesse ins Amt Nürburg geschickt werden. Zur Information der dortigen Gerichte wie auch zum allgemeinen Gerichtsgebrauch haben sie ein umfangreiches Gutachten erstellt mit dem bezeichnenden Titel: »Processus et forma procedendi per stigmata contra sagas«. Obschon das Gutachten thematisch breit angelegt war, stand im Mittelpunkt die Frage nach jenen Indizien, die den Einsatz der Folter erforderten. Diese Frage war in der Tat ein Kern der Massenprozesse. Bei aller zeitgenössischen Diskussion über Art und Dauer der Tortur fiel für die Angeklagten die Entscheidung über Leben und Tod praktisch mit dem Einsatz der Folter, die fast immer zum todbringenden Geständnis führte. Nach Meinung der beiden Juristen genügten dazu drei Besagungen und das Hexenzeichen. Stand eine Person im öffentlichen Gerücht der Hexerei, genügten eine Besagung und das Hexenzeichen. Das Hexenstigma steht als Beweismittel einwandfrei im Vordergrund, es ist für sie »das wahrhaffte Kendtzeichen der Zauberer und unholden« – die Verfasser konnten sich auf die offizielle Billigung des Kurfürsten vom 4. Mai 1629 berufen.

Im selben Jahr erschien in Köln das Buch »Commentarius ad L. Stigmata« von Dr. Peter Ostermann mit Widmung an den Kurfürsten. Ostermann, Professor für Zivilrecht an der Universität Köln, galt das Hexenzeichen als »indicium indiciorum«, als der Beweis schlechthin, weil Gott dem Teufel nicht erlaube, es Unschuldigen einzuritzen. Vehement bekämpfte er Theologen in Lüttich und Löwen, die das Gegenteil behauptet hatten (Sectio IX, XII). 1630 erfolgte der Gegenangriff durch den Bonner Kanoniker Johannes Jordanaeus. Sein ebenfalls in Köln gedrucktes Buch »Disputatio brevis et categorica de proba Stigmatica« erklärte das Hexenzeichen aus rein natürlichen Ursachen und griff Ostermann scharf an. Ostermann strengte eine Klage gegen den Buchdrucker an und erwog auch eine Beleidigungsklage gegen den Verfasser. Johannes Romesswinckel ließ es sich nicht nehmen, in einer »Alia Defensio probae stigmaticae« – ohne Jahresangabe, aber wahrscheinlich ebenfalls 1630 erschienen – Beweise aus seiner Praxis als Hexenkommissar nachzutragen. Er und sein Mitstreiter Dr. Blankenberg leiteten im Dezember 1629 Hexenprozesse in der kurkölnischen Herrschaft Bliesheim, als sie beim Hofrat wegen der Hexenzeichen rückfragten, »davon pro et contra itzo viel geschrieben wurd«. Sie erhielten den Rat, die Suche nach dem Hexenstigma aufmerksam zu beobachten »und nit alles dem Henkern oder dessen Jungen zu vertrauen«.[4]

Als der Jesuit Friedrich Spee v. Langenfeld 1631 in seiner »Cautio criminalis« zu den Hexenzeichen Stellung nahm, schrieb er: »Ich habe noch keine selbst gesehen, und werde auch nicht daran glauben, wenn ich sie nicht sehe. Ich sehe nur das alle Tage, daß die Betrügereien der Menschen unendlich und oft selbst große Herren von beschämender Leichtgläubigkeit sind. Weil sie viel zu groß sind, solche Kleinigkeiten genau zu prüfen, darum machen sie sich fast jedes beliebige Märchen zu eigen, verzeichnen sie in ihren Lehrbüchern und führen so alle Welt hinters

Licht«. Den Richtern schärft er als erstes ein: »Daß sie nicht dem
Henker vertrauen, um dessen Verdienst es ja dabei geht«.[5] Diese
Einsicht hatte sich anderswo in Deutschland schon rund 40 Jahre
früher durchgesetzt. Bei den Massenprozessen der Jahre 1589/90
waren Gerichte und Obrigkeiten noch durchweg bereit, allein die
Bestätigung eines Hexenstigmas durch den Henker gelten zu
lassen, womit die Henker zu einem ungewöhnlich hohen Einfluß
kamen. Dies änderte sich aber schon 1590. Ein ehemaliger Gehilfe
des Scharfrichters von Eichstätt hatte versucht, auch in Nürnberg
Hexenprozesse in Gang zu bringen. Der Rat der Reichsstadt
machte statt dessen dem Henkersgehilfen im Juli 1590 den Prozeß
und ließ ihn hinrichten. In einem Verhör schilderte er die einschlägigen Praktiken des Eichstätter Meisters: »Dann wann ein trudt
[Hexe] in die gefengnus kombt, so muß sie sich nackendt ausziehen
hen ... Hernache suche er [der Henker] ihr das zaichen, welches
ein flecklein ist, als wann es geritzet were, wann ers dann gefunden, so sticht er mit einer schneidenden nadel hinein, do es dann
ein trudt ist, so gibt es kain blud, auch verregt sie sich nicht«.[6] Das
Nürnberger Beispiel wirkte auf Ansbach, aber auch in Bayern und
anderen Territorien fing man an, den Einfluß der Scharfrichter zu
beschneiden. Das Mißtrauen gegen die Henker umschloß auch
die angebliche Bedeutung des Hexenmals. Im Oktober 1590 wies
die Universität Ingolstadt in einem Gutachten die Beweiskraft
der Hexenzeichen grundsätzlich ab und blieb auch in den folgenden Jahren bei dieser Haltung. Kurzum, in vielen Territorien
waren Hexenzeichen als Indiz 1590 kein Thema mehr.[7] Im Kurfürstentum Köln dagegen änderte die heftige Diskussion der
Jahre 1629 bis 1631 nichts an der Praxis der Gerichte. Bis mindestens 1637 walten die Henker ihres Amtes im Aufspüren von
Hexenzeichen als Hauptindiz, wie erhaltene Prozeßakten bele-
gen.[8] Es gibt auch keinen Grund zu zweifeln, daß es bis zum Ende
der Hexenprozesse generell dabei blieb, denn die Hexenprozeßordnung war unverändert in Kraft, und die Hexenkommissare
sorgten für ihre Einhaltung.

Als Koadjutor hatte Ferdinand 1607 diese Prozeßordnung für
alle Landesteile des Kurstaates erlassen. Sie beginnt mit der Erklärung: »Nachdem das greulich und abscheulich Unwesen der
Zauberey, leider bei diesen sorgsamen geferlichen Zeiten, einen
gemeinen Uebergang nehmet«, fühle sich der Fürst nach göttli-
chem Befehl und allen Reichsrechten verpflichtet, »nach allem

Vermögen solche Unthaten zu straffen«. Diese Worte scheinen kaum anders zu interpretieren zu sein, als daß eine große Prozeßwelle angelaufen ist. Das ist aber nicht der Fall, die Hexenprozeßordnung von 1607 löst keine Verfolgung aus. Im Gegenteil: Am 5. November 1608 empfahl der Hofrat, selbst Frauen, die in der Tortur gestanden und später widerrufen hatten, freizulassen mit dem Hinweis, »wie solches in den benachparten trierischen örtern etwa preuchlich«. 1616, um einen anderen Fall der in diesen Jahren nicht eben häufigen Prozesse im rheinischen Erzstift herauszugreifen, wurde in Deutz eine Frau inhaftiert, die eine ganze Reihe von Personen in Köln und Deutz als Komplizen besagte, worauf in Bonn entschieden wurde, man solle ihr »durch wohlqualificierte und gelehrte Geistliche« gut zureden lassen – als ob es überhaupt keine Hexenprozeßordnung gäbe. Ja selbst 1624 hält sich der Hofrat noch an die ursprüngliche Intention des Kurfürsten, Rechtsfälle möglichst bei den zuständigen Gerichten zu belassen: Er weist ein Entscheidungshilfeersuchen für einen Rheinberger Hexenprozeß ab und erklärt dem dortigen Amtmann, »daß diese Criminalsache zum ordentlichen Rechten also fur Schultheiß und Scheffen daselbsten gehorig«. Wie kraß der spätere Wandel war, zeigt der Fall Rheinbach. Ein glaubwürdiger Zeuge hat 1631 den Beginn der dortigen Massenprozesse geschildert. Danach floh eine Frau vor einem drohenden Hexenprozeß im benachbarten Schweinheim nach Rheinbach, wurde aber auf Drängen des Schweinheimer Gerichtsherrn verhaftet und verbrannt. Der Zeuge schloß seine Aussage mit der Feststellung: »die hätte viele denunciert und wäre damit der Anfang gemacht«. Ein Vorgang, der 1608 zur Freilassung der Angeklagten führte, löste rund 20 Jahre später eine große Verfolgung aus – kein Zufall.[9]

Die vom Koadjutor erlassene Hexenprozeßordnung erweist ihn genau als den Mann, von dem treffend gesagt worden ist: »Dieser Kirchenfürst war in seinen Anschauungen über den Hexenwahn anscheinend noch befangener als seine Zeitgenossen, die Bischöfe von Bamberg und Würzburg«.[10] So war er spätestens 1607, also im Alter von dreißig Jahren, und alles spricht dafür, daß er sich treu blieb, wenn er auch seinen blutigen Kreuzzug ab 1639 zwangsweise aufgeben mußte. Warum er jedoch erst 20 Jahre nach Erlaß der Hexenprozeßordnung losschlug, soll im nächsten Abschnitt erörtert werden, soweit dies überhaupt zu klären ist. Ein Argument kann aber sofort als zumindest unwahr-

scheinlich an den Rand geschoben werden, das Argument der
Vorbildwirkung anderer Territorien. Eine solche Vorbildwirkung
ist zwar oft genug nachzuweisen und hat verschiedene Gründe.
Einer davon kann geradezu als Konkurrenzneid bezeichnet werden,
als Bestreben eines Territoriums, im Kampf um die gute Sache den
anderen nicht nachzustehen, wobei Fürst und Volk durchaus
einträchtig ans Werk gingen. Auch der gegenteilige Grund konnte zur Nachahmung führen, nämlich die Angst, sich durch man-
gelnden Verfolgungseifer als heimlicher Förderer der Hexensekte in Verruf zu bringen, die Angst, als »Schutzpatron der Hexen«
bezeichnet zu werden. Der Kölner Stadtrat mußte sich diese Bezeichnung vom Kurfürsten mehrfach anhören, aber er war in so
starker Position, daß ihn dergleichen kalt lassen konnte. Andere
konnten sich das nicht leisten und zogen mit. Ein Vorbild zu
williger Tat im Dienst der guten Sache soll auch in Kurköln die
Verfolgung ab den späten 20er Jahren ausgelöst haben: »Ein nicht
zu übersehender Anstoß zu den Kölner Hexenprozessen des 17.
Jahrhunderts ging von den Verfolgungen in benachbarten Territorien aus. In fast allen Gebieten des Rheinlands kam es um die
Wende des 16. Jahrhunderts und in den ersten Jahren des 17.
Jahrhunderts in zunehmendem Maße zu Hexenprozessen«.[11] Das
stimmt nicht. Gerade in den größten Nachbarterritorien, den
Herzogtümern Jülich-Kleve-Berg, waren Hexenprozesse schon
im 16. Jahrhundert unterdrückt worden. In Jülich-Berg wurde
1631 sogar besondere Vorsorge getroffen, um ein Übergreifen der
Verfolgungswelle aus Kurköln zu verhindern. Es ist zwar richtig,
daß von kurfürstlicher Seite im Februar 1629 geäußert wurde: »...
dieweil das abschewliche laster der Zauberey in den benachbarten lander dermaßen zugenommen, daß die hohe noth erfordert,
damit Herren und Fursten ihr Ambt in Acht nehmen demselben
zu begegnen«, aber das ist nicht beweiskräftig. Die Präambel der
Hexenprozeßordnung von 1607 drückt sich ganz ähnlich aus,
eine Massenverfolgung hat sie aber keineswegs ausgelöst. Ganz
falsch ist der Rückgriff auf die Trierer Verfolgung der Jahre um
1590. Der herangezogene zeitgenössische Chronist, der Kölner
Ratsherr Hermann Weinsberg, beweist mit seinem Kommentar,
daß die Vorbildwirkung trotz günstiger Voraussetzungen ausblieb. Dies gilt sowohl für die Reichsstadt wie für das rheinische
Erzstift. Vollends rätselhaft bleibt die Behauptung: »Stand man
demnach hinsichtlich des Umfangs der Verfolgungen nicht gerne

hinter anderen Ländern zurück, so wurde dieser Eifer noch verstärkt, wenn in solchen Nachbarländern Hexenprozesse in größerer Zahl stattfanden, die der anderen Konfession zugetan waren. Auf Köln – vor allem auf den Erzbischof – scheinen in dieser Hinsicht besonders die Hexenprozesse in den protestantischen Gebieten Norddeutschlands von Einfluß gewesen zu sein«.[12]

Es bleibt also festzuhalten, daß zumindest im rheinischen Teil des Kurstaates Massenprozesse vor den späten 20er Jahren des 17. Jahrhunderts nicht stattfanden, trotz aller Vorbilder in anderen Territorien und trotz der Hexenprozeßordnung Ferdinands von 1607. Ab 1627 allerdings holte er alles nach – zu Gottes Ehre und des Landes Wohl. Es ging immer um »Gottes Ehr und bonum publicum«, schon bei den Judenpogromen im Mittelalter, als ein frommer Fürst 1349 dazu aufforderte, »daz ir uwere Juden lozet toten gote zcu lobe und zcu ern unde der krystenheit zcu selikeyt«.[13] Einer der fürchterlichsten kurkölnischen Hexenkommissare, der noch zu erwähnende Dr. Heinrich v. Schultheiß, pries sich 1634 glücklich, Hunderte von Menschen mit Folter und Feuer aus der Welt geschafft zu haben, denn sie waren nichts anderes als »der göttlichen Majestät und der Christenheit Feinde«. Dabei ist das Wort »Feinde« noch ein nobler Ausdruck, wie es sich für einen Buchtitel ziemt. Ansonsten drückten sich Hohe und Niedrige weniger nobel aus, um die »Pest der Zauberer und Hexen«, die »Teufelsbräute« zu benennen. Wenn Hitler und seine Gefolgsleute sich in bezug auf Juden einer Sprache aus dem Bereich der Seuchen- und Ungezieferbekämpfung bedienten, fußten sie auf einer langen Tradition, die Sprache des Unmenschen war nicht neu. Auch auf Hexen ist die Seuchen- und Ungezieferbekämpfungssprache angewendet worden. Beispielsweise schrieb ein mit Hexenprozessen befaßter Freiherr 1590, er habe »fast ein ganz Jahr lang mit dergleichen Ungeziefer viel Muhe und Unlust gehabt«.[14] Es ist unnötig, weitere Belege aufzulisten. Die Hexensekte ihrerseits war spätestens seit dem 14. Jahrhundert Bestandteil der allgemeinen organisierten Ketzerei, für die von der Inquisition eine Schädlingsbekämpfungssprache in lateinischer Version benutzt wurde, von »Pest« bis »Unkraut«. Unkraut ist bekanntlich auszureißen und »– falls man damit nicht entsprechend dem Gleichnis Jesu vom Unkraut bis zum Jüngsten Gericht warten wollte – zu verbrennen. Und das tat man denn auch, zunächst bis ins 13. Jahrhundert hinein in eher tumultarischer Form; seit

Kaiser Friedrich II. die Verbrennungsstrafe für Häresie obligatorisch machte, dann nach Recht und Gesetz«.[15]

Als Kurfürst Ferdinand begann, sein Ausrottungsprogramm nach Recht und Gesetz in die Tat umzusetzen, hatte er die benötigten Rahmenbedingungen geschaffen. Durch seine Hexenprozeßordnung war der ohnehin schwankende rechtsstaatliche Boden noch mehr ins Wanken geraten, die gesetzliche Grundlage noch lebensgefährlicher geworden. Gegen allen Widerspruch wurde das Hexenzeichen als Hauptindiz beibehalten. Die Hexenkommissare standen zum Einsatz bereit, juristisch geschult und verfolgungsbeflissen. Durch sie wurden die normalen Schöffengerichte für das Ausrottungsprogramm umfunktioniert. Der Rest war eine Frage der Organisation, was bei der Schwerfälligkeit der frühneuzeitlichen Verwaltung allerdings nicht unterschätzt werden darf. Die größten Schwierigkeiten machten die Finanzierungsfragen. Die Bestimmungen der Hexenprozeßordnung über Inventarisierung und Rechnungslegung waren bei der Masse der Prozesse kaum erfüllbar. Komplizierte Besitzverhältnisse und endlose Beschwerden zahlungsunwilliger Betroffener überforderten die Gerichte und die unteren Instanzen der Finanzverwaltung. Bei diesen wie bei allen anderen Problemen, die durch die Prozesse auftraten, griff die Zentralbehörde antreibend und unterstützend unermüdlich ein, der Hofrat tat sein Bestes. Hinter allem aber stand der Kurfürst. Die obrigkeitliche Steuerung ist ganz eindeutig. So mußten die Pfarrer im Amt Balve, Herzogtum Westfalen, im August 1628 von den Kanzeln einen kurfürstlichen Befehl verlesen, wonach alle Einwohner, »welche Leute beherbergen, die mit Zauberei berüchtigt, (diese) von Stund sollen abschaffen, widrigenfalls, sofern dieselben angegriffen und gerichtet würden und die Gerichtskosten aus derselben Verlassenschaft nicht zu bekommen, so sollen die Aufhälter für sie aus ihren Gütern bezahlen«. Im Januar 1629 ersuchte der Hofrat auf Wunsch des Kurfürsten den Generalvikar, dafür zu sorgen, daß im Herzogtum Westfalen von allen Kanzeln gegen die Hexerei gepredigt werde. Auf eine vorsichtige Anfrage aus Wensburg bei Ahrweiler befahl der Hofrat am 5. Oktober 1629 noch einmal bündig die Verfolgung: »demnach die hohe Notturft erfordert, auch Ihre Churf. Durchl. gnädigst befohlen, allenthalben in dero Erzstift mit Ausrottung des grewlichen Lasters der Hexereien zu verfahren«.[16] An der persönlichen Entscheidung des Kurfürsten gibt es keine Zweifel, sie muß vor dem 15. Januar 1627 gefallen sein. Ferdinand hatte sich für ein Vernichtungsprogramm entschieden, dessen Radikalität zunächst nur durch die Unvollkommenheit seines Machtapparates gebremst wurde.

Gegen wen zog er nun eigentlich zu Felde? Versuche, Menschen durch Zauberei zu schädigen, sind im europäischen Kulturkreis seit der Antike geläufig. Rechtlich stehen sie auf der gleichen Stufe wie andere Schädigungen. Sie werden traditionell als Schadenzauber bezeichnet, ihre strafrechtlichen Verfolgungen als Zaubereiprozesse. Strafbestimmungen gegen Schadenzauber gab es im römischen Recht ebenso wie in den germanischen Volksrechten. Andere magische und abergläubische Praktiken fielen nicht darunter, wenn auch die Kirche solche Praktiken heftig bekämpfte. Die frühe Kirche hatte die antiken Götter in Dämonen umgedeutet, ihre Kulte in Zauberei und Teufelsdienst. Bei der Missionierung in keltischen, germanischen und slawischen Gebieten wurde nach diesem Muster verfahren: An die Stelle der alten Götter traten der Teufel und seine Dämonen. Aber auch nach der Christianisierung oder Zwangschristianisierung wie bei den Sachsen lebten die alten Vorstellungen in verblassender und sich wandelnder Form weiter. Eine kirchenrechtlich besonders wichtige Aussage steht im sog. »Canon episcopi« des Bischofs Burckhard von Worms, zusammengestellt um 1020, und geht auf ein karolingischen Kapitular aus dem 9. Jahrhundert zurück. Die in der neueren Literatur gebotene, etwas blumige und keineswegs neue Übersetzung lautet:

»Dies darf nicht übersehen werden, daß es verbrecherische Weiber gibt, die, [nachdem sie sich wieder Satan zugewandt haben] durch die Vorspiegelungen und Einflüsterungen der Dämonen verführt, glauben und bekennen, daß sie zur Nachtzeit mit der heidnischen Göttin Diana oder der Herodias und einer unzählbaren Menge von Frauen auf gewissen Tieren reiten, über vieler Herren Länder heimlich und in der Todesstille der Nacht hinwegeilen, der Diana als ihrer Herrin gehorchend und in bestimmten Nächten zu ihrem Dienst sich aufbieten lassen. [Aber wollte Gott, diese allein würden in ihrem Heidentum zugrunde gehen und hätten nicht viele mit sich in den Untergang des Unglaubens gelockt.] Leider hat eine zahllose Menge, getäuscht durch die falsche Meinung, daß diese Dinge wahr seien, vom rechten Glauben sich abgewendet und der Irrlehre der Heiden sich angeschlossen, indem sie annimmt, daß es außer dem einen Gott noch etwas Göttliches und Übermenschliches gebe. Daher sind die Priester verpflichtet, den ihnen anvertrauten Gemeinden von der Kanzel herab nachdrücklich einzuschärfen, daß alles dieses von Grund auf falsch sei und solche Blendwerke nicht vom göttlichen, sondern vom teuflischen Geist herrühren«.

W. Behringer hat diesen Text aus der Materialiensammlung von H. Brackert übernommen, der seinerseits im Quellennachweis schreibt: »Übersetzt nach Joseph Hansen«.[17] Die Stelle steht auch in der großen Quelledition von J. Hansen und zwar so, wie sie ins offizielle Kirchenrecht, in das »Corpus iuris canonici« (c. 12 C. 26 qu. 5), Eingang gefunden hat.[18] Die deutsche Übersetzung dagegen weist willkürliche, nicht kenntlich gemachte Lücken auf. Die erste Auslassung verdient aber Interesse. Von den verbrecherischen Frauen wird gesagt: »nachdem sie sich wieder Satan zugewandt haben (retro post satanam conversae)«. Dies ist ein Bibelzitat, eine Wendung aus dem ersten Brief des Paulus an Timotheus (5, 15). Es geht um die Versorgung von Witwen durch die Gemeinden, wobei das Gelöbnis gefordert wird, nicht wieder zu heiraten: »Eine Frau soll nur dann in die Liste der Witwen aufgenommen werden, wenn sie mindestens sechzig Jahre alt ist ... Jüngere Witwen weise ab, denn wenn die Leidenschaft sie Christus entfremdet, wollen sie heiraten ... Außerdem werden sie faul und gewöhnen sich daran, von Haus zu Haus zu laufen. Aber nicht nur faul werden sie, sondern auch geschwätzig; sie mischen sich in alles und reden über Dinge, die sie nichts angehen ... Einige haben sich schon abgewandt und sind dem Satan gefolgt« (Vulgata: conversae sunt retro Satanam). Kommt dies dem späteren Hexenstereotyp nahe? Denn war die Hexenlehre ohnehin auf Frauen zugespitzt, so galten alte Frauen als besonders anfällig, wie die Verfolgungsbefürworter immer wieder betonen, die Äußerungen eines Kaspar Huberinus von 1565 können als ein Beispiel dienen.[19] Selbst ein so kritischer Beobachter der Hexenprozesse wie der Kölner Ratsherr Hermann Weinsberg gewann den Eindruck, die Opfer seien hauptsächlich alte Frauen. Zu den Trierer Massenprozessen der Jahre um 1590 schrieb er: »Man kann der alter weiber und verhaster leut nit balder quidt werden, dan auf sulche weis und maneir«.[20] Nach der Untersuchung von Schweizer Hexenprozessen ist E. W. Monter zu dem Ergebnis gekommen, »that the archetypical witch of sixteenth- and seventeenth-century Europe was an old woman – whether married or widowed or single made little difference«. Aber Witwen und ledige Frauen höheren Alters stellten die Hauptgruppe der Opfer.[21] Es bleibt die Frage, ob dieses an einigen Regionen der Schweiz gewonnene Ergebnis verallgemeinert werden kann. Waren die Hexenprozesse ein »Institut der Witwenverbrennung«? Eine der neuesten Regionalstudien über Hexenprozesse in Kurmainz hat folgendes Ergebnis erbracht: Unter den Hingerichteten waren 2,54% Ledige, 55,84% Verheiratete und 6,85% Verwitwete; über den Familienstand der verbleibenden 34,77% ließ sich nichts ermitteln. Über das Alter der Opfer gibt es genauere Angaben aus den Hexenprozessen der Stadt Dieburg: Es lag bei über 50 Jahren.[22] Auf die Frage nach der sozialen Basis der Hexenprozeßopfer ist an anderer Stelle einzugehen. Doch sei vorweggenommen, daß – mit Einschränkungen und Vorbehalten – die Angeklagten so lange dem Hexenstereotyp ungefähr entsprachen, bis eine Massenverfolgung dieses Stereotyp durchbrach und wie etwa in Würzburg auch Kinder, Adelige, Theologen, Ratsherren und Bürgermeister erfaßte. Daß aber trotz bemerkenswerter Verschiebungen die überwiegende Mehrheit der Opfer Frauen waren, daran gibt es keinen Zweifel.

Die Aktivierung der alten, stets vorhandenen Frauenfeindlichkeit zum Geschlechtsrassismus der Hexenlehre und seine blutige Folge sind das eigentliche Problem. Dem komplizierten Aufbau der Hexenlehre, die aus ganz unterschiedlichen Überlieferungssträngen bis etwa 1430 in ein System gebracht war, hat J. Hansen im Jahre 1900 eine Arbeit gewidmet, die bis heute Standardwerk ist. J. Delumeau legte 1978 seine Studie über »Angst im Abendland« vor, in der Juden- und Hexenverfolgung im Zusammenhang gesehen werden: »In Wahrheit trägt die Hexenverfolgung zum Verständnis der Judenverfolgung bei und umgekehrt: In beiden Fällen wollte man die Agenten Satans verfolgen und unschädlich machen«.[23] Aufgabe sozialgeschichtlicher Hexenforschung bleibt es, die Stellung der einzelnen Verfolgungswellen in diesem allgemeinen Rahmen zu untersuchen, z. B. die Frage nach Anfang und Ende der Massenverfolgungen, nach ihren räumlichen und zeitlichen Konzentrationen, ihrer sozialen Basis bis hin zu den Konflikten einzelner dörflicher Gemeinden.

Grundlage der Hexenlehre bildete die Verbindung von vier Überlieferungssträngen, die ihrerseits wieder vielfältige Quellen hatten. Es handelt sich einmal um den alten Schadenzauber römisch-germanischen Ursprungs, dann um Reste aus religiösen Vorstellungen vorchristlichen Ursprungs verbunden mit einem buntscheckigen paganen Brauchtum, drittens um das in der mittelalterlichen Kirche und speziell von der Inquisition entwickelte Ketzerbild und das daraus hervorgegangene Kumulativdelikt der Hexerei und viertens um die eben angesprochene Steigerung der Frauenfeindlichkeit, die zur Ausbildung einer nahezu geschlechtsspezifischen Ketzerei entscheidend beigetragen hat. Für diesen letzten Punkt ist allerdings noch zu klären, wieweit die für den Saarraum ermittelte Verteilung weiblich und männlich besetzter Domänen im volkstümlichen Zauberglauben und in der Volksmagie für andere Gebiete Gültigkeit hat. Dort lautet das Ergebnis:»Die zauberischen Fähigkeiten eines Hexers entsprachen somit weit weniger dem kirchlichen Hexenbild, als vielmehr dem traditionellen männlichen Magieverständnis, das dem Mann eine stärker diesseits- und zweckorientierte als geheimnisvoll-dämonische Befähigung zum magischen Handeln zuordnete«.[24]

Das kirchliche Hexenbild, der elaborierte Hexenbegriff, umfaßte als Hauptbestandteile: Teufelspakt, Teufelsbuhlschaft, Schadenzauber und Hexensabbat mit dem Flug durch die Luft. Der Hexenflug war vom »Canon episcopi« als heidnischer Aberglaube und Vorspiegelung der Dämonen bekämpft worden, die Kirche hatte ihn abgelehnt. Vom frühen 13. Jahrhundert an begann der folgenschwere Wandel, der die Massenprozesse vorbereitete. Der alte Schadenzauber wurde von Individuen ausgeführt, traditionelle Zaubereiprozesse hatten nicht die Tendenz, massenhaft zu werden. Die von den Inquisitoren und Dämonologen beschriebene Hexensekte dagegen war ein Kollektiv, eine große Verschwörung, die Zahl der Mitglieder unermeßlich. Das entscheidende Mittel, die Mitglieder trotz aller Heimlichkeit zu entlarven, bot der Hexensabbat. Der Hexenlehre zufolge mußte jede überführte Angeklagte an diesen Teufelstänzen teilgenommen haben; also wurde sie so lange gefoltert, bis sie angebliche Mitschuldige nannte, die sie auf den Hexentänzen gesehen hatte. Von daher haben Hexenprozesse die Tendenz, auf andere Personen überzugreifen und massenhaft zu werden. Die Argumentation des »Canon episcopi« hat den Dämonologen nicht wenig zu schaffen gemacht, die wütenden Ausfälle im »Hexenhammer« sind dafür beispielhaft.[25] Die Leugnung des Hexenfluges wurde hauptsächlich mit dem Hinweis umgangen, es handele sich bei der Hexensekte um eine ganz neue ketzerische Bewegung. Der Inquisitor Bernhard von Como berechnete die Entstehung der neuen Sekte und kam auf die Jahre um 1360, womit er für erwiesen hielt, daß die im »Canon« genannten Anhängerinnen der heidnischen Göttin Diana gar nicht gemeint sein konnten.[26]

Mit Dianas nachtfahrender Gefolgschaft hatten die Mitglieder der neuen Hexensekte immerhin alsbald gemeinsam, daß sie von ihren Verfolgern überwiegend weiblich gedacht wurden. Auf seiten der Dämonologen geschah dies keineswegs erst im »Hexenhammer«, dessen alleiniger Verfasser Heinrich Institoris (Heinrich Kramer) so oft als besonders pathologischer Frauenhasser geschildert wird, vor allem mit Blick auf die 6. Frage des 1. Teils. Dieses »Horror-Kapitel« extremer Frauenfeindlichkeit hat Institoris aber aus einem Werk seines Ordensbruders und Erzbischofs von Florenz, Antonino Pierozzi, unter leichter Umgruppierung einfach abgeschrieben. Es gilt nicht erst für den »Hexenhammer«, was über ihn gesagt worden ist: »Angst vor der Sexualität durchzieht den ganzen ›Hexenhammer‹, sie gehört für Institoris zu jenem rational nicht zugänglichen Bereich, für dessen Verstehen er den Teufel braucht, den er gerade hier in besonderer Weise am Werk sieht und als dessen Komplizinnen er nach alter Tradition die Frauen betrachtet, denn schließlich ist es ja Eva gewesen, die sich von der Schlange hat verführen lassen«.[27] Eva muß in diesem Zusammenhang nicht mehr bemüht werden, auch nicht die lange Kette einschlägiger Stellen aus Bibel, Kirchenvätern und mittelalterlichen Theologen, von der klassischen Antike ganz zu schweigen. Damit hat sich die Forschung oft auseinandergesetzt, aber die Befunde waren und sind kontrovers. Nur der bedeutendste Scholastiker, Thomas v. Aquin, soll erwähnt werden, weil ihm oft eine sehr negative Rolle bei der Ausformulierung der Hexenlehre zugeschrieben worden ist. Eine durchaus zurückhaltende Beurteilung lautet: »Der Verfasser des Malleus maleficarum mußte im Lehrgebäude des Aquinaten wichtige Teile übergehen, um ihn als Zeugen seiner Hexologie anführen zu können. Doch ist nicht abzustreiten, daß Thomas' von der mas occasionatus-Auffassung bestimmtes Frauenbild Elemente enthielt, die in einer Dämonologie, in der aus den malefici vor allem maleficae wurden, als gewichtige Argumente Verwertung finden konnten«.[28] Die einseitige Ausrichtung der Hexenlehre auf Frauen ist im 15. Jahrhundert zum Abschluß gekommen. Viele haben an dieser Entwicklung mitgewirkt.

Im Hexenstereotyp war das Feindbild Frau entstanden, in dem die Hexenlehre die gefährlichste und untergründigste Verschwörung sah, von der die Christenheit im 15., 16. und 17. Jahrhundert bedroht wurde. Der christliche Staat der Frühen Neuzeit wurde zum Handeln aufgerufen, zu Gottes Ehre und des Landes Wohl. Das Wohl des Landes war in Gefahr, weil die Untertanen von Ernteschäden, Viehseuchen und Krankheiten bedroht waren, die Verletzung der Ehre Gottes aber war ungleich bedrohlicher, forderte sie doch Gottes Zorn und damit seine Strafe heraus. Die Ehre Gottes: »Dieser Zentralbegriff noch der frühneuzeitlichen Staatsethik fehlte in kaum einem Hexentraktat, kaum einem Dekret gegen die Hexerei«.[29] Die Verfolgungsbefürworter riefen die christliche Obrigkeit zum Handeln auf, Rufe aus der Bevölkerung kamen hinzu. Aber nicht alle Obrigkeiten handelten, und diejenigen, die dem Ruf nachkamen, handelten sehr unterschiedlich. Der Kurfürst von Köln zählte zu denen, die am konsequentesten handelten. Mit Feuer und Schwert begann er seinen Kreuzzug.

2. Der Krieg im Kriege

Der Krieg gegen die Hexen begann als Krieg in einem Kriege, dessen wirtschaftliche und soziale Wirkungen am Lande nicht spurlos vorbeigegangen waren. Zudem hatte der Aufstand der Nordniederlande gegen Spanien schon Jahrzehnte vor Ausbruch des Dreißigjährigen Krieges immer wieder auf den Nordwesten des Reiches übergegriffen, vom Kölner Krieg ab 1583 ganz zu schweigen. Aber der Dreißigjährige Krieg, an dem Kurköln als Mitglied der Liga beteiligt war, schien in diesen Jahren für die katholischen Mächte zu einem überwältigenden Erfolg zu führen.[1] Dabei hatte der böhmische Ständeaufstand von 1618 zuerst die schlimmsten Befürchtungen erweckt, drohten doch zeitweise die kaiserlichen Erblande mehr oder weniger vollständig in die Hand des radikalen Calvinismus zu fallen. Als die Aufständischen im Januar 1619 den bisherigen König von Böhmen aus dem Hause Habsburg für abgesetzt erklärten und der Führer der protestantischen Union und Haupt der Calvinisten im Reich,

Kurfürst Friedrich v. der Pfalz, die Wahl zum neuen König annahm, geriet der Habsburger in größte Bedrängnis. Erst die teuer erkaufte Hilfe des katholischen Fürstenbundes unter Bayerns Führung brachte den Umschwung. Die katastrophale Niederlage des böhmischen Ständeheeres in der Schlacht am Weißen Berge von 1620 ermöglichte es dem Kaiser, in Böhmen und Mähren die Ständemacht entscheidend zugunsten des Landesherrn zurückzudrängen und zugleich die Konfessionseinheit durch eine harte Gegenreformation zu erzwingen. Die anschließenden Kämpfe um die Ober- und Rheinpfalz führten das Ligaheer wie auch spanische Truppen ins Reichsgebiet. Im Laufe des Jahres 1622 wurden drei Heere unter selbständig operierenden Söldnerführern im Dienste Friedrichs V. geschlagen. Ihre Verfolgung führte die Ligaarmee nach Norden bis an die Grenze des niedersächsischen Kreises. Nun trat König Christian IV. von Dänemark auf den Kampfplatz, der nach säkularisierten geistlichen Territorien in Norddeutschland trachtete. In seiner Eigenschaft als Herzog v. Holstein war er selbst Reichsfürst und Kreisstand des niedersächsischen Kreises, von dem er sich 1625 zum Kreisobersten wählen ließ, während gleichzeitig seine Rüstungen anliefen. In dieser Situation nahm der Kaiser Wallensteins Angebot an, auf eigenen Kredit ein Heer aufzustellen. In den Feldzügen der Jahre ab 1626 waren die Ligaarmee und die neue kaiserliche Armee unter Wallenstein gegen den Dänenkönig siegreich. Aber es sollte noch besser kommen. Anfang 1629 standen die Heere der katholischen Mächte an den Küsten von Ost- und Nordsee. Noch bevor der Dänenkönig im Mai 1629 den Lübecker Frieden schloß und damit aus der Reichspolitik bis auf weiteres ausschied, fühlte sich der Kaiser stark genug, um am 6. März 1629 das Restitutionsedikt zu erlassen.

Es ging wieder einmal um die Frage der Kirchengüter, die seit dem Augsburger Religionsfrieden von 1555 heftig umstritten war. Die Katholiken hatten das Vertragswerk stets so interpretiert, daß die Protestanten nach 1552 kein Kirchengut mehr an sich bringen dürften, was die Protestanten natürlich energisch bestritten. Jetzt, auf der Höhe seiner Macht, sprach sich der Kaiser das alleinige Recht zu, den Augsburger Religionsfrieden authentisch zu interpretieren. Kraft dieses Rechts befahl das Restitutionsedikt die Rückgabe aller nach 1552 von den Protestanten eingezogenen Kirchengüter. Die Rechtsfragen können in diesem Zusammen-

hang beiseite bleiben – es genügt, die Folgen zu sehen, die eine
Durchsetzung des Edikts haben mußte. Seine Durchsetzung hätte
den Katholiken eingebracht: zwei Erzbistümer (Bremen, Magde-
burg), mindestens drei, wahrscheinlich sieben Bistümer (Halber-
stadt, Minden, Verden, Kammin, Lübeck, Ratzeburg und Schwerin) und über 500 Klöster vornehmlich im Raum Württemberg,
Franken und Niedersachsen. Der deutsche Protestantismus, auf
den Stand von 1552 zurückgeworfen, war aufs äußerste bedroht.
Auch die Landung eines schwedischen Heeres unter Gustav
Adolf im Juli 1630 in Pommern hat an dieser Bedrohung zunächst
nichts geändert, die späteren schwedischen Erfolge dürfen nicht
auf eine Situation übertragen werden, die für Gustav Adolf in
Wirklichkeit sehr prekär war. Der Zusammenbruch der vorgese-
henen Heeresfinanzierung brachte den Feldzug an den Rand des
Scheiterns. Erst der überwältigende Sieg über das Heer der katholischen Mächte in der Schlacht bei Breitenfeld im September
1631 beseitigte das immer drohende Fiasko, denn es folgte der
auch finanziell einträgliche Siegeszug der Schweden durch das
Reich: im Dezember 1631 erreichte Gustav Adolf Mainz, im Mai
1632 zog er in München ein.

Dieser militärische Umschwung war noch in weiter Ferne, der
Vormarsch der katholischen Mächte noch in vollem Gange, als
der Kurfürst von Köln begann, sein Exstirpationsprogramm in
die Tat umzusetzen. Einige Anhaltspunkte sprechen dafür, daß
der in der Reichsstadt Köln geführte Hexenprozeß gegen Katharina Henot der unmittelbare Auslöser war. Den Hintergrund
bilden die alten und immer wieder auflebenden Konflikte zwischen der Reichsstadt und den Kurfürsten. Die Verbindung über
die Hochgerichtsbarkeit durch das Hohe Weltliche Gericht eröffnete Kurfürst Ferdinand Möglichkeiten des Eingreifens. Er hat
der Stadtregierung massive Vorwürfe gemacht wegen ihrer Zurückhaltung gegenüber der Hexenverfolgung: Sie hätte darin
»kein ernst gebraucht«, sondern mit ihrem Nichtstun auch noch
dafür gesorgt, daß Hexen von auswärts in Köln Unterschlupf und
Sicherheit fänden.[2] Als kurfürstliche Räte Ende 1629 diese Anklagen wiederholten und die Mitglieder des Kölner Stadtrats »patro-
ni veneficarum« nannten, können sie durchaus recht gehabt haben.
Nur die Behauptung, die Flüchtigen kämen aus benachbarten
Ländern, war falsch. In den großen Nachbarterritorien, den
Herzogtümern Jülich-Kleve-Berg, waren Hexenprozesse schon

im 16. Jahrhundert unterbunden worden. In Jülich-Berg wurden im Mai 1631 die Abwehrmaßnahmen noch verstärkt, um ein Übergreifen der Verfolgungswelle aus Kurköln zu verhindern – von einem der kurkölnischen Hexenkommissare ist bezeugt, daß er darüber einen Wutanfall bekam und die Düsseldorfer Regierung beschimpfte.[3] Die Flüchtigen der späten 1620er Jahre dürften Ferdinands eigene Untertanen gewesen sein, die vor seiner Hexenjagd in die Reichsstadt auswichen voller Hoffnung, in der Großstadt mit ihren rund 40 000 Einwohnern untertauchen zu können.

Wie gesagt, wahrscheinlich hat der Henot-Prozeß diese gewaltige Verfolgungswelle ausgelöst, ein Prozeß, der bis heute Rätsel aufgibt. Mit ihm gab der Magistrat der Reichsstadt seine bis dahin geübte Zurückhaltung auf, und das Opfer war zum ersten und einzigen Mal ein Mitglied der städtischen Elite. Die Familie Henot gehörte zum Patriziat, Katharinas Vater war kaiserlicher Postmeister gewesen. Sie selbst hatte nach des Vaters Tod den Versuch der Grafen von Taxis abgewehrt, der Familie die Rechte an der Postmeisterei zu entreißen. Diese Tatsache hat immer wieder zu Vermutungen geführt, der Hexenprozeß gegen Katharina Henot sei von mächtigen, unbekannten Drahtziehern im Kampf um die Postmeisterei gesteuert worden. Beweise gibt es dafür nicht, und F. W. Siebel vermutet sicher richtig, daß wohl auch künftig keine Quellen auftauchen, weil eventuelle Drahtzieher sich gehütet haben werden, Schriftliches zu hinterlassen. Trotzdem will F. W. Siebel die Möglichkeit von Machenschaften persönlicher Gegner nicht ausschließen; einiges spricht ja auch dafür. Nur seine Argumentation für diese Möglichkeit ist nicht überzeugend, denn er stellt fest: »Es war zu jener Zeit des alles beherrschenden Hexenwahns und der Hexenfurcht ein Leichtes, durch bloße Verdächtigungen und entsprechende Beeinflussung des öffentlichen Geredes einen Hexenprozeß gegen eine bestimmte, unliebsame Person in die Wege zu leiten. Dieser bot, da er weitgehend ohne Beweiserhebung durchgeführt wurde und der Angeklagte kaum eine Möglichkeit hatte, sich von den Vorwürfen zu befreien, ein sicheres Mittel zur Beseitigung solcher Personen«.[4] Für eine Frau aus den Unterschichten wäre das akzeptabel, für eine Katharina Henot nicht. Es kam zwar vor, daß die sozialen Schranken fielen und auch die gesellschaftlichen Eliten vor Hexenprozessen nicht mehr sicher waren, so in Würzburg und Bamberg, aber dergleichen trat nur in der Spitze einer ganz heftigen Verfolgungswelle auf. Dies war in Köln aber gerade nicht der Fall, der Prozeß Henot stand am Anfang einer Prozeßkette. In einer solchen Situation dürfte es eigentlich nicht »ein Leichtes« gewesen sein, eine Katharina Henot zu Fall zu bringen durch irgendein dummes Gerede. Allein die Titulatur ihres Bruders, mit dem sie im gleichen Hause lebte, macht das deutlich: Hartger Henot war Doktor der Rechte, Kapitular am Domstift, Dechant von St. Andreas, Propst an St. Severin, kaiserlicher und kurfürstlicher Hofrat und apostolischer Protonotar. Die Familie war einflußreich und hat alle Mittel eingesetzt, um Katharina frei zu bekommen, einschließlich aller Rechtsmittel vom Universitätsgutachten bis zur Klage am Reichskammergericht. Drei Indizien hatte der Magistrat für die Verhaftung von Frau Henot im Januar 1627. Das erste Indiz bestand aus Beschuldigungen einiger besessener Nonnen; das zweite Indiz war »gemein geschrey«, also die in der Stadt umlaufenden Gerüchte; das dritte Indiz hatte der Kurfürst beigesteuert: Vor einem seiner Gerichte, in Lechenich, hatte eine gefolterte »Hexe« Katharina Henot als Komplizin beschuldigt. Dies geschah, wie erwähnt, nicht auf dem Höhepunkt einer alle Standesschranken durchbrechenden Massenverfolgung, sondern im ersten Prozeß einer Obrigkeit, die bis dahin Hexenprozessen ablehnend gegenüberstand.

Alle diese Tatsachen zusammen ergeben das erste große Rätsel im Henot-Prozeß und erwecken den Verdacht, daß hier wohl doch noch andere Kräfte am Werk waren als besessene Nonnen und öffentliches Gerede. Das zweite große Rätsel ist die angebliche Verurteilung ohne Geständnis, wie in der Literatur immer wieder zu lesen. Auch F. W. Siebel sagt in seiner sehr gründlichen Untersuchung klar: »Catharina Henot wurde daher, obwohl sie kein Schuldbekenntnis abgelegt hatte und bis zuletzt ihre Unschuld beteuerte, vom Hohen Gericht zum Tode verurteilt und am 19. Mai 1627 zu Melaten verbrannt«.[5] Den Kern dieser Aussage bildet ein ganz ungewöhnlicher Vorgang. Drei Tage vor der Hinrichtung gelang es der Gefangenen, einen Brief an ihren Bruder aus dem Gefängnis zu schaffen. Da ihr durch die wiederholten Folterungen die rechte Hand gelähmt war, mußte sie mit der linken schreiben. Die Familie sorgte dafür, daß ein Notar mit diesem Brief und zwei Zeugen auf der Breitestraße stand, wo Frau Henot auf dem Weg zur Hinrichtung vorbeikommen mußte.

Der Notar hielt ihr den Brief vor, und Katharina Henot bestätigte
die Echtheit mit der ausdrücklichen Erklärung, sie sei in allen
Punkten der Anklage unschuldig. Dem steht gegenüber, daß eine
Verurteilung ohne Geständnis allem Recht und Gesetz der damaligen Zeit widerspricht. Jeder deutsche Jurist des 16. und 17.
Jahrhunderts wußte, daß eine Verurteilung ohne Geständnis der
Angeklagten nicht rechtens war. Auch die fanatischsten Hexenjäger unter den Juristen konnten die Notwendigkeit des Geständ-
nisses nicht bestreiten – es war ja auch kein Problem, so lange zu
foltern, bis das Geständnis vorlag. Auch Frau Henot ist wahrscheinlich nicht dreimal, sondern fünfmal gefoltert worden. Sie
soll nicht gestanden haben und trotzdem verurteilt worden sein.
Die Quellenlage bietet keine Möglichkeit, diesen Widerspruch
aufzulösen.

Bleibt beim Henot-Prozeß auch vieles im dunkeln, eines ist
dafür um so klarer: Reichsstadt und Kurfürst arbeiteten in diesem
Fall Hand in Hand. Der Kurfürst lieferte nicht nur eines der
Indizien, die zu Frau Henots Verhaftung führten, er verhielt sich
auch völlig abweisend gegenüber allen Eingaben der Angeklagten und ihrer Familie. Seine Entscheidung zeigte sich schon im
Vorfeld des Verfahrens, im Spätherbst 1626. Zu dieser Zeit war
noch das Offizialat eingeschaltet, und der Kurfürst hätte leicht
zugunsten der Angeklagten eingreifen können. Statt dessen verwies er sie selbst an das Hohe Weltliche Gericht. Zwei Tage nach
ihrer Verhaftung lehnte er eine Bittschrift um Zulassung von Verteidigern ab, und bei dieser konsequenten Ablehnungshaltung
blieb es bis zur Hinrichtung.[6] Eben noch ganz uneins in der Frage
der Hexenverfolgung, schwenkte der Kölner Magistrat mit dem
Henot-Prozeß in etwa auf die kurfürstliche Linie ein. Aber wirklich nur in etwa, denn dem Kurfürsten schwebten inzwischen
ganz andere Dimensionen vor als die 33 Hexereianklagen, die
vom Magistrat zwischen 1627 und 1630 erhoben wurden und die
zu nachgewiesenen 24 Hinrichtungen führten. Damit war aber
diese leichte Annäherung schon wieder zu Ende, denn 1629 trat in
Köln ein, was auch bei Hexenprozessen in anderen Gebieten des
Reiches vorgekommen ist. Die vierundzwanzigjährige Christina
Plum zeigte sich selbst als Hexe an und denunzierte im Prozeß-
verlauf derartig viele Mitglieder der Oberschicht, daß die Elite
sich ernstlich bedroht sah. Sofort ergriff der Magistrat Maßnahmen, um dieser Gefahr zu begegnen und weitere Hexenprozesse

niederzuschlagen. Tatsächlich brachte die Hinrichtung von Frau Plum für die Reichsstadt das Ende der Prozeßkette, auch wenn später vereinzelt noch Prozesse stattfanden. Die Denunziationen der Christina Plum wurden öffentlich als bösartige Verleumdungen abgetan, die Betroffenen in aller Form rehabilitiert. Daß der Kurfürst den Magistrat schon 1629 wieder als »Schutzpatron der Hexen« bezeichnete, hängt mit diesen Maßnahmen zusammen. Die Ende 1629 erkennbare Reaktion des Stadtrats ließ einen hohen Kölner Geistlichen nicht ruhen. Heinrich Glimbach, Dechant von St. Severin und Theologieprofessor, gab eine Flugschrift in Druck mit dem Titel: »Lamentatio animae suspirantis ad Deum pro exstirpatione magiae« (Klageruf einer Seele, die zu Gott seufzt um Ausrottung der Zauberei). Im Januar 1630 ließ sie der Magistrat als Schmähschrift einziehen und öffentlich verbrennen.[7]

Während in der Reichsstadt die mit so bewegten Worten eingeklagte »exstirpatio« ausblieb, wurde sie im Kurfürstentum mit aller Konsequenz betrieben. Zur Verdeutlichung dieser Konsequenz ein Vergleich: Die Reichsstadt Köln mit ihren gut 40 000 Einwohnern hat in den Kulminationsjahren ihrer Hexenprozesse zwischen 1627 und 1630, wie wir aufgrund sehr guter Quellenüberlieferung wissen, 33 Hexereianklagen erlebt, bis 1655 sind 29 Hinrichtungen belegt. Für die kurkölnische Unterherrschaft Brauweiler sind aus dem 17. Jahrhundert zwar keine Einwohnerzahlen bekannt, für ihr ganz agrarisch strukturiertes Gebiet von etwa 29 qkm kann aber nur ein winziger Bruchteil der Kölner Einwohnerzahl angenommen werden, trotzdem sind über 60 Hinrichtungen in Hexenprozessen nachgewiesen.[8] Das erste Signal für die anlaufende Durchsetzung des Exstirpationsprogramms erscheint in den Hofratsprotokollen zeitgleich mit dem Henot-Prozeß. Am 12. Januar 1627 lehnte der Kurfürst die Bitte um Zulassung von Verteidigern für Frau Henot ab, drei Tage später erhielt der Hofrat Anweisung, die Kostenfrage für Hexenprozesse generell zu regeln. Daß diese Kosten alsbald landauf, landab entstehen würden, stand also spätestens am 15. Januar 1627 fest.[9] Tatsächlich kann die Massenverfolgung von da an belegt werden, wenn auch anfangs noch unregelmäßig und stockend, wie bei der Schwerfälligkeit der frühneuzeitlichen Verwaltung nicht anders zu erwarten.

Zuerst muß aber noch einmal an die Besonderheit der Quellenüberlieferung erinnert werden, die in der Einleitung angesprochen wurde. Im Gegensatz zum Herzogtum Westfalen sind aus dem rheinischen Erzstift nur wenige Hexenprozeßakten überliefert. Im Vordergrund steht hier die eine, dafür aber ausgezeichnete Quelle in Gestalt der Hofratsprotokolle. Diese Quelle bringt es jedoch mit sich, die Verfolgung nur im Überblick erkennen zu können, aus der Vogelperspektive. Das sei jetzt exemplarisch an den Hexenprozessen jener Stadt verdeutlicht, in der der Hofrat seinen Sitz hatte: Bonn.

In den einschlägigen Stadt- und Regionalgeschichten ist über Hexenprozesse in Bonn nicht viel zu finden. 1900 veröffentlichte J. Joesten ein Büchlein mit dem Titel »Zur Geschichte der Hexen und Juden in Bonn«, aber der Titel ist für den ersten Teil des Themas irreführend. Joesten führt Hexenprozesse aus verschiedenen kurkölnischen Orten an, aus Flamersheim, Kirchheim, Ahrweiler usw. Für Bonn bringt er nur eine einzige Notiz über einen Prozeß aus dem Anfang des 17. Jahrhunderts.[10] In Wirklichkeit ist das Exstirpationsprogramm an der Residenzstadt aber nicht vorbeigegangen. Am 7. April 1629 werden die am Bonner Gericht Beschäftigten vom Hofrat unter Strafandrohung an ihre strenge Schweigepflicht erinnert: »Weiln man in Erfahrung kommt, daß die Geheimhaltung nit wie sichs gebührt gehalten, sondern was vorgeht in und außer der Stadt spargirt werd, solches aber von niemanden anders, dann so darum Wissenschaft haben, beschehen kann ...«. Überschrift: »bei hiesiger Hexenexecution wegen Geheimhaltung betreffend«.[11] Im Frühjahr 1629 wurde also in Bonn eine unbekannte Zahl von Hexenprozessen geführt, die nicht nur Stadtgespräch bildeten, sondern auch im Umland bekannt waren. Die Eintragung ist typisch für die Hofratsprotokolle, sie sagt nur, daß Prozesse laufen, nennt aber keine Zahlen über die »hiesige Hexenexecution«. Die Prozeßakten sind nicht erhalten, das Bonner Stadtarchiv ist Ende des 17. Jahrhunderts verbrannt. Es gibt noch die Erwähnung von Einzelfällen in den Hofratsprotokollen, die aber relativ selten vorkommen. Sie erscheinen naturgemäß nur, wenn der Hofrat von sich aus in einen Hexenprozeß eingreift oder wenn er von außen um eine Entscheidung angegangen wird. So beschwert sich am 30. August 1630 der Bonner Apotheker Reiner Curtius darüber, daß er für die Hinrichtung seiner Frau als Hexe 100 Rtl. bezahlen soll. Die gleiche Beschwerde wegen seiner hingerichteten Tochter richtet am 18. August 1632 ein gewisser Dietrich Caspell an die Behörde, und einen Tag später reicht ein Konrad Schneider eine Bittschrift ein, seine wegen Hexerei der Stadt verwiesene Frau zu begnadigen. Dazu kommt noch die Notiz in einem Linzer Hexenprozeßprotokoll vom Februar 1631: die angeklagte Giertgen (Gertrud) Sybertz sei sehr verdächtig »und so vill mehr, weill Ihre Schwester newlich zu Bonn auch Hingericht«.[12] Also sind für die Jahre von 1629 bis 1632 in Bonn Hexenprozesse nachweisbar, und es ist unwahrscheinlich, daß nach 1632 keine mehr geführt wurden. Außerdem existiert für die Residenzstadt neben den Hofratsprotokollen eine Quelle, die auch einmal eine Zahl nennt: Die Jahresberichte der Jesuiten nennen für das Jahr 1629 »ungefähr« 50 Hinrichtungen in Hexenprozessen.[13] In solchen Dimensionen muß gedacht werden, wie auch aus Parallelvorgängen an anderen Gerichten in Kurköln hervorgeht.

Es wäre zuviel gesagt, daß sich der Hofrat ab Anfang 1627 nur noch mit Hexenprozessen beschäftigt, aber das Ausrottungsprogramm tritt tatsächlich in den Vordergrund. Rein quantitativ sind die Bände der Hofratsprotokolle für die nächsten Jahre mit dem Einsatz für die Massenverfolgung gefüllt, die exstirpatio ist zum zentralen Ziel kurkölnischer Politik geworden. Noch während in der Reichsstadt Köln der Prozeß gegen Katharina Henot läuft, beginnt der Hofrat mit massiven Eingriffen in Hexenprozesse. Am 28. Januar, keine vierzehn Tage nach der kurfürstlichen Anweisung zur allgemeinen Regelung der Kostenfrage, zitiert die Zentralbehörde den Schultheiß von Antweiler, einer kurkölnischen Herrschaft in der Nähe von Euskirchen, zur Instruktion für die Ausrottung der Hexen nach Bonn. Aus der gleichen Gegend, dem Amt Hardt, liegt die erste Nachricht vom Einsatz der Hexenkommissare vor: 15. Februar 1627. Dieses Amt wird auch zum ersten Zentrum der Massenvernichtung, schon Anfang März kann dort ein Gericht die Kosten für die Prozesse nicht mehr aufbringen. Im Juni werden Hexenkommissare nach Nürburg beordert, einem weiteren Zentrum, das den Hofrat noch viel beschäftigen wird. Im Juli 1627 können zwei Dörfer in der Vogtei Köln kein Holz mehr für die Verbrennungen herbeischaffen. Dem Amtmann zu Lechenich werden für einen Prozeß in der Herrschaft Flerzheim Anfang August Hexenkommissare aufgezwungen, womit für Lechenich der Anfang einer langen Blutspur gelegt ist. Das Jahr 1627 bringt im Oktober den ersten traurigen

Rekord des Ausrottungsprogramms: Ein Zwanzigpunktepro-
gramm muß für das Amt Hardt erstellt werden, dem schon jetzt
wegen der Massenprozesse der finanzielle Kollaps droht.[14]

Aus dem Amt Hardt kommt allerdings auch der erste Versuch
eines Widerstands. Während sich im Laufe des Jahres 1628 die
Prozeßwelle weiter ausdehnt, ruft eine Frau Voßkammer aus
Hardt das Reichskammergericht in Speyer an. Mit Erfolg: Am 4.
April 1628 kann sie dem Hofrat ein mandatum inhibitorium sine
clausula vorlegen lassen, das die Aussetzung des Prozesses unter
Strafandrohung anordnet. Über die Rolle des Reichskammergerichts in Hexenprozessen wird noch zu sprechen sein, aber schon
dieser erste Fall macht nur zu deutlich, wie einfach die Entscheidungen dieses Reichsgerichts umgangen werden konnten, das
fast immer zugunsten der Angeklagten einzugreifen versuchte.
Der Fall Voßkammer wurde dem Hofrat Dr. Glaser übertragen,
der das Mandat des Reichsgerichts ebenso korrekt wie wirkungsvoll ausschaltete. Binnen einer Woche hatte er sein Gegenurteil
erstellt, das mit den Prozeßakten auf den langen Weg nach Speyer
gebracht wurde – und während dieses langen Weges wurde
»gegen die Inhaftierte vermog der Halsgerichtsordnung und wie
rechtlich Herkommen verfahren«, d. h. Frau Voßkammer legte
unter der Folter das Geständnis ab und wurde hingerichtet.[15]

Auf der ersten Hofratssitzung im Jahre 1629 wird am 4. Januar im Bonner Schloß die »Hexen-Ordnung« verlesen und der Befehl zur Ausfertigung und Verteilung an die Gerichte des rheinischen Erzstifts erlassen. Mit einer ähnlichen Regelung für das
Herzogtum Westfalen am 22. Januar ist die Grundlegung des
Ausrottungsprogramms vollendet.[16] Ab jetzt verbietet sich ein
chronologisches Vorgehen, da die Menschenvernichtung Ausmaße annimmt, über die nur noch in geographischer Ordnung eine
Übersicht zu gewinnen ist.

Im Amt Nürburg – um im Süden zu beginnen – waren Hexenprozesse zwar schon vor 1629 angelaufen, aber nach obrigkeitli-
cher Vorstellung entschieden zu langsam und planlos, nach Vorstellung der Untertanen typischerweise auch. Einwohner des
Amtes hatten eine Bittschrift um stärkere Ausrottung der Hexen
eingereicht, obgleich Prozesse schon 1627 nachgewiesen sind.
Jetzt, im März 1629, schickt der Hofrat zwei bewährte Kommissare vor Ort, um die Exstirpation in Gang zu bringen. Aber die beiden Experten konnten nur kurz bleiben, da sie anderswo dringen-

der gebraucht wurden, und sofort geriet die Verfolgung wieder ins Stocken. Ob dem Amtmann die Prozesse einfach zu lästig waren oder ob er passiven Widerstand leistete, ist nicht feststellbar, jedenfalls wurde im Mai 1629 Herr Lt. Copper beauftragt, ein wachsames Auge auf Nürburg zu haben. Der Amtmann forderte vom Hofrat auch Instruktionen an, aber es geschah nichts. Im Juli griff der Kurfürst persönlich ein: »demnach Ihre Durchlaucht in Erfahrung kommen, daß darauf doch nichts erfolgt, so seie der ernstliche Befelch ...«. Außer dem »ernstlichen Befehl« kamen auch neue Hexenkommissare zum Einsatz, und nun lief das Programm. Aus der Einstellung eines neuen Gerichtsschreibers im November 1629 geht hervor, daß die Zentrale sich auch im südlichsten Teil des rheinischen Erzstifts durchgesetzt hatte.[17]

Die Vorgänge im Amt Andernach sehen wie eine Kopie der Nürburger Verhältnisse aus. Wieder waren es Bittschriften aus der Bevölkerung, die mit dem Verfolgungswillen der Obrigkeit korrespondierten. Die drei Gemeinden Miesenheim, Kell und Namedy wandten sich Anfang April 1629 gemeinsam an den Hofrat, der sofort mit einer entsprechenden Anweisung an den Amtmann reagierte und Kommissare in Aussicht stellte.[18] Ebenfalls übereinstimmend mit Nürburg ist die Mahnung an den Amtmann, nun endlich ernst zu machen, woraus allein schon zu schließen ist, daß es bis jetzt eben nicht ernst zuging. Den endgültigen Beweis liefert ein Dokument aus dem Landeshauptarchiv Koblenz. Am 29. März 1629 wirft eine Bürgerdelegation dem Stadtrat von Andernach vor, daß er »nit tette anfangen, uber das Zaubereylaster zu inquirieren«, obschon die Bürgerschaft und die ganze Umgebung seit langem darauf dringe. Obschon dies einwandfrei stimmt, hat der Stadtrat die Stirn zu behaupten, von dergleichen noch nie gehört zu haben.[19] Das Motiv für diese Haltung der Stadträte ist ebenso ungeklärt wie das des Amtmanns, der sich zunächst so verhält wie sein Nürburger Kollege – trotz einer Mahnung des Hofrats passiert nichts. Wieder greift der Kurfürst selbst ein, am 1. August, und jetzt beginnen die Massenprozesse[20]. Der Stadtrat von Andernach bleibt zwar noch eine Weile störrisch, er prozessiert sogar im Oktober gegen einen Bürger, der über diese Prozeßunwilligkeit öffentlich geschimpft hat, aber es nützt nichts mehr, im Amt läuft das Exstirpationsprogramm, und auch in der Stadt müssen ab 1630 Sondersitzungen gehalten werden, weil die regulären Donnerstagssitzungen nicht

mehr ausreichen.[21] Das ganze Ausmaß der Verfolgung läßt eine
Bittschrift des Klosters St. Thomas bei Andernach an den Hofrat
vom April 1630 erkennen. Auf dem Kloster lag die Verpflichtung,
die Kosten für den Transport Verurteilter zum Richtplatz zu
zahlen, und diese Belastung war jetzt zu groß geworden. Die
Zentralbehörde in Bonn weiß, daß »wegen Mannigfaltigkeit der
Hexen« das Kloster überfordert ist und verspricht Erleichte-
rung.[22] Zahlen sind für Amt und Stadt Andernach natürlich
ebensowenig zu nennen wie für die anderen Gerichte im rheinischen Erzstift, aber die Vernichtungswelle muß viele Opfer ver-
schlungen haben, da sie auch 1632 noch voll lief. Der letzte Prozeß
ist hier für 1643 nachweisbar, vier Jahre nachdem das Exstirpationsprogramm gestoppt worden war.[23]

Von Anfang an prozeßfreudig zeigte sich dagegen Ahrweiler,
auch wenn die erhaltenen Quellen überwiegend nur allgemeine
Aussagen erlauben. Aber es besagt etwas, wenn für einen nicht
näher genannten Teil der Jahre 1628/29 die Eintragungen über
Kosten für Hexenprozesse allein 19 Bögen füllen, darunter Gebühren für Hexenkommissare, die also auch am Werk waren.
Aussagekräftig sind auch kleine Posten, z. B. für die Anfertigung
von Folterwerkzeugen wie »noch einen Hexenstuhl« und »eisernen Halsband«. Es ist bekannt, welch grausige Torturen das Wort
»Hexenstuhl« signalisiert, und das eiserne Halsband ist möglicherweise eine spezielle Quälerei kurkölnischer Hexenkommissare gewesen, wobei die ganz eng angeschraubten Halseisen mit
Stricken straff abgebunden wurden, auf die der Henker dann
einschlug. Die Kostenaufstellung für 1628/29 nennt als Gesamt-
summe 2657 fl. Da aus dem Jahr 1632 einmal eine genaue Kosten-
angabe für sechs Hinrichtungen vorliegt, läßt der Betrag von 2657
fl. auf etwa 40 Hinrichtungen schließen.[24] Aber selbst vom Wechsel der Münzsorten abgesehen bleibt dies eine ganz vage Aussage. In den Hofratsprotokollen tauchen nämlich ab 1631 eine Reihe
von Beschwerden auf, die überhöhte Gerichtskosten beklagen
und die vom Hofrat gelegentlich auch bestätigt werden. Dazu ist
im Kapitel über die Finanzierung mehr zu sagen, hier nur ein
Beispiel aus dem Jahr 1634: Die aus Ahrweiler monierte Abrechnung wird vom Hofrat als »unrichtig und gar übermäßig befunden«, und das Gericht wird angewiesen, alle Rechnungen über
diesen Prozeß binnen vierzehn Tagen nach Bonn zur Kontrolle
einzuschicken.[25]

Trotz all dieser Bedenken entspricht eine Zahl von rund 40 Hinrichtungen 1628/29 – und damit sind aller Wahrscheinlichkeit nach noch nicht die vollen zwei Jahre erfaßt – den wenigen zur Verfügung stehenden Vergleichszahlen wie den oben erwähnten Hinrichtungen in Brauweiler und Bonn. Daß darüber hinaus das Vernichtungsprogramm bis zu seinem Ende 1639 weiterging, ist durch Unterlagen aus dem Koblenzer Archiv ebenso belegt wie durch die Hofratsprotokolle. Für 1631 liegt aus dem Monat August eine Kostenaufstellung über 20 Hinrichtungen vor – bezeichnenderweise 18 Frauen und 2 Männer.[26] Ende 1632 treibt der Hofrat auf eine Bittschrift von Bürgern hin das Ahrweiler Gericht sogar noch zu verschärftem Vorgehen an. Die letzte Bittschrift dieser Art aus Ahrweiler stammt vom Juni 1639 und wird der nun veränderten Situation entsprechend glatt abgelehnt.[27] Offen bleibt die Frage, ob die Intensität der Hexenprozesse hier in all diesen Jahren gleich blieb oder ob in den späten 30er Jahren z. B. infolge militärischer Ereignisse die Verfolgung nachließ.

Zu trauriger Berühmtheit sind die Stadt Rheinbach und ihre Umgebung gekommen, durch zwei besonders fürchterliche Hexenkommissare: Dr. Franz Buirmann und Dr. Johann Möden. Da über diese beiden aus der Schar dieser Schergen im folgenden Kapitel berichtet wird, soll hier ein kurzer Hinweis genügen. Die Zahl von Dr. Buirmanns Opfern dürfte in die Hunderte gehen, wobei freilich offen bleiben muß, welchen Blutzoll speziell die Stadt Rheinbach zu entrichten hatte, denn dieser agile Massenmörder konnte innerhalb eines Jahres in Rheinbach, im Bonner Raum – in der Herrschaft Vilich – und in Ahrweiler auftauchen. Sein nicht minder reger Kollege Johann Möden soll, um wenigstens eine Zahl zu nennen, 1636 binnen zwei Monaten in dem Städtchen Meckenheim mit seinen etwa 1300 Einwohnern 70 Menschen in Hexenprozessen umgebracht haben.[28]

Der für 1627 nachgewiesene Beginn einer breiten Blutspur in Lechenich wurde oben schon erwähnt. 1629 beschwerten sich die Gerichtsschöffen über die hohen Geldforderungen der Hexenkommissare. Ganz schlimm wurde es 1631, als eine Wirkung eintrat, die auch anderswo im Gefolge von Hexenprozessen anzutreffen ist. Die von Prozessen betroffenen Familien reichten eine Bittschrift nach der anderen ein, damit »die noch vorhandene Schuldige der Gebühr auch bestraft werden« – so eine typische Formulierung. Neben dem obrigkeitlichen Vernichtungsfeldzug stand der Ruf aus den Gemeinden nach Prozessen, dem die Rachsucht der Betroffenen auf dem Fuße folgte. Hier wird etwas von dem mörderischen Klima spürbar, das in den von Hexenprozessen erfaßten Gemeinden geherrscht haben muß.[29]

Wie schon gesagt, wäre es übertrieben zu behaupten, der Hofrat habe sich ab 1627 nur noch mit Hexenprozessen beschäftigt, und auch auf die Schwerfälligkeit der frühneuzeitlichen Verwaltung wurde bereits hingewiesen. Das Exstirpationsprogramm kam zögernd und im Kampf mit vielen Hindernissen in Gang, mehrfach mußte der Kurfürst persönlich eingreifen. Aber ab 1629 hat die Verfolgung endgültig das ganze Land erfaßt. Entsprechend der Natur der Hofratsprotokolle, die nun einmal die Hauptquelle bilden, ist das Vernichtungsprogramm klar erkennbar, nicht aber der Ablauf im einzelnen und im gesamten Umfang. Der Hofrat treibt die Prozesse voran und steuert sie nicht zuletzt mit dem Einsatz der Hexenkommissare, aber er steuert eben nur dort, wo ein Grund zum Eingreifen vorliegt. Als Beispiel sei das Jahr 1631 herausgegriffen. Am 24. Januar kann der Hofrat zur Kenntnis nehmen, daß man endlich auch »zu Heimerzheim mit Exstirpation der Hexen ein Anfang machen lassen« – Hexenkommissar Dr. Buirmann wirkt dort und wird später noch sehr viel wirken. Am 13. Februar kommt aus Ahrweiler eine schwierige Anfrage »in puncto exstirpationis sagarum«. Am 19. des gleichen Monats muß man sich mit der Stadt Rüthen im Herzogtum Westfalen befassen: Wegen eines Streites zwischen dem kurfürstlichen Richter und dem Stadtrat ist die Ausrottung der Hexen »stecken plieben« – es ergeht scharfer Befehl, mit den Prozessen fortzufahren. Am 11. März klagen Einwohner des Amtes Brühl, die Hexen würden täglich mehr, der Schaden immer größer, aber die »Exstirpation« nur lasch betrieben: »Conclusum, dem Oberkelnern zu Brühl zu mehrern Fleiß zu erinnern«. Aus dem Oberamt Altenahr geht am 20. März die Beschwerde mehrerer Gemeinden ein, das Holz zur Verbrennung der Hexen könnten sie nicht mehr beibringen.[30] So geht es weiter von Nürburg über Andernach bis Zülpich und Deutz.

Was ist über die Gerichte zu sagen, die in den Hofratsprotokollen nicht vorkommen? Lag kein Grund zum Eingreifen vor? Es sei noch einmal das eben genannte Amt Brühl angesprochen. Einwohner machen eine Eingabe an die Behörde, die Vernichtung würde zu lasch betrieben, worauf der Beschluß ergeht, den zu-

ständigen Beamten »zu mehrern Fleiß zu erinnern«. Von da an
taucht das Amt Brühl in den Protokollen nicht mehr auf. Kann
daraus geschlossen werden, daß die Massenprozesse jetzt gehörig laufen? Die Wahrscheinlichkeit spricht dafür, denn Brühl lag
schon rein geographisch zu dicht am Zentrum der Verwaltung.
Bei weiterer lascher Verfolgung würde auch mit weiteren Eingaben zu rechnen sein. Daß sich bei vielen Gerichten tatsächlich ein
Zugriff des Hofrats erübrigte, sie also quellenmäßig nicht auftauchen, zeigt folgender Fall. Im September 1631 schickt ein Beamter
eine Bittschrift, in der es um sein Gehalt geht, das er schon längere
Zeit nicht mehr erhalten hat; wörtlich heißt es darin: »bittet, daß
ihme sein ausstehendes Salarium aus dem Hexengelde, so aus der
zu Godesberg und Mehlem hingerichteten Unholden Verlassenschaft beibracht, zu nehmen verstattet werden möchte«.[31] Über
die Prozesse in Godesberg und Mehlem ist sonst nichts bekannt,
sie sind also wohl reibungslos verlaufen und nur deshalb aktenkundig geworden, weil der zuständige Amtmann hier eine Gelegenheit sah, endlich zu seinem überfälligen Gehalt zu kommen.
In einem anderen Fall dürfte Ehrgeiz die Triebfeder zur Doku-
mentation von Hexenprozessen geworden sein. Die spätere Reichs-
herrschaft Bretzenheim, zwischen Bingen und dem heutigen Bad
Kreuznach gelegen, war erst 1629 als heimgefallenes Lehen an
Kurköln gekommen. Schon ein Jahr später berichtet der dortige
Schultheiß nach Bonn, mit der Ausrottung sei bereits »ein Anfang
gemacht«, und verspricht tatkräftige Fortsetzung, d. h. er macht
der neuen Obrigkeit dienstbeflissen klar, wie sehr auch er im
Trend der kurkölnischen Politik liegt.[32]

Jenseits solcher Erscheinungen bleibt aber auffallend, daß der
Norden, also das untere Erzstift ungefähr von Neuss bis Kempen,
kaum mit Hexenprozessen in Erscheinung tritt, jedenfalls verglichen mit dem Süden und der Mitte. Ein reibungsloses Ablaufen
des Vernichtungsprogramms ohne häufigere Einschaltung des
Hofrats ist wenig wahrscheinlich. Vielmehr spricht einiges dafür,
hier militärische Ereignisse als Grund zu sehen. Darauf soll erst
später eingegangen werden.

Ein Blick auf den flächenmäßig größten Landesteil des Kurfürstentums, das Herzogtum Westfalen, zeigt volle Übereinstimmung mit dem rheinischen Erzstift. Allerdings war im Herzogtum schon um 1590 eine Verfolgungswelle durchgeführt worden,
die der rheinische Landesteil in diesem Umfang nicht gekannt

hat.[33] Seitdem kam es zwar immer wieder einmal zu Prozessen, aber von einer Massenverfolgung blieben sie weit entfernt. Diese setzte erst im Sommer 1628 im Bereich der landesherrlichen Gerichtsbarkeit mit voller Wucht ein und griff dann auf das ganze kurkölnische Sauerland über. Auf die eindeutig obrigkeitliche Steuerung wurde schon hingewiesen. Im August 1628 mußte von den Kanzeln im Amt Balve – und sicher nicht nur dort – ein kurfürstlicher Befehl verlesen werden, der jedem Einwohner schwere Strafe androhte, wenn er zaubereiverdächtige Mitbürger nicht sofort denunzierte. Im Januar 1629 erging noch einmal ein Ersuchen des Hofrats an den Generalvikar, dafür zu sorgen, daß im Herzogtum Westfalen von allen Kanzeln gegen die Hexerei gepredigt werde.[34] Das Ergebnis war wie im rheinischen Erzstift die volle Durchsetzung des Vernichtungsprogramms, auch wenn hier kriegsbedingte Ereignisse die Prozesse nach 1631 drastisch zurückgehen ließen. Dabei muß daran erinnert werden, daß die Macht des Kurfürsten und seiner Verwaltung im Herzogtum Westfalen praktisch viel eingeschränkter war als im rheinischen Erzstift. Justiz und Verwaltung fanden ihre Grenzen an der Selbständigkeit des Herzogtums, was sich allein darin zeigt, daß jedes kurkölnische Gesetz im Herzogtum besonders publiziert werden mußte, um Gültigkeit zu erlangen.

Eine solche Einschränkung ist auch bei den Hexenprozessen festzustellen. Dafür zwei Beispiele. Aus dem Herzogtum, genauer aus Drolshagen im Amt Waldenburg, war im Frühjahr 1630 der Pfarrer Nikolaus Rotger vor dem dortigen Hexenkommissar geflohen und schickte nun Eingabe auf Eingabe an den Hofrat. Die Zentralbehörde wirkt geradezu hilflos. In einer Anordnung nach der anderen fordert sie die Akten ein, fordert Rechenschaft von den zuständigen Stellen im Herzogtum – nichts erfolgt. Erst am 10. Januar 1631 faßt der Hofrat folgendes Conclusum: »soviel den Pastorn belangt, den Landdrosten vorigen Befelchen zu erinnern und ihme anzudeuten, das Serenissimus mit sonderbaren Verdruß vernehme, daß ihme diesfalls so oft geschrieben, soll nunmehr daran sein, daß vorigen Befelchen ehistens nachgefolgt werde«.[35] Erst die Drohung mit »Serenissimi besonderem Verdruß« konnte den obersten Verwaltungsbeamten des Herzogtums Westfalens dazu bewegen, in dieser Sache tätig zu werden. Das zweite Beispiel ist ein Jurisdiktionsstreit zwischen dem kurfürstlichen Richter und dem Bürgermeister und Rat der Stadt

Rüthen. Darüber war das Vernichtungsprogramm gegen die Hexen in Rüthen zum Erliegen gekommen. Im Februar 1631 erläßt der Hofrat einen geharnischten Befehl, die Prozesse wieder aufzunehmen. Nur mit den Hofratsprotokollen als Quelle würde dies überzeugend klingen, aber ausnahmsweise sind im Staatsarchiv Münster Unterlagen vorhanden, die eine andere Sprache sprechen: Der Streit ist in Wirklichkeit schon seit 1628 im Gange, und die Stadt zeigt wenig Respekt vor der fernen Bonner Zentrale.[36]

Die Quellenlage ist für das Herzogtum Westfalen von der Aktenüberlieferung her zwar erheblich reichhaltiger als für das rheinische Erzstift, über die Zahl der Opfer aber ist auch nicht viel mehr zu sagen, als daß sie im Vergleich zum übrigen Reichsgebiet ungewöhnlich hoch war. R. Decker hat für die Jahre 1628 bis 1631 rund 600 Angeklagte nachweisen können, die fast alle hingerichtet wurden; er schätzt die tatsächliche Zahl der Opfer auf »wahrscheinlich über tausend«. Jedenfalls gilt hier wie im rheinischen Erzstift noch immer die Feststellung: »Es tritt eine Gesellschaft in Erscheinung, in der die Prozesse zeitweise das wichtigste sozialgeschichtliche Phänomen überhaupt sind«.[37]

Eine Sonderstellung bei den Hexenprozessen in Kurköln nimmt der kleinste Landesteil ein, das Vest Recklinghausen. In der Durchführung der großen Prozeßwelle in den Jahren um 1590 weist das Vest eine Parallele mit dem Herzogtum Westfalen auf, während diese Verfolgungswelle für das rheinische Erzstift nur ansatzweise belegt ist. Natürlich halten sich die Zahlen relativ in Grenzen, aber an die 100 Opfer sind doch ermittelt worden.[38] Ein besonderer Vorfall ereignete sich 1595. Bürgermeister und Rat der Stadt Recklinghausen riefen das Reichskammergericht gegen den Landesherrn und dessen Gericht an. Diese hatten zugunsten von Hexenprozeßopfern eingegriffen, die »furnemer Rathsverwandten und Burgere in der Stadt Recklinghausen Weib und Kind sein«.[39] Was auf den ersten Blick wie eine Rettungsaktion zugunsten städtischer Eliten aussieht, war in Wirklichkeit ein Jurisdiktionsstreit. Es ging dem Landesherrn eigentlich nicht – oder nur nebenher – um die Angeklagten, sondern um die Gerichtshoheit der Stadt. Der Vorwurf willkürlich geführter Hexenprozesse war ein gern genutztes Mittel landesfürstlicher Gewalt im Kampf gegen städtische Selbständigkeit. Ein Vorgehen wie das von Kurköln gegen Recklinghausen war zu dieser Zeit keine Seltenheit. Als zusätzliches Beispiel sei nur die Stadt Verden erwähnt, die ab 1604 mit ihrem Landesherrn in einen Konflikt um ihre Kriminaljurisdiktion geriet, der ebenfalls vor dem Reichskammergericht ausgetragen wurde; auch hier dienten Rechtswidrigkeiten in Hexenprozessen dem Landesherrn als Argumente.[40] Es sei vorweggenommen, daß eine ähnliche Konstellation, freilich auf anderer Ebene, zum Ende des Ausrottungsprogramms in Kurköln beigetragen hat: In diesem Fall war es der Kaiser, der drohte, wegen Rechtswidrigkeiten bei Hexenprozessen in die kurfürstliche Kriminaljurisdiktion einzugreifen.

Während der Zeit, als das Vernichtungsprogramm im rheinischen Erzstift und im Herzogtum Westfalen anlief, also in den Jahren ab 1627, war das Vest an Hexenprozessen bis auf einen Fall unbeteiligt, sofern die Quellenlage nicht völlig täuscht. Das ist aber ganz unwahrscheinlich, denn der große Krieg hatte das Ländchen früher erreicht als die übrigen kurkölnischen Landesteile. Vom Auftreten des »tollen Christian« abgesehen, waren es vor allem die Holländer, die sich im Vest wie in vielen anderen Gebieten des deutschen Nordwestens festgesetzt hatten. Mit dem Ende des Waffenstillstands 1621 zwischen Spanien und den aufständischen Nordniederländern begann praktisch eine kaum unterbrochene Drangsalierung des Vest Recklinghausen, wo sich später kaiserliche und kaiserfeindliche Besatzungen ablösten. Unter solchen Bedingungen waren die Voraussetzungen für große Hexenverfolgungen nicht gegeben.[41]

Eine Gesamtzahl aller Opfer der Hexenprozesse in Kurköln zu nennen, ist bei der gegebenen Quellenlage unmöglich. Da aber die aktenkundig gewordenen bereits über 400 ergeben, wird die Gesamtzahl im rheinischen Erzstift wie im Herzogtum Westfalen jeweils nicht unter 1000 liegen.

III. Der Vernichtungsapparat

1. Die Hexenkommissare

Das Zaubereidelikt gehörte auch in seiner Ausgestaltung zum Hexereiverbrechen vor die zuständigen Kriminalgerichte. Aber mit dem römischen Recht war ein neues Element in der Strafrechtspflege aufgetaucht, und die Carolina nahm darauf Rücksicht. Zur Kenntnis des römischen Rechts benötigte man ein Universitätsstudium, die normalen Schöffengerichte waren, was den Umgang mit dem römischen Recht betraf, weit überfordert. In klarer Einsicht in diese Sachlage schrieb Art. 219 der Carolina vor: »sollen die Richter, wo jnen zweiffeln zufiele, bei den nechsten hohen schulen, Stetten, Communen oder andern rechtsuerstendigen, da sie die vnderricht mit dem wenigsten kosten zu erlangen vermeynen, rath zu suchen schuldig sein«. Die hier zuerst genannten »hohen schulen«, also Universitäten, bildeten sich im evangelischen Deutschland als Regelfall für die Einschaltung von Rechtsgelehrten heraus. Steht in einem Gerichtsurteil aus einem evangelischen Territorium die Formel »auf eingeholten Rat der Rechtsgelehrten«, so bedeutet dies ausnahmslos, daß die Prozeßakten an eine Juristenfakultät geschickt worden waren. Die dortigen Professoren prüften dann, ob das Gericht »den Rechten gemäß« verfahren war. Gerade in den als besonders schwierig geltenden Hexenprozessen wurden im 17. Jahrhundert protestantischerseits verstärkt Juristenfakultäten eingeschaltet. In den katholischen Territorien setzte sich diese Art der Aktenversendung nicht durch. Wenn überhaupt wurden Obergerichte oder einzelne Rechtsgelehrte in Anspruch genommen.

An dieser Stelle setzten der Kurfürst von Köln und seine Verwaltung ein. An alle Gerichte wurden möglichst bald spezielle Rechtsgelehrte, Hexenkommissare, geschickt, um die Laienrichter und Schöffen zu beraten. Schon 1627 ist diese Maßnahme zu beobachten, und seitdem wurde sie vorangetrieben. Beispielsweise wurde am 24. Juli 1629 noch einmal kategorisch angeordnet: »allen Gerichten zu befehlen, hinfuro nit die Scheffen, sondern die benennte Commissarios L. L. Fabens und Fitten, und was deren mehr benennt werden, in der Hexerei zu gebrauchen«.[1] Es schickten also nicht nur die Gerichte im Zweifelsfall ihre Prozeßakten an Rechtsgelehrte, sondern diese erschienen auch bei den Gerichten. Das kann auf den ersten Blick nach besonderer Fürsorge für die Rechtssprechung aussehen. Wie noch zu zeigen sein wird, ging es tatsächlich auch öfter darum, Mißstände zu beseitigen, aber das waren Mißstände, die den ordentlichen Ablauf des Ausrottungsprogramms störten. Die Hexenkommissare dagegen wurden vor Ort geschickt, um dieses Programm durchzusetzen. Der Form nach blieb die Selbständigkeit der Gerichte gewahrt, in Wirklichkeit wurden die Gerichte jedoch von den Kommissaren gesteuert und beherrscht. Dabei ging es eben nicht um Prozesse wegen Diebstahls usw., sondern ausschließlich um Hexenprozesse, d. h. die normalen Kriminalgerichte wurden mit Hilfe der Hexenkommissare umfunktioniert in einen Vernichtungsapparat im Dienste der Ausrottung.

Drei dieser Kommissare sind in der Forschung schon länger bekannt: Dr. Heinrich v. Schultheiß, Lic. Kaspar Reinhard und Dr. Franz Buirmann. Schultheiß ist bekannt geworden, weil er sich in einem 500 Seiten starken Buch selbst verewigt hat. Seine 1634 in Köln gedruckte »Instruction wie in Inquisition Sachen des gräulichen Lasters der Zauberey ... zu prcediren« ist zwar ein Handbuch zur Prozeßführung, doch immer wieder angereichert mit persönlichen Angaben. Einige Stationen seines Lebens sind bekannt.[2] Nach Besuch eines Jesuitengymnasiums und dem Jurastudium stand er zuerst in kurmainzischen Diensten unter Kurfürst Johann Schweikard (1604–1626), wechselte noch unter Kurfürst Ernst (1583–1612) in kurkölnische Dienste und war ab ungefähr 1616 Hexenkommissar im Herzogtum Westfalen. In dieser Tätigkeit ist er zuletzt 1643 nachgewiesen.

Kaspar Reinhard wurde von seinem Kollegen Schultheiß in dessen Buch beschrieben – aus denkwürdigem Anlaß. Reinhard war ebenfalls Hexenkommissar im Herzogtum Westfalen und hauste derart fürchterlich, daß eine Gruppe Verzweifelter ein Attentat auf ihn verübte. Im Städtchen Balve versuchten sie, ihn beim Abendessen zu erschießen, doch nur der Gerichtsschreiber und ein Diener wurden getötet, Reinhard selbst kam verletzt davon. Schultheiß berichtet in seinem Buch mit Genugtuung, daß er

drei der Täter gefaßt und zum Tode verurteilt habe.[3] Reinhard ist
aber auch ohne diese Stelle im Buche seines Kollegen der Forschung nicht verborgen geblieben. Zu breit ist die von ihm hinter-
lassene Blutspur, dokumentarisch zu gut belegt. Der schon erwähnte Pfarrer Nikolaus Rotger aus Drolshagen, der vor Reinhard im Frühjahr 1630 außer Landes geflohen war, hat in einer
Klageschrift vom 14. November 1630 behauptet, der Kommissar
habe bis jetzt schon über 800 Menschen verbrennen lassen und
verwende »gräuliche Tortur«.[4] Das kann eine Übertreibung oder
eine aus Entsetzen über die Massenhinrichtungen geborene Fehl-
einschätzung sein. Und die Bemerkung eines zeitgenössischen
Jesuiten, im Herzogtum Westfalen seien von einem Hexenkommissar allein fast 500 Menschen auf den Scheiterhaufen gebracht
worden, muß sich nicht unbedingt auf Kaspar Reinhard bezie-
hen. Es könnte auch Schultheiß gemeint sein.[5] Tatsache ist aber,
daß Reinhard nicht nur im Herzogtum Westfalen, sondern auch
im benachbarten Ausland als besonders erfolgreicher Hexenjäger
bekannt und begehrt war.

Der dritte in diesem Bunde ist Dr. Franz Buirmann. Er spielte
im rheinischen Teil von Kurköln eine ähnlich unheilvolle Rolle
wie seine beiden eben geschilderten Kollegen im Herzogtum
Westfalen. Ein Gerichtsschöffe der Stadt Rheinbach, Hermann
Löher, flüchtete vor ihm nach Amsterdam, wo er 1676 ein Buch
gegen die Hexenprozesse drucken ließ. Darin sind die Taten Buirmanns und seiner Helfer in Rheinbach ausführlich geschildert.
Aber während das Buch von Schultheiß heute noch in etlichen Ex-
emplaren greifbar ist, hat Löhers Veröffentlichung ein erstaunli-
ches Schicksal gehabt: Nur zwei Exemplare sind bekannt, eines
im Gymnasium Bad Münstereifel, das andere in Amsterdam.
Dies ist um so merkwürdiger, als etwa 1000 Exemplare des
Buches an Amsterdamer Buchhändler gekommen sind. J. B. Dornbusch, der in seinem Aufsatz von 1875 das Exemplar in Münstereifel für das einzig erhaltene hielt, vermutete ein systematisches
Aufkaufen und Vernichten seitens der von Löher bloßgestellten
Personen. L. O. Gibbons stellte 1931 die These zur Diskussion, die
gedruckten Exemplare seien unbeabsichtigt verschwunden, weil
die meisten bei Löhers Tod noch ohne Einband waren.[6]

Wie auch immer, Hermann Löher war jahrelang Augenzeuge
der Vorgänge in Rheinbach, bevor er sich für so gefährdet hielt,
daß er 1636 mit seiner Frau nach Holland floh. Sein Bericht, den er

mit Rücksicht auf seine im Rheinland lebenden Kinder erst 40
Jahre später drucken ließ, ist glaubwürdig, da er durch andere
Quellen bestätigt wird. Buirmann stammte aus ärmlicher Familie
in Euskirchen, studierte ab 1608 in Köln Jura und stand ab Ende
der 1620er Jahre als Hexenkommissar in kurkölnischen Diensten.
Gelegentlich wirkte er auch in Nachbarterritorien, doch sein
eigentliches Feld blieb der rheinische Teil des Kurfürstentums
Köln, in dem er an verschiedenen Orten tätig wurde. Die Zahl
seiner Opfer in Rheinbach und Umgebung ist gar nicht abzu-
schätzen. Dahinter stand der adelige Amtmann von Rheinbach,
Heinrich Degenhardt Schall von Bell zu Lüftelberg, ein geschätz-
ter Kammerherr des Kurfürsten, von diesem 1627 zum Amtmann
ernannt mit 100 Goldgulden jährlichem Salär.[7]

Sein Gehalt hat Herr Schall von Bell aufgebessert, indem er sich
kräftig an der Beute beteiligte, die sein Hexenkommissar und
dessen Helfer eintrieben. Im Juni 1631 kam Buirmann in Rheinbach an, prozessierte sofort gegen zwei als Hexen berüchtigte
arme Frauen und holte sich von ihnen die gewünschten Besagungen, also durch die Folter erzwungene Nennung von Namen
angeblicher Komplizen. Wie er das machte, davon wird später
noch zu sprechen sein. Das dritte Opfer war dann nicht mehr arm.
Witwe Christina Böffgens, kinderlos, über 60 Jahre alt und schwäch-
lich, stand nicht umsonst im Ruf einer großzügigen Spenderin. Sie
starb zwar während der Folter, und Buirmann hatte Mühe, einigen Schöffen klarzumachen, der Teufel habe ihr zur Verhinde-
rung von Denunziationen das Genick gebrochen, aber dafür fand
sich im Keller ihres Hauses eine Truhe mit 2000 Talern in bar und
dem gleichen Betrag in Obligationen, woran sich die Haupttäter
bereicherten. Das Vermögen des vierten Opfers wurde sogar auf
6000–7000 Taler geschätzt, denn Hilger Lirtzen war nicht nur ein
ehemaliger Bürgermeister, sondern auch ein erfolgreicher Kauf-
mann. Allerdings erwies er sich trotz seiner 60 Jahre als kräftig
genug, um alle Folterungen einen Tag lang auszuhalten; die
Tortur mußte am nächsten Tag fortgesetzt werden, obschon Fron-
leichnam (19. Juni) war. Das nächste Opfer war zwar auch vermö-
gend, aber hier ging es Buirmann in erster Linie um eine »Her-
zenssache«, um einen gescheiterten Heiratsantrag. Seine Auser-
wählte hatte ihn abgewiesen, nicht zuletzt unter dem Einfluß
ihrer Familie und besonders ihrer Schwester. Gegen letztere ging
der Hexenkommissar jetzt vor unter Anwendung ungewöhnli-

cher Mittel, denn diese Schwester war die Ehefrau des Gerichtsschöffen Gotthard Peller. Da er mit Widerstand aus dem Schöffen-
kollegium rechnen mußte, verlangte er einen Haftbefehl ohne
Namensnennung der Angeklagten, einen Blankohaftbefehl. Sofort protestierte der älteste Schöffe Herbert Lapp, kam aber gegen
Amtmann und Kommissar nicht auf – die übrigen Schöffen wurden durch Strafandrohung eingeschüchtert. Peller blieb vom Verfahren ausgeschlossen, seine Frau wurde gefoltert und verbrannt.[8]
Auch der widerspenstige Schöffe Herbert Lapp mußte kurz darauf unter Hexereianklage den Weg ins Gefängnis antreten.

Hermann Löher nennt für Buirmanns Aktivitäten in Rheinbach und Umgebung die Zeit von Juni bis Oktober 1631 ohne
Auskunft über den unmittelbar anschließenden Verbleib des Hexenkommissars. Er war in Bonn. Der Hofrat hatte ihn vorgeladen
und von seinem Amt suspendiert. Am 29. Oktober 1631 protokollierte die Zentralbehörde, in Rheinbach sei es bei der Exstirpation
nicht mit rechten Dingen zugegangen, »sondern mehr auf das
lucrum [= Gewinn] gangen, dem D. Burman das Wesen ganz
allein in Handen geben«. Der Gerichtsschreiber von Rheinbach
wurde vorgeladen, das Verfahren gegen Herbert Lapp ausgesetzt. Der Gerichtsschreiber Melchior Heimbach erschien wie
angeordnet mit allen Hexenprozeßakten, den Abrechnungen über
Einnahmen und Ausgaben und einer Liste der noch beschuldigten Personen. Am 4. November wurde er vor dem Hofrat befragt.
Er äußerte sich zwar sehr zurückhaltend, bestätigte aber Hermann Löhers Darstellung in einem Punkt völlig: in der selbstherr-
lichen und willkürlichen Prozeßführung des Hexenkommissars.
Buirmann soll die Verhafteten zunächst unter vier Augen verhört
haben – das würde die Steuerung der Beschuldigungen von angeblichen Komplizen erklären. Die Schöffen hätten praktisch
nichts zu entscheiden gehabt, und auch in den finanziellen Dingen habe der Herr Doktor eigenmächtig geschaltet. Die Aussage,
dafür habe Buirmann 200 Taler Gehalt bekommen, beantwortete
der Hofrat mit dem Beschluß: »Rechnung einliefern«.[9]

So energisch dies alles klingt: In Wirklichkeit hatten die Ereignisse den Hofrat zu diesem Zeitpunkt schon überholt. Der von
ihm suspendierte Hexenkommissar hatte sich schleunigst zum
Kurfürsten begeben, der in der Reichsstadt Köln einem Landtag
beiwohnte. Der Hofrat konnte nur seinen eigenen Vertreter in
Köln informieren, um den Kurfürsten entsprechend zu beeinflus-

sen.[10] Selbstverständlich ging es hier nicht um einen Kampf zwischen Verfolgungsgegnern und Verfolgungsbefürwortern, beide Seiten standen voll hinter dem Ausrottungsprogramm. Die Behörde bekämpfte auch nicht die Steuerung des Gerichts durch den Komnissar, ein Verfahren, für das sie selbst an den Gerichten eintrat. Es ging lediglich um Buirmanns abenteuerliche Willkürakte und Bereicherungen. Über die Vorgänge in Köln und die diversen Unternehmungen beider Seiten ist nichts bekannt, aber die weiteren Ereignisse geben doch einigen Aufschluß. Was immer Buirmann widerfahren ist, der Vorfall kann ihm nicht wirklich geschadet haben. Er blieb weiterhin als Hexenkommissar tätig, auch in Rheinbach tauchte er bald wieder auf. Das ist nicht verwunderlich, denn erstens wird der fanatische Wille zur Hexenvernichtung den Fehltritten erfolgreicher Hexenjäger eine gewisse Nachsicht verschafft haben, und zweitens darf jener Herr nicht ignoriert werden, der den klingenden Namen Schall von Bell zu Lüftelberg trug. Ein ernstliches Vorgehen gegen Buirmann hätte den kurfürstlichen Kammerherrn und Amtmann schwerlich unberührt lassen können. Dieser aber fiel keineswegs in Ungnade, ganz im Gegenteil, er erfreute sich nachweislich allerhöchsten Wohlwollens. K. Flink fand diesen Tatbestand rätselhaft: »Das Erstaunliche dieser grausamen Hexenverfolgungen ist aber, daß sie von den Landesherren nicht nur geduldet, sondern die Stellung des verbrecherischen Rheinbacher Amtmannes Heinrich Degenhardt vom Kurfürsten auch noch gefestigt wurde«.[11] Angesichts des Ausrottungsprogramms wird die Sache weniger erstaunlich. Konnte schon ein Kommissar auf kurfürstliche Milde rechnen, so der adelige Amtsinhaber erst recht. In den kurkölnischen Unterherrschaften ist ein solcher Vorgang auch keineswegs einmalig.

In dem Ringen um die landesherrliche Entscheidung gab es aber nicht nur Sieger und Verlierer. Wie immer es zuging, der Hofrat erreichte mit seinem Eingreifen auch etwas: Buirmann hat sich künftig als Kommissar anders verhalten. Das zeigen einige der wenigen erhaltenen Akten von Hexenprozessen, die unter seiner Leitung geführt wurden, und zwar in Heimerzheim. Dieser Ort wurde in jährlichem Wechsel von sechs verschiedenen Herren verwaltet. 1636/37 war es der Freiherr von Bornheim, der Buirmann sechs Jahre früher schon einmal zur Durchführung von Hexenprozessen berufen hatte. Aus der Zeit zwischen Dezember

1636 und Februar 1637 sind die Akten von zehn Prozessen erhalten, jede in sich vollständig, zusammen aber nachweislich nur ein Teil der in diesen Jahren geführten Prozesse. Blankohaftbefehle, Verhöre unter vier Augen, offene Bedrohung der Schöffen und ähnliche Exzesse aus seinen frühen Rheinbacher Zeiten sucht man hier vergebens. Dennoch beherrscht er das Gericht völlig: »Anno 1637 den 30. Januarii ist aus Befelch Ihrer Gestrengen Herrn zu Bornheim durch den ehrnvesten und hochgelehrten Herrn Doctorn Burman kraft habender Commission die Hexenprocedur reassumirt und wieder vorgenommen worden. Darauf sämtliche Scholtheiß und Scheffen des Gerichts Heimerzheim citirt ...«.[12] Das Gericht wird kurzerhand »zitiert« und tritt willig an. Unter Buirmanns Führung werden aus den bisherigen Akten die am meisten beschuldigten Personen ausgesucht. Für eine von ihnen beantragt der Kommissar einen Haftbefehl, nachdem er noch angemerkt hatte, daß diese Frau allgemein im Gerücht der Hexerei stehe. Diesen Antrag auf Haftbefehl umschreibt die Prozeßakte wie folgt: »als ist zur Scheffen Erkenntnis hingestellt, ob nit besagte Person zur Incarceration inzuholen sei. Darauf die Scheffen ein Abtritt genommen und nacher gepflogener Beratschlagungen selbige zur Captur erkannt ...«. Jetzt hat alles seine Richtigkeit. Der Vorschlag des Kommissars wird den Schöffen unterbreitet, »zur Erkenntnis hingestellt«, diese gehen beiseite und beraten allein unter sich, um dann zu beschließen, was ihnen vorgeschlagen wurde. So laufen alle diese Verfahren ab. Keine Spur von Widerspruch regt sich, jedem Begehren des Hexenkommissars kommen Schultheiß und Schöffen auf der Stelle nach – eben »kraft habender Commission«, d. h. hinter Buirmann steht der adelige Gerichtsherr, der Freiherr von Bornheim, der Buirmanns eigener Autorität als Doktor und erfahrener Hexenkommissar noch den obrigkeitlichen Nachdruck verleiht.

Aus den erhaltenen Akten geht hervor, daß alle zehn Prozesse mit dem Todesurteil endeten. Jedes Urteil enthält die Formel »mit Rat unparteiischer Rechtsgelehrter«. Die Formel ist in diesem Zusammenhang zwar völlig irreführend, aber bezeichnend für diese Art von Hexenprozessen. Am Anfang dieses Kapitels wurde Art. 219 der Carolina zitiert, der die Gerichte verpflichtete, in schwierigen Fällen rechtskundigen Rat einzuholen. Da Hexenprozesse als besonders schwierige Fälle galten, war im 17. Jahrhundert in protestantischen Territorien die Einschaltung von Juristenfakultäten sehr häufig geworden, während die katholischen Territorien in dieser Hinsicht nicht mitzogen. Die Formel »auf eingeholten Rat der Rechtsgelehrten« in Urteilen aus protestantischen Territorien bedeutet, wie schon erwähnt, ausnahmslos die Aktenversendung an eine Universität, d. h. es waren wirklich »unparteiische« Rechtsgelehrte zugezogen worden. Angeklagte und Ankläger standen sich vor Gericht als Parteien gegenüber, sie bildeten die Prozeßparteien. Die Professoren einer Juristenfakultät, die eingeschickte Prozeßakten überprüften, waren an dem betreffenden Gericht natürlich nicht vertreten, sie waren keine Prozeßpartei, nach dem Sprachgebrauch der Zeit also »unparteiisch«. Nebenbei: Die Haltung der Juristenfakultäten gegenüber Hexenprozessen war sehr unterschiedlich und eine Bewertung ist schwierig.[13] Mit der Aktenversendung an eine Juristenfakultät lassen sich die hier geschilderten Zustände aber nicht vergleichen. In Heimerzheim war mit dem »unparteiischen Rechtsgelehrten« Buirmann selbst gemeint. Der Mann, der das ganze Verfahren beherrschte, der Partei war wie kein zweiter, erscheint als unabhängiger Rechtsberater. Aus seiner ersten Rheinbacher Zeit ist ein besonders drastischer Vorgang überliefert. Als er bei seiner Privatrache als abgewiesener Freier erstmals einen Blankohaftbefehl verlangte, protestierte, wie oben erwähnt, der älteste Schöffe Herbert Lapp. Er nannte das Vorgehen ungesetzlich und verlangte die Einschaltung unparteiischer Rechtsgelehrter. Darauf schrie Buirmann ihn an: »Ich bin ein unparteiischer Rechtsgelehrter, ein Doctor in den Rechten, mit mir sollt ihr Rat nehmen«.[14]

Insgesamt handelt es sich nicht um eine Buirmannsche Spezialität, sondern alle Kommissare in Kurköln wurden so eingesetzt. Die Formel in den Urteilen »mit Rat unparteiischer Rechtsgelehrten« beleuchtet schlagartig die Umfunktionierung der Gerichte zu Institutionen des Ausrottungsprogramms. Die Formel wird beibehalten, aber sie ist eine sprachliche Fiktion; die Hexenkommissare werden als unparteiische Rechtsgelehrte zur Beratung der Gerichte bezeichnet, und doch ist es so, wie es R. Decker für das Herzogtum Westfalen beschrieben hat: »Zur Durchführung der Massenvernichtung setzten Landdrost und adelige Gerichtsinhaber studierte Juristen als Kommissare ein, neben denen die ordentlichen Richter und Schöffen nur Statistenrollen hatten«.[15] Nichts zeigt diesen Umschwung so deutlich wie ein Hexenprozeß, der Ende des Jahres 1624 in Rheinberg geführt wurde, in der nördlichsten Exklave des rheinischen Erzstifts, nördlich der Stadt Moers im Herzogtum Kleve gelegen. Der Amtmann in Rheinberg, offensichtlich unsicher, was in diesem Fall zu geschehen habe, wandte sich an den Hofrat und erhielt aus Bonn folgenden Bescheid: »dem Amtmann zu beantworten, daß diese Criminalsache zum ordentlichen Rechten also fur Schultheiß und Scheffen daselbsten gehorig, soll dieselbe auch nit hiehin remittiert haben, sondern nach an solches Gericht verweisen«.[16] Dem Amtmann wurde also klargemacht, daß ausschließlich das ordentliche Schöffengericht in Rheinberg zuständig sei. Das dortige Gericht habe zu prüfen, ob die vorliegenden Indizien zur Verhaftung oder gar zur Folterung der Beschuldigten ausreichten oder nicht. Der Hofrat verweist zwar beiläufig auch auf die Hexenordnung, verbietet aber geradezu dem Amtmann, den Fall an den Hofrat zu übertragen. Zuständig war allein das ordentliche Gericht. So war es 1624 noch rechtens, ab 1627 galt es nicht mehr, das Ausrottungsprogramm hatte die Rolle der Gerichte ins Gegenteil verkehrt.

Dr. Franz Buirmann, auf den ausführlicher eingegangen wurde, ohne auch nur entfernt alle seine Einsätze zu nennen, zählt wie Dr. v. Schultheiß und Lic. Reinhard zu den herausragenden kurkölnischen Hexenkommissaren. Das Besondere an diesen drei Männern ist ihr Bekanntheitsgrad, den sie wahrscheinlich durch die jeweils ungewöhnlich hohe Zahl ihrer Opfer erlangt haben, zuzüglich einiger Zufallsereignisse. Aber sie sind nur Teil einer ganzen Schar von Kommissaren, deren genaue Zahl nicht mehr feststellbar ist.

Für den rheinischen Teil des Kurfürstentums wurden selten mehr Namen genannt als die bei Hermann Löher erwähnten Dr. Franz Buirmann, Dr. Johann Möden und der nur beiläufig erwähnte Lic. von der Stegen. Erst 1959 hat F. W. Siebel auf die Rolle der Schöffen des Hohen Weltlichen Gerichts in Köln aufmerksam gemacht, die nicht nur mit einer umfangreichen Gutachtertätigkeit Hexenprozesse in Nachbarterritorien beeinflußten, sondern auch an kurkölnische Gerichte als Hexenkommissare delegiert werden konnten. Leider ist die Quellenüberlieferung im Historischen Archiv der Stadt Köln zu diesem Bereich unergiebig, aber was sich sonst ermitteln läßt, ist aussagekräftig genug. Zwei besonders rührige Schöffen hat F. W. Siebel genannt: »Als reisende Hexenrichter haben sich vor allem Dr. Walram Wilhelm Blankenberg und Dr. Johannes Romesswinckel hervorgetan« – diese beiden waren übrigens unmittelbar am Prozeß gegen Katharina Henot beteiligt.[17] Der Einsatz Kölner Rechtsgelehrter ist in der Tat bemerkenswert. Er konnte von Köln aus erfolgen, indem Gerichte ihre Akten vorlegten wie das Gericht Flerzheim, das 1627 angewiesen wurde, zur Einsparung größerer Kosten die Akten »uf Colln an die Rechtsgelehrten« zu schicken.[18] Der Einsatz konnte aber auch vor Ort erfolgen. Als die Exstirpation im Amt Nürburg Anfang 1629 wieder einmal ins Stocken geriet, überlegte der Hofrat: »Sunsten were nit unnötigsamb, die beide itzo alhie gegenwartige Scheffen von Colln D. D. Blanckenberg und Romerswinkel dorthin zu schicken, umb daselbsten zu vernehmen, wie procedirt, auch sichern Zill und Maß ratione processus zu geben«. Im Dezember des gleichen Jahres waren die beiden Doktoren bei Hexenprozessen in Bliesheim im Einsatz, einer kurkölnischen Herrschaft im heutigen Kreis Euskirchen.[19] 1631 gutachtete Dr. Romesswinckel in einem Linzer Hexenprozeß vermutlich von Köln aus, diesmal zusammen mit Lic. Fabens. Damit erscheint einer der beiden frühzeitig zu Kommissaren ernannten Licentiaten Anton Fabens und Georg Fitten.[20]

Während von Fitten wenig bekannt ist, sind Belege für seinen Kollegen häufiger. Anton Fabens aus Werden wurde 1613 an der Universität Köln immatrikuliert. Seit den späten 1620er Jahren war er als kurkölnischer Hexenkommissar von Köln aus oder vor Ort am Ausrottungsprogramm beteiligt, zuletzt 1636 in auswärtigen Hexenprozessen, in Siegburg, nachgewiesen.[21] Ganz unauffällig waltete Lic. Dietrich von der Stegen seines Amtes, ebenfalls Schöffe am Hohen Weltlichen Gericht zu Köln. 1632 wurde er mit der Klärung der verfahrenen Hexenprozesse in Ahrweiler beauftragt. 1636 berief ihn der Hofrat nach Bonn, weil »Ihre Churfürstliche Durchlaucht mißfellig wahrgenommen, daß mit der Hexenprozedur nit allerdings der Ordnung gemeeß procedirt, sonderlich aber zu Rheinbach fast gefehrlich verfahren werde ...«. Der schon genannte Dr. Johann Möden eiferte in Rheinbach und Umgebung Dr. Buirmanns früherem Wirken nach. Allein in Meckenheim soll er von den damals rund 1300 Einwohnern in zwei Monaten 70 auf den Scheiterhaufen gebracht haben, wie oben gesagt. Er stammte aus Koblenz und war 1613 als Jurastudent an der Universität Würzburg immatrikuliert worden.[22]

Es ist nicht bekannt, wie lange Lic. von der Stegen sich mit den Rheinbacher Vorgängen befassen mußte. Aber Ende 1636, Anfang

1637 war er damit beschäftigt, in der Abtei und kurkölnischen Herrschaft Brauweiler 60 oder mehr Menschen hinrichten zu lassen.[23] Der gleiche Mann, der die Unrechtmäßigkeiten seines Kollegen Dr. Möden zu untersuchen und abzustellen hatte, kam anschließend zu einem Einsatz mit kaum weniger vielen Toten, darunter zwölf- und vierzehnjährige Jungen. Trotzdem ist über ihn keine Beschwerde nachweisbar, niemand hat ihn vor dem Hofrat angeprangert, niemand hat versucht, ihn zu erschießen. Vermutlich hat er Hexenprozesse nicht aus Privatrache geführt, hat er keine Beutezüge gegen reiche Witwen unternommen und sich keine Blankohaftbefehle ausstellen lassen. Vermutlich verfuhr er rechtens, hielt sich an die Norm – war er der »normale« Hexenkommissar? Wenn das zutrifft, sind der unauffällige Lic. von der Stegen und seine anderen unauffälligen Kollegen zur Erfassung des Vernichtungsapparats wichtiger als ein Heinrich v. Schultheiß mit seinen selbstgefälligen Ergüssen, als ein Kaspar Reinhard mit seiner riesigen Blutspur und als ein Franz Buirmann mit seinen Rheinbacher Exzessen. Dies sei noch einmal an einem Fall demonstriert, der sich nicht in Kurköln abgespielt hat. Die Massenverfolgung in einem Territorium hatte oft eine grenzüberschreitende Ausstrahlungskraft, und bewährte Hexenkommissare waren in Nachbarterritorien gesuchte Spezialisten.[24] In den Manderscheider Grafschaften Blankenheim und Gerolstein erreichten die Hexenprozesse in den Jahren 1627 bis 1633 ihren Höhepunkt mit dem Auftreten des Dr. Johann Möden. Es gelang ihm, zeitweise die Führung aller Hexenprozesse an sich zu ziehen. Er konnte das Vertrauen des jungen Landesherrn gewinnen und es anschließend mit schlagenden Erfolgen bei der Massenvernichtung rechtfertigen. Er arbeitete fast ausschließlich mit Besagungen, der Nennung von Komplizen durch geständige Angeklagte, ohne Verbindung mit anderen Indizien. Höchstens der nebulöse und in seinem Einsatz höchst unheilvolle schlechte Leumund der Beschuldigten, die »mala fama«, spielte noch eine zusätzliche Rolle. Dazu verwandte er die üblichen Terrormethoden zur Einschüchterung der Schöffen, indem er einen widerspenstigen Schöffen in einem Hexenprozeß hinrichten ließ. Im November 1628 konnte er auch in Gerolstein Fuß fassen. Dort spielte sich ein Konflikt zwischen dem Gericht und dem gräflichen Amtmann Heinrich v. Mühlheim einerseits und dem Grafen andererseits ab; der Graf wollte unbedingt zwei besagte Frauen gefoltert haben, was die andere Seite verweigerte. Der Graf schickte Dr. Möden. Der führte dem Gericht vor, wie man allein durch geschicktes Verhör ohne Folter eine Angeklagte zum Geständnis bringt – und hatte damit beim Grafen auch in Gerolstein freie Hand. Im Frühjahr 1629 wagte er sich an den Amtmann, der sich freilich heftig zur Wehr setzte. Der Graf entzog Möden das Verfahren und schickte zusammen mit einem anderen Juristen den kurkölnischen Hexenkommissar Lic. Johann von der Düssel: An die Stelle des bekannten trat der unauffällige, der »normale« Hexenkommissar. Er war vorher wie nachher in Manderscheider Hexenprozessen tätig, nur eben ohne die exponierte Stellung eines Dr. Möden. Wie geschickt der Unauffällige operierte, zeigt sein Erfolg: Nach der Hinrichtung des Heinrich v. Mühlheim wurde er selbst Amtmann in Gerolstein. Die auffällige Blutspur in den Grafschaften zog dagegen weiterhin Dr. Möden.

Für die Zeit des Ausrottungsprogramms ab 1627 sind im rheinischen Teil des Kurfürstentums elf Hexenkommissare nachweisbar, aber es waren bestimmt mehr. Ihre genaue Zahl ist ebensowenig bekannt wie die ihrer Opfer. Ein Mann wie Dr. Kaspar Liblar wurde nicht nur zusammen mit Franz Buirmann im Mai 1608 an der Universität Köln immatrikuliert, er war auch später wie sein Mitstudent kurkölnischer Hexenkommissar. Quellenmäßig faßbar ist er aber nur in den Siegburger Verfahren der Jahre 1637/38, bezeichnenderweise in Zusammenarbeit mit Buirmann. Daß Liblar bis dahin mit Hexenprozessen nichts zu tun hatte, ist mit Sicherheit auszuschließen – man weiß eben nur nicht, wann und wo er gewirkt hat.[25] In Siegburg hatte übrigens Dr. Buirmann seinen letzten nachgewiesenen Einsatz in Hexenprozessen, und zwar im Jahr 1647. Als er die Stadt verließ, wurde er von Verwandten seiner Opfer tätlich angegriffen und verletzt. Über sein weiteres Leben ist nichts bekannt.[26]

Wie sah es im Herzogtum Westfalen aus? In Hexenprozeßakten der Stadt Geseke befindet sich nach einem Prozeß von 1680 eine alte Gebührenordnung für Hexenprozesse, der folgende Notiz vorangestellt ist: »Notandum, daß im Jahr 1607 den 2. Juli Ihro Churfürstliche Durchlaucht zu Collen christmilder Gedächtnus Ferdinandus damalig Westfälische Landtdrost und Räthe aus gnädigsten Befehlig höchstgedachter Ihro Churfürstlicher Durchlaucht Christian Kleinsorgen und Jobsten Hocken, dero Rechten respective Doctorn und Licentiaten, zu Generalcommissarien

inquisitionis magiae angesetzet«. Dr. Christian Kleinsorgen und
Lic. Jobst v. Hoxar – die Schreibung seines Namens wechselt –
sind also als Generalkommissare eingesetzt worden. Daraus ist
zu schließen, daß es Unterkommissare gegeben hat.[27] Für die
Jahre 1629 bis 1631 ist im Herzogtum das Wirken von zehn Hexenkommissaren bekannt, eine Zahl, die aber ebenfalls keinerlei Anspruch auf Vollständigkeit erheben kann.[28]

Wes Geistes Kind waren diese Männer, die als die eigentlichen
Vollstrecker des Ausrottungsprogramms wirkten? Zur Beant-
wortung dieser Frage ist es unumgänglich, auf das Bildungssy-
stem der Zeit einzugehen. Die Reformation bedeutete in der
Bildungs- und Schulgeschichte des Reiches einen wichtigen Ein-
schnitt. Die protestantische Theologie enthielt Elemente, die eine
Intensivierung der Laienbildung und zugleich der Schulförderung auf allen Ebenen erforderten. Doch mit zunehmender Konfessionalisierung diente diese Schulförderung auch der Durchsetzung der Konfession im Blick auf die konfessionellen Gegner. Die
Wirksamkeit der jesuitischen Lateinschulen im Kampf der Konfessionen ist ein bekanntes Beispiel. Heinrich v. Schultheiß hat
eine solche Lateinschule besucht, davon abgesehen aber ist über
den frühen Bildungsgang der kurkölnischen Hexenkommissare
nichts bekannt. Besser wird die Quellenlage erst im Bereich des
Studiums, das für die fachliche Ausbildung dieser Juristen allerdings auch besonders wichtig ist. Ein Fachstudium konnte nur an
einer Volluniversität mit einem akademischen Grad abgeschlossen werden. Nicht alle Hochschulen waren Volluniversitäten.
Jedem Fürsten und jeder Reichsstadt stand es frei, eine universi-
tätsähnliche Bildungsstätte einzurichten und zu unterhalten. Solche
»akademischen Gymnasien« existierten beispielsweise in Zerbst
(seit 1582), Herborn (1584), Steinfurt (1591) und Bremen (1610).
Sie unterschieden sich allenfalls in Sachausstattung und Umfang
des Lehrkörpers von den Volluniversitäten, mit denen sie Fächer-
kanon, Lehrbetrieb und Verfassung gemeinsam hatten. Ihnen
fehlte nur das Privileg. Päpstliches und kaiserliches Privileg waren
bis zur Reformation unabdingbare Voraussetzung für eine Uni-
versitätsgründung. Nach der Reformation verzichteten protestantische Obrigkeiten zwar auf die päpstliche Approbation, aber
ohne kaiserliches Privileg war die Verleihung akademischer Grade
unmöglich. Für Juristen blieb nur der Weg an eine Volluniversität,
wenn sie den Grad eines »licentiatus juris« oder eines IUD, eines

»juris utriusque doctor«, erwerben wollten. Die Fachausbildung war übrigens in beiden Fällen gleich, auf den ranghöheren Doktortitel wurde meist aus finanziellen Gründen verzichtet, weil er mit hohen Kosten verbunden war.

Die Universitäten hatten sich der immer schärfer werdenden konfessionellen Abgrenzung nicht entziehen können, wobei die Aufteilung nach Konfessionen im 17. Jahrhundert ein krasses Mißverhältnis aufwies. Abgesehen von der 1694 gegründeten Universität Halle, die schon zu den Gründungen der Aufklärungszeit zu zählen ist, bildet die Kieler Gründung von 1665 die Grenze. Damit standen achtzehn protestantischen Universitäten nur sieben katholische gegenüber – bei Einbeziehung der vier genannten protestantischen akademischen Gymnasien würde das Mißverhältnis noch schärfer. Nach der Chronologie der Gründungsjahre waren die katholischen Universitäten: Köln (1388), Freiburg i. Br. (1460), Ingolstadt (1472), Trier (1473), Mainz (1477), Dillingen (1554) und Würzburg (1582). Dabei ist Dillingen nur des Privilegs halber mit aufgeführt, praktisch bestanden dort lediglich die Philosophische und Theologische Fakultät, scheidet also für die Juristenausbildung aus. Die Gründe für dieses »katholische Bildungsdefizit« sind hier nicht zu erörtern, es genügt festzuhalten, daß für katholische Jurastudenten im Reich die Möglichkeiten bei der Wahl der Universität begrenzt waren. Von den 21 erfaßten kurkölnischen Hexenkommissaren aus der Verfolgungszeit ab 1627 haben zehn in Köln studiert, drei in Würzburg, bei acht von ihnen konnte keine Immatrikulation im Reich nachgewiesen werden. Da alle Kommissare akademische Grade hatten, müssen sie eine Volluniversität besucht haben, aber der fehlende Immatrikulationsnachweis ist dennoch leicht zu erklären. Veränderungen bei der Namensschreibung kommen ebenso in Betracht wie die Unvollständigkeit der Matrikeln, erst zuletzt ist an ein Auslandsstudium zu denken. Daß die Kommissare mehrheitlich in Köln und zwar in den Jahren zwischen 1601 und 1617 studiert haben, kann nicht überraschen. Die Frage, wes Geistes Kind die Vollstrecker des Ausrottungsprogramms waren, verlagert sich damit auf die Frage nach der Haltung der Kölner Juristenfakultät und der geistigen Atmosphäre dieser Stadt.

Schon die Verfasser der »Epistolae obscurorum virorum« von 1515/17 hatten ihren Hohn und Spott über diese Hochburg der

Scholastik zum Ausdruck gebracht, und der schlechte Ruf sollte ihr auch nach 1517 zumindest im protestantischen Deutschland erhalten bleiben. Köln entwickelte sich zum Bollwerk des kämpferischen Katholizismus im Nordwesten des Reiches. Zusammen mit der Universität hatten städtische Reformkreise schon früh gegen die Reformation und für eine Erneuerung der alten Kirche Stellung bezogen. Als dritte Kraft kamen die Jesuiten hinzu, die 1544 in Köln eine Niederlassung eröffneten. Als es galt, die Kirchenpolitik eines Hermann v. Wied und Gebhard Truchseß v. Waldburg abzuwehren, wurde die Stadt in den großen politischen Rahmen zwischen Rom, München, Madrid und Brüssel einbezogen. Die 1583 beschlossene ständige Nuntiatur in Köln hat dann im Zusammenwirken mit der Universität und den Jesuiten die Konfessionspolitik der Reichsstadt endgültig entschieden. Dabei waren die Jesuiten mit der Universität eng verbunden, nicht zuletzt durch das von ihnen ausgebaute Tricoronatum, einer blühenden Bildungsstätte mit breiter Massenwirkung. Mehr als diese allgemeinen Aussagen über die Vorherrschaft eines kämpferischen, gegenreformatorischen Katholizismus ist vorerst nicht möglich, da Detailuntersuchungen zum Lehr- und Disputierwesen an der Juristenfakultät dieser Zeit fehlen.[29] Speziell mit einer Stellungnahme zu Hexenprozessen tritt erst der schon erwähnte Prof. Peter Ostermann hervor, aber da war die Ausbildung der Kommissare bereits abgeschlossen. Wieweit diese Ausbildung sie einschlägig prägte, wieweit die Ereignisse der 1620er Jahre ihre Einstellung beeinflußten, bleibt eine offene Frage. Bemerkenswert für die Haltung kurkölnischer Juristen generell ist eine Stellungnahme des Hofrats auf eine Anfrage des Landdrosten aus dem Herzogtum Westfalen, wie in Hexenprozessen zu verfahren sei. Der Antwort der Hofratsjuristen ist zu entnehmen, daß der Landdrost nach einer Aktenversendung an Juristenfakultäten gefragt hat. Der Hofrat findet dergleichen überflüssig und verweist statt dessen auf das sowohl theologisch wie juristisch ausgezeichnete Hilfsmittel aus der Feder von »Martinus Delrio«.[30] Der Jesuit Martin Delrio (1551–1608) hatte sich für scharfe Hexenverfolgung eingesetzt. Seine erstmals 1599/1600 in Löwen veröffentlichten »Disquisitionum magicarum libri sex« erlebten 25 Auflagen und erzielten eine ungewöhnlich starke Wirkung.

Woher die Schulung und Beeinflussung der Kommissare auch

immer gestammt haben mag – ihr Verhalten im Einsatz läßt keinen Zweifel offen, und das gilt nicht nur für einen Kaspar Reinhard, der noch 1653 als Schreckensmann auftauchte, als ein Angeklagter von seiner Mutter und Großmutter sprach, die »vor Jahren bey Inquisition domini Commissarii Reinhards hingerichtet«.[31] Soweit feststellbar, haben die Hexenkommissare ausnahmslos den ohnehin schwankenden Boden des Rechts verlassen und Willkürakte begangen, wie sie die verfolgungswütigsten Handbücher empfahlen. Nur so war der großen Verschwörung der Hexensekte, diesem »crimen atrocissimum et occultissimum«, beizukommen. Der Verschwörungsmythos ließ sich mit rechtsstaatlichen Mitteln nicht verfolgen. Teufelsbuhlschaft, Flug zum Hexensabbat usw. waren rein fiktiv und damit materiell unbeweisbar. Mit dem Schadenzauber stand es nicht viel besser. Die als heimlich vollzogen gedachte magische Handlung mit einer eingetretenen schädigenden Wirkung in Kausalzusammenhang zu bringen, war selbst mit den fatalen Bestimmungen der Carolina noch schwierig. Also wurde das Hexereidelikt zum »Ausnahmeverbrechen«, zum »crimen exceptum«, erklärt und geltendes Recht außer Kraft gesetzt. Damit war der Willkür Tür und Tor geöffnet. Da die Selbstbezichtigung, das »Geständnis«, jedem Urteil zugrunde lag, mußte die Folter zur Seele des Hexenprozesses werden. Zu ihrer Anwendung genügten »Indizien«, die dem Recht hohnsprachen. Dazu zählte nicht nur das in vielen Territorien längst verworfene, in Kurköln aber eisern vertretene Hexenstigma. Kommissar Heinrich v. Schultheiß hat in seiner »Instruction« einen Indizienkatalog aufgestellt, mit dessen Hilfe jeder Mensch auf der Stelle zur Folter und damit zur Hinrichtung gebracht werden konnte – er und seine Kollegen haben bewiesen, daß tatsächlich so verfahren wurde.[32] Denn auch die Folter, die durch das geltende Recht gezügelt werden sollte, konnte jetzt hemmungslos eingesetzt werden. Da die Wiederholung der Tortur nicht erlaubt war, hatte schon der »Hexenhammer« empfohlen, statt von »Wiederholung« von »Fortsetzung« zu sprechen. Die Folter wurde so eingesetzt, daß entweder das erwünschte Geständnis kam oder der Tod eintrat. Ohne bekannte Einzelheiten zu wiederholen, muß doch festgehalten werden, daß alle kurkölnischen Hexenkommissare Foltermethoden angewandt haben, die unweigerlich zu diesem Ergebnis führten.

2. Die Finanzierung

Wie schon erwähnt, erscheint als erstes Signal für die anlaufende Durchsetzung des Ausrottungsprogramms die Anordnung des Kurfürsten an den Hofrat, die Kostenfrage für Hexenprozesse generell zu regeln. Das war am 15. Januar 1627. Spätestens von da an stand fest, daß solche Kosten alsbald landauf, landab entstehen würden.[1] Die Kostenfrage war aber bei Hexenprozessen ein für die Verwaltung besonders heikler Punkt. Man hatte gelernt, daß die vielen Möglichkeiten des Mißbrauchs den nervus rerum eines Landes treffen konnten. Zeitgenössische Chronisten, beispielsweise in Kurtrier, haben mehrfach geschrieben, das Land veröde, während der Henker an Prunk und Pracht mit Adeligen wetteifere. Gefahren lauerten auch sonst im Justizapparat. In manchen Territorien wurden die Fiskale – modern gesprochen: Staatsanwälte zur Aufspürung und gerichtlichen Verfolgung von Straftätern – auf Provisionsbasis besoldet, kein Wunder also, daß sie sich gelegentlich auf Hexenprozesse spezialisierten. Zu einem Mordprozeß benötigte man eine Leiche oder zumindest schwerwiegende Indizien, zu einem Hexenprozeß benötigte man den schlechten Ruf der Angeklagten, Zeugen und ein paar Besagungen. Bei solchen Voraussetzungen konnte ein Fiskal zum Kopfgeldjäger werden.[2] Im Jahre 1631 wurde dergleichen auch für andere Gerichtspersonen unterstellt: »Ich höre, daß an manchen Orten als Gehalt für die von Fürsten für diese Prozesse eingesetzten Richter und Inquisitoren eine nach der Kopfzahl der Verurteilten bestimmte Summe festgesetzt ist, so z. B. vier oder fünf Taler für jeden Schuldigen. Wer sieht hier nicht, wie sorgfältig schon allein aus diesem Grunde darüber gewacht werden muß, daß nicht die Hoffnung auf Gewinn das Verfahren beeinflußt. Denn es wird einer umso leichter für schuldig angesehen, weil eine große Zahl von Verurteilten für den Geldbeutel angenehmer ist, als eine kleine. Sehr bedenklich und gefährlich! Nicht alle von uns sind Heilige«.[3]

Die Fürsten dieser Zeit waren sicher keine Heilige, aber daß sie sich an Hexenprozessen durchweg bereichert hätten, ist eine ebenso zählebige wie falsche Behauptung der deutschen Hexenforschung von W. G. Soldan 1843 bis hin zu F. Merzbachers Feststellung von 1970: »Die Vermögenskonfiskationen spielten bei den Hexenprozessen oft eine entscheidende Rolle. Die Hexenjagd brachte allen daran Beteiligten reichlich Geld ein, sie füllte fürstliche und städtische Kassen und spendete Richtern, Henkern und Denunzianten nicht unerhebliche Taxen«.[4] Nein, sie füllte fürstliche Kassen nur selten, trotz des verführerischen Worts »Vermögenskonfiskationen«, weshalb auf diesen Punkt näher einzugehen ist. Beim heutigen Forschungsstand muß allerdings vieles offen bleiben, der Konfiskationsfrage ist trotz mancher rechtsgeschichtlicher Arbeiten zum Thema Hexenprozesse nicht konsequent nachgegangen worden.

Als gesetzliche Basis galt der Art. 218 der Carolina, der Güterkonfiskation in allen anderen Fällen zwar verbot, sie aber bei Majestätsverbrechen zuließ. Dazu gehörte das Hexereiverbrechen, wobei die Güterkonfiskation (wie bei Ketzerprozessen) einen Bestandteil der Strafe bildete, auch wenn die Quellen den Eindruck hervorrufen, es ginge eigentlich nur um die Bestreitung der Gerichtskosten. Da die Carolina über die allgemeine Erklärung der Zulässigkeit nicht hinausging, war hier Raum für legislatorische Ausfüllung durch die Landesherren. Dadurch kommt die Vielfalt in den Territorien zustande: Konfiskationen waren in einigen Territorien erlaubt, in anderen nicht. Konfisziert wurde in den Fürstbistümern Bamberg, Würzburg und Eichstätt, Kurmainz und Kurköln, aber z. B. nicht in Kurtrier. In Südwestdeutschland praktizierten neun von fünfzehn untersuchten Territorien die Gütereinziehung, drei lehnten sie ab und für drei weitere fehlen genaue Nachrichten. Aussagen über Konfiskationen in den beiden hessischen Landgrafschaften dürften auf einem Irrtum beruhen.[5] Eine gegenseitige Beeinflussung der Konfiskationsordnungen inhaltlich wie nach ihrem zeitlichen Inkrafttreten kann angenommen werden. Ein Siegener Amtmann empfahl 1630 seinem Landesherrn den Erlaß einer Konfiskationsordnung mit der Begründung: »... weiln Churfürstliche Durchlaucht zu Köln im rheinischen Erzstift und Churfürstliche Gnaden zu Mainz – der allhie Ordinarius ist – und auch die Herrn Bischöfe zu Bamberg und Würzburg neben anderen zu Bezahlung der Unkosten, da Kinder vorhanden sein, einen Kindteil, und da keine Kinder befunden werden, die halbe Erbschaft einziehen, wodurch die Armen sublevirt werden können«.[6] In Kurmainz ist eine erste Konfiskationsordnung von Kurfürst Wolfgang v. Dalberg (1582–1601) wahrscheinlich um 1590 erlassen worden. Sein zweiter Nachfolger hat diese Ordnung 1612 erweitert. Die Würzbur-

ger Konfiskationsordnung stammt von 1627, die kurkölnische
von 1628.[7]

In dieser als Ergänzung zur kurkölnischen Hexenprozeßordnung von 1607 erlassenen Ordnung von 1628 erklärt der Kurfürst
zuerst, daß er zur Einziehung des gesamten hinterlassenen Ver-
mögens berechtigt sei und nur aus Mitleid mit den unschuldigen
Kindern und Erben darauf verzichte. Aber alle Prozeßkosten
müssen aus dem Nachlaß gedeckt werden, und zwar in folgender
Weise. Ist eine Frau oder ein Mann unter Hexereianklage verhaftet worden, sollen kurfürstliche Beamte in Begleitung zweier
Schöffen und des Gerichtsschreibers die Wohnung der oder des
Betroffenen aufsuchen und allen Besitz und alle Schulden inven-
tarisieren. Nach der Hinrichtung ist der Erbteil des unschuldigen
Ehepartners auszusondern. Dann fällt, wenn Kinder vorhanden
sind, ein »Kindteil« an den Fiskus, das Erbe eines Kindes beim
Tod eines Elternteils; sind keine Kinder vorhanden, wird die
Hälfte konfisziert. Von diesen Konfiskationen sind alle Unkosten
zu decken, eventuelle Überschüsse stehen dem Kurfürsten zur
Verfügung. Zur Kontrolle hat der zuständige Kellner über Einnahmen und Ausgaben sorgfältig Buch zu führen und die Abrechnungen samt Inventarlisten regelmäßig an den Hofrat einzuschicken. An die Stelle des Kellners kann gegebenenfalls der
Gerichtsschreiber oder ein anderer vom zuständigen Amtmann
zu bestimmender Beamter treten. Es folgt noch ein abschließen-
der Passus über Sonderpflichten einiger Institutionen oder
Gemeinden im Gerichtswesen, die für die Zeit der Massenverfolgung als zu belastend außer Kraft gesetzt werden, bis wieder
ruhigere Verhältnisse eintreten – hier wird bemerkenswerterwei-
se ein gewisser Abschluß des Ausrottungsprogramms in Betracht
gezogen: »wan diß generalwesen cessirn und hernechst widerumb gegen ein oder zwo Hexen particulatim Justitia vorgenoh-
men werden mochtte«.[8] Eine besondere Gebührenregelung bestimmte das Entgelt für das Gerichtspersonal.

Die Reichsstadt Köln hat sich strikt geweigert, diese Kostenre-
gelung zu übernehmen, wie der Kurfürst es wünschte. Die Vertreter der Stadt argumentierten, die Gütereinziehung sei zwar bei
Majestätsbeleidigung zulässig, nicht aber bei Beleidigung der
göttlichen Majestät, dem »crimen laesae maiestatis divinae«, im
Ketzer- und Hexenprozeß. Mochte das Hohe Weltliche Gericht
sich noch so oft beim Kurfürsten beschweren, mochte der Hofrat

noch so oft feststellen: »die justitia sei pillich zu befürdern, unpillich daß Serenissimus die Kosten trage und in administranda justitia gleichsamb der Stadt Knecht sein solle, auch rechtens pillich und dieser Orth prauchlich, daß die Expensa aus deren Condemnirter Gutter hergenommen werden sollen« – die Reichsstadt widersetzte sich, bis das Ende der Hexenprozesse in ihren Mauern 1630 den Streit gegenstandslos machte.[9]

Die Ergänzung zur Hexenprozeßordnung sollte einerseits die finanzielle Basis der Massenprozesse absichern, andererseits unrechtmäßige Bereicherungen durch Gerichtspersonen und übermäßige Belastungen für die betroffenen Familien vermeiden. Diese Regelung erwies sich jedoch als wenig effektiv, die Gerichte und die Instanzen der Finanzverwaltung waren überlastet. Die Forderung nach Inventarisierung und Rechnungslegung war bei der Masse der Prozesse nur unvollkommen und mit großer zeitlicher Verzögerung erfüllbar. Sollte wirklich alles inventarisiert werden bis zum letzten Wäschestück? Die kurmainzische Konfiskationsordnung von 1612 gibt wohl schon einschlägige Erfahrungen wieder, da sie die Beamten anweist: »die gantze befundene nahrung, vnnd verlassenschafft mobilien, vnd immobilien, yedoch geringschatziges Vngultiges geräthlein, vnnd Küchen geschirr außgeschloßen in eine richtige Verzeichnung od Inuentatium bringen«.[10] Dazu kamen komplizierte Besitzverhältnisse und der Widerstand zahlungsunwilliger Betroffener. Hier mußte der Hofrat besonders häufig eingreifen. Das erste große Problem entstand im Amt Hardt, in der Gegend von Euskirchen. Dort hatten die Massenprozesse früh eingesetzt mit dem Ergebnis, daß schon Anfang März 1627 finanzielle Schwierigkeiten auftraten und Anfang Oktober ein Sonderprogramm die Amtsverwaltung vor dem Ruin retten mußte.[11]

Zum Dauerproblem wurden Unregelmäßigkeiten in den Abrechnungen, die zum Teil aus überhöhten Forderungen der Gerichte, zum Teil einfach aus der Unfähigkeit und Hilflosigkeit der Verwaltung entstanden. Ahrweiler kann als exemplarischer Fall gelten. Der Hofrat hatte hier schon mehrfach klärend eingegriffen, als er im Januar 1631 dem Gericht nochmals ausführlich die Konfiskationsordnung erläutern mußte. Die Schwierigkeit lag offensichtlich in der Bestimmung des »Kindteils«, ein Punkt, der in der Konfiskationsordnung tatsächlich nicht klar genug zum Ausdruck kommt. War ein fester Satz gemeint oder sollte der Anteil je

nach Anzahl der Kinder variieren? In den Konfiskationsordnungen anderer Territorien kommt beides vor. In Würzburg wurde
konstant ein Fünftel der Konfiskationsmasse als Kindteil eingezogen, in Kurmainz richtete sich der Anteil nach der Zahl der
ehelichen Kinder. Der kurkölnische Hofrat erklärte Vogt und
Schöffen in Ahrweiler, die Prozeßkosten müßten zwar aus dem
Nachlaß bestritten werden, »doch diesergestalt, daß jeder daraus
ein Kindteil allein, es trag sich hoch oder wenig, genommen
werden solle«. Der Kindteil richtete sich nach der Anzahl der
Kinder und konnte entsprechend bescheiden ausfallen. Es ging in
diesem Fall also nicht um habgierige Gerichtspersonen mit überhöhten Forderungen, sondern nur darum, daß die Prozeßkosten
höher waren als der konfiszierbare Kindteil. Als Ausweg aus dem
Dilemma verwies der Hofrat auf eine Art Lastenausgleich: »Würde
sich aber bei ein oder andern der Reichen das Kindteil höher als
zu selbigen Personen Hinrichtung oder bei deroselben aufgang-
nen Kosten vonnöten fallen, solle solcher Aufstand zu behuf der
armen Hingerichteten verbraucht werden, keiner aber höher als
über ein Kindteil beschwert werden«.[12] Im Mai 1632 beschwerte
sich eine Witwe über das Ahrweiler Gericht, es habe die Kosten
für die Hinrichtung ihres Mannes unmäßig hoch veranschlagt. In
der Tat ist die Zahlung von zehn Talern für den Scharfrichter
allein schon stattlich. Diesmal forderte der Hofrat unter Strafandrohung die Unterlagen zur Kontrolle an. Aber im August mußte
die Zentralbehörde schon wieder auf genaue Rechnungslegung
dringen. 1634 kommt erneut eine Bittschrift aus Ahrweiler. Ein
Mann beklagt die hohen Prozeß- und Hinrichtungskosten für
seine Frau, die er zum Teil auch schon bezahlt hat, der Rest soll
ihm nun per Zwangsvollstreckung genommen werden. Der Hofrat
reagiert scharf: »weiln die vor diesem einkommene arweilersche
Hexenrechnung fast unrichtig und gar übermäßig befunden«,
werden sofortiger Stopp der Zwangsvollstreckung und die Ein-
sendung aller Unterlagen binnen vierzehn Tagen angeordnet.
Schon vor dieser Klage war also eine Rechnungslegung aus
Ahrweiler erfolgt, die »unrichtig« und »übermäßig« befunden
wurde.[13]

    An den meisten Gerichten gab es Schwierigkeiten bei der Fi-
nanzierung und Abrechnung, vor allem mit dem Kindteil, immer
wieder mußte auf die Konfiskationsordnung verwiesen werden.
Natürlich kamen auch Schwierigkeiten vor, die weniger mit

Unkenntnis als mit dem Wunsch nach Bereicherung zu tun hatten. Die schlimmsten Betrügereien leisteten sich, wie schon erwähnt, die Hexenkommissare Buirmann und Möden; Buirmann fiel 1631 auch in Ahrweiler auf, wo »mit Einziehung der Hingerichteten Verlassenschaft seltsamb umbgangen wurde, sonderlich zu Arweiler auch von D. Burman«.[14] Ferner beschäftigten den Hofrat in Finanzsachen Einzelfragen verschiedenster Art. Die Schöffen in Lechenich bestritten 1629 den Hexenkommissaren das Recht, für jedes Urteil zwei Goldgulden zu fordern. Im Mai 1631 bat der Lechenicher Gerichtsschreiber um sein rückständiges Gehalt, worauf der Hofrat den dortigen Finanzbeamten anwies, das Gehalt aus Konfiskationsgeldern zu zahlen, wenn »annoch aus den hingerichteten Unholden so viel im Vorrat«. Seltsamerweise wurde im September 1631 einem anderen Beamten die Bitte um Zahlung seines ausstehenden Gehalts aus den Konfiskationen Godesberger und Mehlemer Hexenprozesse mit der Begründung abgeschlagen, daß der Überschuß aus Konfiskationen nur »ad pios usus verwendet werden solle und man also nit woll mächtig, daraus Salaria zu zahlen«. Vielleicht war der Hofrat auch nur der Meinung, der kurfürstliche Kämmerer und Godesberger Amtmann Hans Kaspar v. Disteling zu Odenhausen könne auf sein Gehalt ruhig noch warten.[15] Bemerkenswert an dieser Eintragung ist die angebliche Bindung der Konfiskationsüberschüsse an kirchliche oder wohltätige Zwecke, darauf muß noch eingegangen werden. Gelegentlich machten komplizierte Besitzverhältnisse dem Hofrat zu schaffen. Im August 1630 bat der Bonner Apotheker Reiner Curtius, die Prozeßkosten für seine Frau in Höhe von 100 Rtl. nicht von ihm zu fordern, sondern sie aus den Patrimonialgütern seiner hingerichteten Frau zu nehmen, deren Nutznießung dem Großvater seiner Frau zustehe. Bei der Eingabe einer Witwe Kramer aus Zülpich im Oktober 1630, um noch ein Beispiel zu nennen, ging es um eine genaue Abgrenzung der Patrimonialgüter von dem Zugewinn, eine zeitraubende, aber unerläßliche Klärung, um das Kindteil konfiszieren zu können.[16]

In der Hauptsache traten Probleme auf, die sich aus den Prozessen selbst ergaben durch die Massenhaftigkeit und die schwierigen Konfiskationen; dazu kamen Probleme, die durch unkorrektes oder zumindest fragwürdiges Verhalten der Gerichtspersonen hervorgerufen wurden. Beides führte bis zum Höhepunkt des Ausrottungsprogramms im Jahre 1631 zu Mißständen, die schließlich die oberste Finanzbehörde, die Hofkammer, auf den Plan rief. An der Hofratssitzung vom 21. August 1631 nahmen zwei Hofkammerräte teil, die allgemeine Fragen und Beschwerden zur Finanzierung der Prozesse vortrugen. Die Themen reichten von der Frage nach der Gleichstellung der Untergerichte bis zu altbekannten Mißständen. Da gab es z. B. Gerichtspersonen in Doppelfunktionen, die zugleich Schöffe und Gerichtsschreiber oder Richter und Schöffe waren; diese Leute berechneten sich gern pro Gerichtssitzung eine doppelte Zahlung. Auch die unausrottbaren Schwindeleien bei den Verpflegungssätzen kamen zur Sprache.[17]

Die Intervention der Hofkammer blieb nicht ohne Folgen, denn von da an bemühte sich der Hofrat verstärkt um die Rechnungslegung und ihre zentrale Kontrolle. Vom 30. September 1631 datiert die erste Maßnahme: »an alle Amtleute des Erzstifts, wohe die Exstirpatio beschicht, zu schreiben, daß sie innerhalb 14 Tagen nach Insinuation auch die Rechnungen einschicken«. Das war allerdings reichlich optimistisch angesetzt, bis »alle Amtleute des Erzstifts« reagierten, sollte es noch lange dauern. Aber wirkungslos blieb die Initiative eindeutig nicht, das zeigt die Rechnungslegung des Schultheißen von Deutz, der am 20. Oktober seine Rechnungen und Verzeichnisse der konfiszierten Güter eingeschickt hat, bezeichnenderweise an die Hofkammer. Der Hofrat beschloß, die Akten von dort abzufordern, »und was desfalls von ein oder andern Ort einkommen wird, beieinander zu hefften und ein Verfolg daraus zu machen«. Die Verwaltung blieb schwerfällig, das belegt beispielsweise die Tatsache, daß der Hofrat 1632 einem Gericht erst mit einer drastischen Geldstrafe drohen mußte, bis es sich zur Vorlage der Akten bequemte. Doch letztlich muß bei aller Lückenhaftigkeit ein umfangreiches Material über die finanzielle Seite der Hexenprozesse zusammengekommen sein, denn noch zwei weitere allgemeine Aktenanforderungen sind erfolgt: 1632 wurde »wegen allerhand bei unterschiedlicher des Erzstifts Gerichter der Hexenexecution halber verspürten Excessen und Mißbräuchen« eine große Aktion gestartet. Alle Rechnungen über die Ausgaben und die Konfiskationsverzeichnisse sollten binnen sechs Wochen nach Bonn geschickt werden. Für einen gewissen Erfolg spricht die Einschaltung der Amtsverwaltungen bei der Erfassung der Rechnungsführer aller mit Hexenprozessen befaßten Gerichte. Der dritte Zugriff erfolgte am 18. Februar 1634. Am 20. April konnte der Hofrat feststellen: »weiln auf die am 18. Febr. negstlitten an alle Ambtleut ausgelassene Befelchen bereits etliche der Rechnungen bei der exstirpatio aufgangen Costen einkommen, die übrige auch erfolgen, werde neben Herrn Herrestorff auch Herr Lt. Palandt zu deputiren, solche Rechnungen aufzunehmen und zu respiciren«.[18] Der Erstgenannte war Hofkammerrat, der zweite ein Hofrat. Es ist nicht völlig klar, ob die Akten in der Registratur des Hofrats oder der Hofkammer verblieben. Der Hofratsbeschluß vom 20. Oktober 1631, diese Akten an sich zu ziehen, spricht aber zusammen mit der eben zitierten Eintragung für den Verbleib beim Hofrat. Doch wie auch immer, dieses ganze Material, das die Geschichte der großen Ausrottung im rheinischen Erzstift bestens dokumentiert hätte, ist verlorengegangen. So bleibt nur der indirekte Schluß, daß bei aller Schwerfälligkeit und Unvollkommenheit der Verwaltung die stets drohende Kontrolle der Abrechnungen durch die Zentralbehörden dazu beigetragen hat, die unmäßigen Forderungen der Gerichte in Grenzen zu halten.

Im westfälischen Landesteil hatten die Massenprozesse viel früher eingesetzt, die Zäsur liegt hier bei 1590. Ab 1600 gingen sie wieder stark zurück. Wieweit die Hexenprozeßordnung von 1607 dabei eine Rolle gespielt hat, muß dahingestellt bleiben. Jedenfalls wurden bereits zu dieser Zeit im Auftrag des damaligen Koadjutors Ferdinand Hexenkommissare eingesetzt und Fragen der Prozeßkosten geregelt. Darin hieß es, die Gerichtskosten sollten »von dero nachlassenschaft der reichen, so der Zauberey verdammet seyn, genommen, aber welche arm und deren Kinder solcher nachlassenschaft bedürftig, sollen von den Baurschafften oder denjenigen, welche die anklage oder denunciation gethan, aufgebracht und erlegt werden«.[19] Dies läßt auf eine Konfiskation schließen, auf den »Kindteil«, der bei begüterten Opfern jenen Überschuß erbringen soll, mit dessen Hilfe das Defizit bei den Unbemittelten ausgeglichen werden kann. Daneben setzte eine Gebührenordnung die Zuwendungen an die Kommissare bis hin zum Pferdefutter fest. Als das Ausrottungsprogramm die Massenprozesse im Herzogtum Westfalen ab 1628 auf ihren absoluten Höhepunkt führte, überschickte der Landdrost ein »modum procedendi« aus der Feder des Hexenkommissars Lic. Johann Frenkhausen. Der Hofrat war mit dessen Art, die Prozesse zu führen, einverstanden und fügte seinerseits hinzu, »was für Ordnung der Kosten halber allhie betrifft, jedoch darin die Benennung der Gerichtspersonen Salarii auszulassen, dann es dermals wohl um ein geringeres zu tun sein wurde«.[20] Falls darin das Bestreben zu sehen ist, die Gebühren für die Gerichtspersonen zu drücken, kann dem nur wenig Aussichten auf Erfolg eingeräumt werden. Die Antwort des Hofrats stammt vom 22. Januar 1629, ein Erlaß vom 31. Mai 1630 bestätigte eine neue Gebührenordnung, die nicht geringere Einnahmen sicherstellte. Diese Anordnung spricht weiter davon, die im rheinischen Erzstift geltende Konfiskationsordnung auch im Herzogtum einzuführen, die bis dahin also noch nicht galt.[21]

Damit ist noch einmal auf die wichtige Frage zurückzukommen, welche Intention mit der Konfiskationsordnung verfolgt und welches Ergebnis mit der praktischen Anwendung erzielt wurde. Ihrem Ursprung aus dem Ketzerprozeß nach war die Gütereinziehung Bestandteil der Strafe, eine Verschärfung der Todesstrafe für das schwerste aller Verbrechen. So sahen es auch die Verfechter der Konfiskationen in Hexenprozessen. Die Diskussion blieb zwar kontrovers, wie die Vertreter der Reichsstadt Köln vorbrachten, aber deren Argumentation auf reichsrechtlicher Ebene ist keineswegs ernst zu nehmen. Ihnen ging es um die Privilegien. Sie wollten auf keinen Fall dem Hohen Weltlichen Gericht des Kurfürsten Gelegenheit geben, auch nur die geringste Habe von Kölner Einwohnern, und seien sie Hexen, zu konfiszieren, um keinen Präzedenzfall zu schaffen. Es war nur eine der vielen Reibereien im spannungsreichen Verhältnis von Reichsstadt und Kurfürst. Die Diskussion der Juristen stand der Anwendung von Konfiskationen in Hexenprozessen nicht im Wege. Die kurkölnische Konfiskationsordnung beanspruchte auch ausdrücklich das Recht der vollen Gütereinziehung mit Hinweis auf die Hingerichteten »als welche die Majestätt Gottes verletzt«. Doch anstatt auf den ursprünglichen Sinn der Strafverschärfung und zusätzlichen Abschreckung zu rekurieren, wird in der Praxis mit dem »Lastenausgleichsmodell« argumentiert, wie es der Hofrat 1631 bündig formuliert hat: »sollen vermög der Hexenordnung ein Kindteil dern Hingerichteten Gütern und weiters nit zu Abstattung der Unkosten nehmen. Was alsdan bei den Reichen übrig, zu Behuf der hingerichteten Armen, so die Kosten nit zahlen können, appliciren«.[22] Dies wird immer wiederholt, auch gegenüber

Auswärtigen. Vor 1630 waren drei katholische Pfarrer aus der Eifel wegen Hexerei hingerichtet worden. Der Kurfürst war in seiner Eigenschaft als Erzbischof zuständig, erklärte sich einverstanden und empfahl, die Prozeßkosten aus der Hinterlassenschaft der Hingerichteten zu erstatten, andernfalls »do soviel Gueter nit vorhanden, mueste dahin gedacht werden, damit aus andern von den Hingerichteten beibrachten Mitteln die Erstattung beschehe«.[23] Andere Konfiskationsordnungen verfuhren ebenso. Im Fürstbistum Würzburg wurde auch mit der Notwendigkeit eines Lastenausgleichs argumentiert, wenn es heißt, die Prozeßkosten seien weder den Gemeinden, noch der landesherrlichen Kasse aufzubürden. Damit war zugleich die Frage nach der Gültigkeit der Testamente wegen Hexerei hingerichteter Personen aufgeworfen, denn bei drohender Gefahr konnten Angeklagte ihre Hinterlassenschaft noch schnell auf andere übertragen. Kurköln hatte auch hier kein Loch in den Maschen des Gesetzes gelassen, indem der Hofrat 1629 dekretierte: »so viel der Hexen Testamenten anlangt seie keine zugelassen als die ad causas pias«, und zwar erst nach Erfüllung der Forderungen des Fiskus.[24]

Mit der Bindung der Konfiskationsüberschüsse an kirchliche und wohltätige Zwecke, ad causas pias oder ad pios usus, hatte der Hofrat argumentiert, als er im Herbst 1631 dem Godesberger Amtmann die Zahlung seines Gehalts aus diesen Überschüssen verweigerte, nachdem er im Mai desselben Jahres einem Gerichtsschreiber eine Zahlung bewilligt hatte. Allerdings ging es bei dem Lechenicher Gerichtsschreiber um ein Entgelt für seinen Einsatz bei Hexenprozessen, insofern kann es unter die Prozeßkosten fallen, die aus Konfiskationsgeldern gedeckt werden sollten. Daß eine Zweckbindung, die in der Konfiskationsordnung nicht erwähnt wird, tatsächlich bestand, sagt eine Notiz in den Hofratsprotokollen anläßlich der Entscheidung vom Herbst 1631: »Ist zuvorderst vermeldet: wann vermög der Hexenordnung ein Kindteil eingenommen und sich solches höher als die aufgangene Costen erstreckt, daß dabei verordnet, daß solcher Ausstand ad pios usus verwendet werden solle«.[25] Dafür spricht auch die bereits genannte Anordnung vom Mai 1630 für das Herzogtum Westfalen. Die »unschuldigen von 5, 6, 7 und acht Jahren von ihren boesen Eltern verführter armer Kinder« sollen aus den Konfiskationsüberschüssen untergebracht und erzogen werden, und alles übrige sei »ad alios pios usus« zu verwenden.[26] Eine

solche Regelung ist auch in Kurmainz getroffen worden. Kurfürst
Johann Schweikard v. Kronberg wollte den Eindruck vermeiden,
»alß ob wir dißfahls an solcher bestrafung ainigen vortheil zu
schapfen, od eine general confiscation einzufuhren gemeint«,
weshalb er eventuelle Überschüsse aus den Konfiskationen ad
pios usus, besonders für Hospitäler und Krankenversorgung
bestimmte. Dies ist um so bemerkenswerter, als gerade Johann
Schweikard nachgesagt worden ist, er habe aus Konfiskationsgeldern den Neubau des Aschaffenburger Schlosses finanziert, eine
Behauptung, für die es keinerlei Belege gibt.[27]

Die Intention der Konfiskationsordnung war demnach eindeutig allein die Finanzierung des Ausrottungsprogramms, nach
dessen Abschluß sollte sie wieder außer Kraft gesetzt werden.
Hat sie in der Praxis dieses Ziel erreicht? Durch den Aktenverlust
ist die Frage nicht zu beantworten. Erfahrungen aus anderen
Territorien sprechen aber dafür, daß die vielbeschworenen Überschüsse entweder gar nicht aufkamen oder sich in bescheidenen
Grenzen hielten. Viele wohltätige Zwecke werden sie kaum er-
füllt haben. Hexenprozesse waren außerordentlich teuer. Verdient haben an ihnen in Kurköln wie anderswo die Gerichtspersonen, vom Hexenkommissar bis zum Henker, die Landesherren
durchweg nicht, wie dies beispielsweise für Bayern nachgewiesen wurde: »Außerdem war das Prozeßverfahren ... sehr kost-
spielig und endete fast immer – trotz der Konfiskationen – mit
einem erheblichen Defizit der Staatskasse bzw. der Verwalter der
Pfleggerichte, die ihre Kosten nicht ersetzt bekamen«.[28] In Kurköln war eine Bereicherung des Kurfürsten durch die Zweckbe-
stimmung ad pios usus ausgeschlossen. Der so oft unterstellte
finanzielle Anreiz zur Durchführung von Hexenprozessen ent-
fällt für den Landesherrn. Daß er für die Gerichtspersonen bestehen konnte, ist sicher.

IV. »Sehet da Deutschland, so vieler Hexen Mutter«

1. Der europäische Rahmen

Eine Wurzel der großen Hexenverfolgung in Europa war die »Rebellion gegen die Welt«.[1] Wenn es einen guten und allmächtigen Gott gab, wie konnte dann das Böse in die Schöpfung geraten? Je mächtiger sich das Böse in der Schöpfung zeigte, d. h. je negativer die Welt gesehen wurde, desto dringender stellte sich diese Frage. Die Antwort war ein Dualismus: Es gibt zwei Götter, den guten Gott im Reiche des Lichts und den Demiurgen, den finsteren Gott, der die Welt erschaffen hat. Dies ist, auf die kürzeste Formel gebracht, die Kernlehre der Gnosis. Das griechische Wort »gnosis« heißt eigentlich nur »Erkenntnis«, der Ausdruck ist aber religionsgeschichtlich zur Bezeichnung eines Wissens um göttliche Geheimnisse geworden. »Die Gnosis« hat sich als Bezeichnung für die spätantike gnostische Bewegung durchgesetzt. Der Ursprung der Gnosis liegt im dunkeln, doch ist sie wahrscheinlich ungefähr gleichzeitig mit dem Christentum im Osten des Römischen Reiches entstanden. Die einheitliche Bezeichnung darf nicht darüber hinwegtäuschen, daß es schon im 2. Jahrhundert nach Christus ganze Gruppen gnostischer Systeme gab. Das in der Spätantike bekannteste gnostische System wurde von Mani ausgestaltet, der von 216 bis 276 im Zweistromland und im Iran wirkte. Eine Verfolgungswelle führte zur Verlagerung des Schwerpunkts nach Westen und Osten. Staatliche und kirchliche Bekämpfung und Verfolgung der Manichäer, mit denen sich besonders Augustinus (354–430) auseinandersetzte, brachten im 6. Jahrhundert das Ende des Manichäismus im Westen. Das Wort »manichäisch« aber blieb im Mittelalter die meistgebrauchte Bezeichnung, um abweichende Gruppen zu brandmarken, auch wenn sie mit dem ursprünglichen Manichäismus nichts oder nur wenig zu tun hatten.

Jede Abweichung, jede Irrlehre hieß generell »Häresie«. Schon Jesus hatte seine Jünger vor falschen Propheten gewarnt, die in seinem Namen auftreten würden. Paulus schrieb im ersten Korintherbrief, daß es in der Korinther Gemeinde Irrlehren gäbe, in der lateinischen Bibelübersetzung: »oportet esse haereses«. Das Wort »haeresis« bezeichnete ursprünglich eine Meinungsverschiedenheit in einer Philosophenschule, im Christentum wurde es zur Bezeichnung für eine Irrlehre, eine Abweichung von einer verbindlich festgelegten Lehre. Im Westen war es nach dem Untergang des Manichäismus um Häresien ziemlich still geworden, ganz im Gegensatz zum byzantinischen Reich. Noch im 11. Jahrhundert machen Häretiker im Westen nur als relativ kleine Gruppen oder Einzelgänger von sich reden. Um so größer war der Schock für die lateinische Kirche des Westens, als sie sich im 12. Jahrhundert mit jener großen Bewegung konfrontiert sah, die die zweite bis heute gebräuchliche Bezeichnung für religiöse Abweichler beigesteuert hat: die Katharer, die »gazzari«, zu deutsch die »Ketzer«.

Die Katharer, von griechisch *katharoi* = die Reinen – nach der südfranzösischen Stadt Albi auch Albigenser genannt – präsentierten sich in der Mitte des 12. Jahrhunderts bereits als Massenbewegung. Ihre Lehre war trotz aller Änderungen eindeutig dualistisch. Ein böser Gott, der Teufel, schuf alles Sichtbare und Vergängliche einschließlich der menschlichen Körper, ein guter Gott schuf alles Unsichtbare und Bleibende einschließlich der Seelen. Die Seelen waren gefallene Engel, vom Teufel in den Körpern und der Welt gefangengehalten. Erlösung, d. h. Rückkehr in die Welt des guten Gottes war nur durch Einhaltung strengster Regeln möglich. Die katharischen perfecti, die Vollkommenen, lebten in einer Askese, die sich radikal von der reich und mächtig gewordenen römischen Kirche unterschied und auf breite Bevölkerungsschichten anziehend und überzeugend wirkte. Daß die Katharer hauptsächlich in Südfrankreich und Oberitalien Fuß fassen konnten, hatte allerdings auch eminent politische Gründe, die wir hier auf sich beruhen lassen. Jedenfalls entstand in der zweiten Hälfte des 12. Jahrhunderts eine regelrechte Konkurrenzkirche mit Synoden, Bistümern und Hierarchie. Die römische Kirche wirkte zunächst hilflos und reagierte relativ spät. Erst Innozenz III. (1198–1216), der mächtigste Papst des Mittelalters, ging mit aller Härte gegen die Katharer vor. Zum Einsatz kamen ein schon bewährtes und ein neues Instrument: der Kreuzzug und die Inquisition. In den Albigenserkreuzzügen 1209–1229 wurden die südfranzösischen Schutzherren der Katharer niedergeworfen, die Inquisition ging dann langfristig gegen die Katharer selbst vor.

Ihren Namen hat diese Institution vom Untersuchen (inquirere) von Amts wegen im Gegensatz zum Akkusationsprozeß, dem Verfahren auf Klage (accusare) einer Privatperson hin.[2] In einer Bulle von 1184 hatte Papst Lucius III. den Bischöfen zur Pflicht gemacht, alle zwei Jahre eine Visitation durchzuführen und dabei selbst Ketzer aufspüren zu lassen, ohne Anklagen anderer abzuwarten. Den nächsten Schritt vollzog Innozenz III. mit seiner Bulle von 1199, die Ketzerei mit dem crimen laesae maiestatis gleichstellte, das als crimen exceptum galt, als Ausnahmeverbrechen. Das IV. Laterankonzil von 1215 erhob diese Verordnungen zum allgemeinen Kirchengesetz – die entsprechenden Gesetze für das Reich folgten 1224, für Frankreich 1226. Gregor IX. faßte 1231 alle bisherigen Gesetze zusammen und erweiterte sie: Tod durch Verbrennen für hartnäckige und rückfällige Ketzer, dazu Vermögenskonfiskation; lebenslange Haft für reuige Ketzer, Verbot jeder Berufung von Inquisitionsgerichten an andere Instanzen; der Inquisitor war Ankläger und Richter zugleich, das Verfahren lief geheim ab, Verteidiger waren nicht zugelassen, und die Namen der Zeugen wurden den Angeklagten verschwiegen. Nach Hinzufügung der Folter durch Innozenz IV. 1252 war das System perfekt.

Ursprünglich den Bischöfen zugeordnet, traten schon in der ersten Hälfte des 13. Jahrhunderts unmittelbar vom Papst abhängige Inquisitoren auf, die päpstliche Inquisition setzte sich durch. Der Psychoterror dieser Institution schlug voll durch. Beim Auftreten eines Inquisitionsgerichts bestand Anzeigepflicht, deren Nichtbefolgung die Exkommunikation nach sich zog. Bei der Selbstanzeige von reuigen Ketzern, die Genossen nennen mußten, wurde Begnadigung zu geringer oder symbolischer Strafe zugesichert. In der Gefahr, von Mitwissern verraten zu werden, erwarben sich viele die Begnadigung lieber selbst durch Verrat ihrer Glaubensgenossen. Die Katharer flohen in großer Zahl aus Südfrankreich nach Oberitalien, bis sie auch dort aufgespürt wurden. Die Inquisition erreichte ihr Ziel: Die Katharer wurden zerschlagen und andere Ketzergruppen in den Untergrund ge-

drängt, so daß bis auf weiteres eine Gegenkirche wie die kathari-
sche nicht mehr entstehen konnte. Eine andere Folge der Inquisition war die Entfaltung und Festlegung eines bestimmten Ketzer-
bildes, zu dem u. a. nächtliche Geheimversammlungen, Anbe-
tung des Teufels und sexuelle Orgien gehörten. Die dritte Folge
bestand im sehr bald einsetzenden Mißbrauch der Inquisition für
private und politische Machtinteressen. Ein besonders krasser
Fall war der Prozeß gegen den Templerorden 1307–1312. Um sich
die Güter des reichen Ordens anzueignen, setzte der französische
König den Papst unter Druck, bis er die Inquisition gegen die
Templer einsetzte, die unter furchtbaren Foltern das inzwischen
etablierte Ketzerbild gestanden. Die langfristig schlimmste Folge
aber war die allmähliche Verbindung von Ketzerei und Zauberei.

Schon früh wurden von der Inquisition auch zauberische Praktiken verfolgt, allem Anschein nach jedoch nur vereinzelt. Entscheidend gefördert wurde die folgenschwere Verbindung von
Ketzerei und Zauberei durch Papst Johannes XXII. (1316–1334).
1320 ließ er die Inquisitoren von Carcassonne und Toulouse an-
weisen, in die Ketzerverfolgung auch Zauberer einzubeziehen.
Die gesetzliche Grundlage schuf dann die Konstitution »Super
illius specula« von 1326, die den Ketzerprozeß allgemein auch auf
Zauberei ausdehnte.[3] Ab jetzt häuften sich die Prozesse, und die
Handbücher der Inquisitoren verbanden das feststehende Ketzerbild mit volkstümlichen Vorstellungen vom Hexenflug u. a.
zur schon geschilderten Hexenlehre. Das Kumulativdelikt der
Hexerei wurde einer satanischen Verschwörung zugeschrieben,
einer Ketzerbewegung eigener Art, die alle bisherigen Ketzerbe-
wegungen an Scheußlichkeit und Gefährlichkeit übertreffen sollte. Die Prozesse gegen Zauberei wuchsen zur Massenverfolgung
in den Jahrzehnten zwischen 1320 und 1360, und zwar in den alten Zentren der katharischen Bewegung, in Südfrankreich und
Oberitalien. Gegen Ende des 14. Jahrhunderts griff die Massenverfolgung auf die Diözese Lausanne über und umfaßte in der ersten Hälfte des 15. Jahrhunderts ein Gebiet, das sich vom Nordosten Spaniens über Südfrankreich – Languedoc, Provence, Dauphiné – Burgund, die Westschweiz und Oberitalien erstreckte.

Die älteste nachgewiesene Verwendung des Wortes »hexe-
reye« stammt aus einem Luzerner Gerichtstext von 1419.[4] Etwa
zur gleichen Zeit ist auch das verstärkte Auftreten weltlicher
Gerichte zu beobachten. In die traditionellen Schadenzauberpro-

zesse begann die Hexenlehre mit Teufelspakt, Buhlschaft, Hexenflug und Hexensabbat einzudringen. Die traditionellen Prozesse
verschwanden aber nicht schlagartig, so daß in den einzelnen
Gebieten für die frühe Phase eine Unterscheidung schwierig
wird, wenn die Quellen die Hexenlehre nicht erkennen lassen.
Nach der Hexenlehre geführte Massenprozesse dehnten sich in
der zweiten Hälfte des 15. Jahrhunderts weiter in Frankreich aus,
dazu in Savoyen, der Westschweiz und Oberitalien, wenn auch
die Verfolgungen in Italien nicht die Intensität erreichten wie in
Frankreich. Da Spanien und die deutschsprachige Schweiz nur
gering erfaßt wurden, konzentrierte sich die Massenverfolgung
bis gegen Ende des 15. Jahrhunderts hauptsächlich auf den französischsprachigen Raum. Im größeren Teil des Kontinents war zu
diesem Zeitpunkt die Hexenlehre noch nicht bekannt oder nicht
akzeptiert. Die Hindernisse, mit denen sich Heinrich Institoris
und Jakob Sprenger konfrontiert sahen, sind ein klares Zeugnis
dafür. Es gab keine ständige päpstliche Inquisition im Reich. Erst
ab 1474 versuchte Institoris Hexenprozesse durchzuführen, was
ihm in Ravensburg auch gelang, wo in den Jahren 1482–1485 von
zahlreichen Angeklagten 48 hingerichtet wurden. Er scheiterte
aber völlig 1485 in Tirol. Um den Widerstand weltlicher und
geistlicher Obrigkeiten zu überwinden, verschaffte sich Institoris
die berüchtigte Hexenbulle von 1484 und schrieb den »Hexenhammer«.[5] Erst allmählich drang die Hexenlehre auf dem Konti-
nent vor, mit unterschiedlicher Resonanz, und sie blieb eine okzi-
dentale Erscheinung: »Die gelehrten Vorstellungen von der Macht
der angeblichen Hexen und von den Methoden ihrer Bekämpfung bildeten im Bedingungsgefüge, das die Hexenjagden her-
vorbrachte, einen wichtigen Baustein. Auch er ist einzigartig:
nirgendwo sonst haben sich Theologen, Juristen und Mediziner
bemüht, das Wirken der Zauberer in einem jahrhundertelangen
Diskurs theoretisch zu durchdringen, nirgendwo sonst ist der
Hexenglaube zur Wissenschaft aufgestiegen«.[6]

So unterschiedlich, wie der Verlauf der Massenverfolgungen
im 14. und 15. Jahrhundert war, blieb er es auch weiterhin; ein
Überblick über die einzelnen Länder kann dies wenigstens in
Umrissen zeigen, soweit der Forschungsstand es erlaubt. Das
Königreich PORTUGAL, um im äußersten Westen zu beginnen, hat
sich an dem Diskurs über das Wirken der Hexen allem Anschein
nach gar nicht beteiligt, jedenfalls ist kein dämonologischer Trak-

tat portugiesischer Provenienz bekannt. Über Hexenprozesse in diesem Land liegen ebenfalls keine Nachrichten vor, was bei auch nur einer größeren Verfolgung zu erwarten wäre angesichts des Sensationscharakters, den diese Prozesse hatten. Es muß davon ausgegangen werden, daß es in Portugal keine Hexenprozesse gegeben hat.

Dies gilt auch für den größten Teil der später vereinigten spanischen Königreiche KASTILIEN und ARAGON. Massenprozesse sind fast nur für die baskischen Provinzen und dort hauptsächlich im Pyrenäenbereich belegt, so für 1507, 1517 und 1527/28. Prozesse gab es später noch viele, aber sie endeten wohl überwiegend mit leichteren Strafen oder mit Freispruch. Die spanische Inquisition, die unnachsichtig gegen alle Glaubensabweichler vorging, hielt sich gegenüber der Hexenlehre auffallend zurück und setzte diese Haltung auch in der Prozeßführung durch. Als sich zu Anfang des 17. Jahrhunderts Inquisitoren dann doch einmal zu einem schärferen Vorgehen bewegen ließen, hatte dies schwerwiegende Folgen. Aus dem französischen Teil des Baskenlandes griff eine Verfolgungswelle 1610 ins nördliche Navarra auf der anderen Seite der Grenze über. Die Inquisition in Logroño ließ sich vom Verfolgungseifer mitreißen und verurteilte 29 Angeklagte. Davon wurden fünf in effigie verbrannt, da sie im Kerker gestorben waren, sechs in Person – ein im Vergleich mit Hexenprozessen anderer Länder sehr mäßiges Urteil. Aber die Suprema, oberste Leitung der spanischen Inquisition, reagierte mit einer genauen Untersuchung. Im Jahre 1611 hat der Inquisitor Alonso de Salazar y Frias die baskischen Hexenprozesse einer kritischen Analyse unterzogen, indem er an die 2000 belastete Personen befragte, insgesamt ein riesiges Material auswertete. Auf Salazars Berichte hin unterdrückte die spanische Inquisition derartige Prozesse. Sie ließ sich davon überzeugen, daß den wilden Beschuldigungen jeder Realitätskern ermangelte.[7]

Der spanische Machtbereich war bekanntlich nicht auf die iberische Halbinsel beschränkt. Die »sizilianische Vesper«, der große Aufstand der Sizilianer von 1282, hatte die Herrschaft der französischen Anjou über die Insel beseitigt und die Verbindung mit der Krone Aragon begründet. 1435 gelang es den Aragonesen, auch den Rest des Anjoureiches in Süditalien bis zum Kirchenstaat zu erobern. Nach mehreren Kriegen zwischen Frankreich und Spanien ab 1494 setzten sich die nunmehr vereinten Königreiche von

Kastilien und Aragon durch, ab 1504 residierte in Neapel wie in Palermo je ein spanischer Vizekönig. An diese Tatsachen muß erinnert werden, weil eine Übertragung der spanischen Haltung zu Hexenprozessen auf das süditalienische Reich naheliegt. Da es in SÜDITALIEN anscheinend keine Hexenverfolgungen gegeben hat, ist es verführerisch, das mit der spanischen Herrschaft zu erklären. Trotzdem ist das problematisch. Auf Sizilien hat der Dynastiewechsel die einheimischen Machteliten nicht geschwächt. Die Vertreter des Adels, der Kirche und der Städte sprachen 1282 dem König von Aragon die Krone zu, ebenso später seinem Sohn. Die permanenten Kämpfe mit den Anjouherrschern in Neapel ruinierten Wirtschaft und Macht der Krone. Die Macht der Stände stieg in dem Maße wie die Throngewalt sank. Im Reich der Anjou sah es nicht anders aus. Auch hier gingen ein Verfall der Wirtschaft und ein Machtverlust der Krone mit dem Aufstieg des Adels einher. Von einer straffen spanischen Herrschaft konnte auch nach 1504 keine Rede sein.

Wenn es in Süditalien nicht zu Hexenverfolgungen gekommen ist, kann dies nicht allein am spanischen Einfluß gelegen haben. Dagegen spricht allein schon die Herrschaft der Spanier im Herzogtum MAILAND, wo Hexenverfolgungen keineswegs unterdrückt wurden. Im Gegenteil, das Herzogtum Mailand gehört zum zentralen Verfolgungsgebiet, das sich auf Nordwestitalien beschränkt und mit Savoyen in den französischsprachigen Raum übergeht. Denn soweit der Forschungsstand erkennen läßt, hat es auch in Mittel- und Nordostitalien keine großen Verfolgungen gegeben. Im nordöstlichen Italien gilt dies für das Gebiet der Republik Venedig, die sich den Massenprozessen gegenüber distanziert verhielt, möglicherweise in einer gewissen Abwehrhaltung zur päpstlichen Inquisition. Generell ist ein Nachlassen der Massenprozesse im Laufe des 16. Jahrhunderts festzustellen. Gegen Ende dieses Jahrhunderts wurden sie wahrscheinlich ganz eingestellt, während Einzelfälle bis ins 18. Jahrhundert vorkamen.[8]

Nördlich schließen sich Frankreich, die Schweiz und Deutschland an, Länder, von denen bekannt ist, daß dort wie in Oberitalien ganz intensive Verfolgungen stattgefunden haben, wenn auch mit zeitlichen Verschiebungen. Darauf ist zurückzukommen, doch sollen zuerst die anderen Gebiete des Kontinents betrachtet werden. Nachdem die Einheit der ehemaligen spanischen Niederlande im Unabhängigkeitskrieg zerbrochen war, nahmen die getrennten Landesteile auch in der Haltung zu Hexenprozessen eine getrennte Haltung ein. Die calvinistisch dominierten Nordniederlande, das heutige HOLLAND, unterdrückte bis spätestens 1610 die Hexenprozesse, von denen das Land ohnehin weniger betroffen war als die südlichen, bei Spanien verbliebenen katholischen Landesteile, heute BELGIEN und LUXEMBURG. Hier zeigt sich ebenfalls, daß von einer spanischen Herrschaft nicht auf eine Niederschlagung von Massenprozessen geschlossen werden darf. Luxemburg ist mit etwa 350 Hinrichtungen zweifelsohne zur Kernzone der europäischen Hexenprozesse zu zählen.[9]

Konfessionell gesehen stellen sich die Verhältnisse auf den britischen Inseln genau umgekehrt dar. Im katholischen IRLAND sind Hexenprozesse kaum vorgekommen, jedenfalls spricht alles dafür. Es liegen zwar zwei Studien vor, die um den Nachweis des Gegenteils bemüht sind, doch können sie nicht überzeugen. In der älteren Arbeit ist alles zusammengetragen worden, was sich aus erzählenden und sonstigen Quellen über magische Praktiken in Irland finden ließ, vom Fall der Dame Alice aus dem frühen 14. Jahrhundert bis zum 18. Jahrhundert, und die jüngere Arbeit hat dieser Sammlung noch Produkte von keltischem Zwielicht und Ereignisse aus dem 19. Jahrhundert hinzugefügt. Strafverfahren aufgrund der Hexenlehre sind in Irland erst eine Begleiterscheinung der englischen Eroberung. Sie blieben auf englische und schottische Siedler begrenzt und sind auch nur in geringer Zahl nachweisbar.[10] In England selbst hat zwar der »Generalhexenfinder« Matthew Hopkins, dem schätzungsweise an die 100 Menschen zum Opfer fielen, großes Aufsehen erregt, doch ändert dieser spektakuläre Fall aus der Mitte des 17. Jahrhunderts nichts am Gesamtbild. Die Zahl der Hinrichtungen wird auf maximal 500 berechnet. Zwei wichtige Voraussetzungen für Massenprozesse fehlten in ENGLAND: die Sabbatvorstellung und die Folter. Im calvinistischen SCHOTTLAND dagegen gab es beides mit dem Ergebnis, daß es wohl doppelt so viele Opfer in Hexenprozessen gegeben hat mit den zeitlichen Konzentrationen 1590/91, 1629/30 und abgeschwächt 1661/62.[11]

Die Zauberei- und Hexenverfolgungen in den SKANDINAVISCHEN LÄNDERN sind in den letzten Jahren genauer untersucht worden. Dabei wurden folgende Zahlen für Hinrichtungen im dänisch-norwegischen Königreich ermittelt: Dänemark einschließlich der südschwedischen Besitzungen unter 1000 Hinrichtungen bei höchstens 2000 Prozessen in den Jahren 1536–1693; Norwegen höchstens 500 Hinrichtungen zwischen 1560 und 1680. In Dänemark war der Akkusationsprozeß viel länger wirksam als in anderen europäischen Ländern, doch ist bekannt, daß ein akkusatorischer Prozeß nach der Einleitung normalerweise wie ein inquisitorischer verlief. Für die Hexenprozesse in Dänemark ist aber als Besonderheit festzustellen, daß der Teufelspakt und die Teilnahme am Hexensabbat nur in relativ wenigen Prozessen auftauchen und der traditionelle Schadenzauber vorherrscht. Für das schwedisch-finnische Reich liegen keine genaueren Angaben vor, die Zahlen dürften aber die dänisch-norwegischen Werte eher unterschreiten. Die größten Massenprozesse fanden in Dalarna und Angermanland statt. Den Dalarna-Prozessen fielen 1669 70 Frauen und 15 Kinder zum Opfer, ebenfalls 70 Personen mußten bei den Prozessen in Angermanland 1674/75 ihr Leben lassen. Dieser späte Verfolgungsausbruch hat sicher auch einen Grund in der Haltung von Gustav Adolf (1611–1632) und seiner Tochter Christina (1632–1654), die beide Hexenprozesse ablehnten.[12]

Bleiben schließlich noch einige Länder Mittel- und Ostmitteleuropas, also Polen, dann die zum Habsburgerreich gehörenden Länder der Wenzelskrone Böhmen, Mähren, Schlesien und die Lausitzen sowie Ungarn. Hier jedoch differiert der Forschungsstand ganz stark. Für POLEN läßt sich feststellen, daß Hexenprozesse massenweise geführt wurden mit Schwerpunkt in der zweiten Hälfte des 17. Jahrhunderts und dem frühen 18. Jahrhundert. Über die Zahl der Opfer gibt es nur vage und widersprüchliche Aussagen. Etwas besser steht es mit Nachrichten über die Länder der Wenzelskrone, die wie Polen eine besondere konfessionelle Entwicklung erlebten. In Polen waren bis gegen Mitte des 17. Jahrhunderts die erbitterten Religionskriege, wie sie andere europäische Länder kannten, trotz einer hohen religiösen Vielfalt vermieden worden.

In den LÄNDERN DER WENZELSKRONE hatte weitgehend das Hussitentum gesiegt. Hexenprozesse sind im 15. Jahrhundert vereinzelt in den schlesischen Fürstentümern nachgewiesen, wo sich das Hussitentum nicht durchgesetzt hatte. Im 16. und 17. Jahrhundert stiegen die Spannungen zwischen der katholischen Minderheit, die sich an Habsburg anlehnte, und der utraquistischen und protestantischen Mehrheit, die es mit der ständischen Opposition hielt. Hexenprozesse sind für diese Zeit häufiger belegt, doch blieben sie bis in den Dreißigjährigen Krieg hinein Einzelprozesse, abgesehen von Ausnahmen in Mähren. 1639 begann im schlesischen Fürstentum Neisse eine Massenverfolgung, in deren Verlauf bis 1652 nicht weniger als 242 Menschen umgebracht wurden. Allein im Jahr 1651 führte eine Hexenverfolgung in der Herrschaft Freiwaldau (Jesenik) zur Hinrichtung von 98 Personen. Schauplatz der nächsten spektakulären Massenverfolgung war die Markgrafschaft Mähren. Die Ullersdorfer und Schönberger Prozesse sind bekannt geworden durch den Hexenrichter Franz Heinrich Boblig, der schon in den Neisser Prozessen tätig war. In der Herrschaft Groß-Ullersdorf wurden unter seiner Leitung zwischen 1679 und 1689 an die 50 Personen hingerichtet, bis 1696 ließ er in der Stadt Schönberg 27 Frauen und 21 Männer verbrennen. Ab dann fanden nur noch Einzelprozesse statt, die immer seltener zum Todesurteil führten.[13]

1910 erschien das von A. Komáromy im Auftrag der Ungarischen Akademie der Wissenschaften herausgegebene voluminöse Quellenwerk zu den Hexenprozessen in UNGARN. Es verzeichnet für die Zeit von 1565 bis 1756 insgesamt 554 Prozesze, bei denen es in 403 Fällen zu Verurteilungen kam. Die Sammlung ist sicher nicht vollständig – zwei Preßburger Hexenprozesse von 1602 dürften kaum die einzigen sein, die fehlen –, gibt aber doch einen guten Einblick in Eigenart und Umfang der Verfolgung. Die Verbreitung der elaborierten Hexenlehre erfolgte überwiegend durch deutschen Einfluß, konnte dabei aber mühelos an genuine Vorstellungen anknüpfen. Siebenbürgen war ebenso betroffen wie das habsburgische Ungarn, der osmanische Landesteil nach der Rückeroberung. Der Szegeder Prozeß von 1728, bei dem sieben Frauen und sechs Männer lebend verbrannt wurden, erregte über die Landesgrenzen hinaus Aufsehen und führte zum Eingreifen des Hofes. Doch erst eine Anordnung Maria Theresias von 1756 brachte die Eindämmung und Unterdrückung der Verfahren. Zum Umfang der Hexenprozesse in Ungarn läßt sich bei aller Vorsicht doch sagen, daß die Zahl der Hingerichteten keinesfalls höher sein wird als in den skandinavischen Ländern.[14]

An den Hexenprozessen in ÖSTERREICH fällt zunächst auf, daß sie nach einer ersten Welle zwischen 1600 und 1625 für Jahrzehnte abflauen und ihren absoluten Höhepunkt in der Zeit zwischen

1670 und 1700 erreichen, um danach erneut drastisch zurückzugehen. Außerdem ist die späte Massenverfolgung durch eine immer stärkere Durchbrechung des ursprünglichen Hexenstereotyps geprägt, die Prozesse treffen hauptsächlich fahrendes Volk, das zur Landplage geworden war. Das krasseste Beispiel dieser Art ist zweifelsohne der nicht in Österreich, sondern im benachbarten Salzburg geführte »Zauberer-Jackl«-Prozeß. Mit Jakob Koller, dem Sohn eines Abdeckers, verbinden sich so viele Legenden, daß Sage und Wirklichkeit kaum auseinanderzuhalten sind. Ob er der tatsächliche oder vermeintliche Anführer einer Bande von Landstreicher- und Bettelkindern war und eine große Gemeinschaft des fahrenden Volks zusammenbringen wollte, ist nicht zu ermitteln, da er nie gefaßt wurde. Im Erzstift Salzburg wurden jedenfalls zwischen 1677 und 1681 Hexenprozesse gegen Banden geführt, die sich teilweise einer Blutzeremonie und anderer dubioser Aufnahmeriten bedient haben sollen. Insgesamt fielen diesen Prozessen 139 Personen zum Opfer. 39 von ihnen waren zwischen 10 und 14 Jahre alt, 53 zwischen 15 und 21, mehr als zwei Drittel davon männlich. Über die Zahl der Hexenprozeßopfer in Österreich ist nicht so leicht Klarheit zu gewinnen wie über diese Besonderheiten. Für das Herzogtum Kärnten sind zusammen 210 Angeklagte ermittelt worden, von denen 74 hingerichtet wurden und sechs in der Haft umkamen. Im Herzogtum Steiermark wurden von 189 ermittelten Angeklagten 116 hingerichtet. Eine Gesamtübersicht kommt zu rund 1700 Angeklagten für alle Landesteile. Diese sind sicher nicht alle umgekommen, andererseits ist eine Dunkelziffer für quellenmäßig nicht faßbare Prozesse zu veranschlagen.[15]

Diese knappe Übersicht über die europäischen Hexenverfolgungen beruht auf Angaben, die einen komparativen Zugriff ganz erheblich beeinträchtigen. Die der Strafverfolgung zugrundeliegenden Verfahren weisen vor allem in England und zumindest in Teilen Skandinaviens Besonderheiten auf. Das englische common law erlaubte keine Folter, in Dänemark durften Personen, die schwerer Delikte wie der Zauberei schuldig waren, nicht als Zeugen auftreten, womit die Komplizenbesagung entfiel. Für Frankreich ist die Rolle des Pariser Parlaments zu bedenken. Beispiele dieser Art lassen sich mehren. Dazu kommen die enormen Unterschiede in der Archivalientradition. Das gilt nicht nur für die europäischen Staaten insgesamt, sondern auch für einzelne

Regionen. Um auch hier ein Beispiel zu nennen: Im pfälzischen Raum ist die Archivalienüberlieferung derartig schlecht, daß über dieses Gebiet im Vergleich zu anderen deutschen Territorien nur wenig gesagt werden kann. Daraus folgt bereits der Stellenwert aller Zahlenangaben über Opfer von Hexenprozessen, auch jenseits abenteuerlicher Schätzungen in Millionenhöhe. Nicht zuletzt ist der ganz unterschiedliche Forschungsstand für die einzelnen Länder zu berücksichtigen. Am schlechtesten ist er für Polen.

Aber trotz aller Beeinträchtigungen und Vorbehalte ist eine solche Übersicht in einigen Punkten aussagekräftig. Die Hexenprozesse in den europäischen Ländern sind nach geographischer und zeitlicher Verteilung unterschiedlich verlaufen. Es gibt eine Kernzone und eine im Verhältnis dazu prozeßärmere Zone. Sofern künftige Arbeiten zu Polen keine überraschenden Ergebnisse bringen, bilden Norditalien, Frankreich, die Schweiz und Deutschland die Kernzone, also Zentraleuropa; relativ prozeßärmer sind die »Randländer« im Süden, Südwesten, Norden und Osten. Innerhalb dieser Zonen sind ganz ähnliche Differenzierungen auszumachen etwa im Vergleich zwischen Irland, England und Schottland. In Wechselwirkung damit stehen die zeitlichen Verschiebungen. So kommen in Oberitalien die Massenprozesse wahrscheinlich zu einer Zeit zum Erliegen, in der sie in Frankreich weitergehen und in Deutschland noch gar nicht eingesetzt haben. Trotzdem bleiben die beiden Zonen klar gegeneinander abgehoben, ein auch nur flüchtiger Blick auf Frankreich und die Schweiz zeigt dies. In FRANKREICH fanden die Verfolgungen des Spätmittelalters in der Frühneuzeit ihre verstärkte Fortsetzung. In den alten Katharerregionen Languedoc, Provence, Dauphiné, aber auch in Burgund, der Champagne und im Nordosten gingen die Opfer in die Tausende. Leider fehlt eine quantifizierende Übersicht. Für die SCHWEIZ liegt eine Quantifizierung aus dem Jahre 1945 vor, die heute ergänzungsbedürftig ist, aber mit 5417 Hingerichteten doch einen Richtwert bietet.[16]

Eine genaue Übersicht fehlt auch für DEUTSCHLAND, doch reichen die bislang bekannten Zahlen aus, um zwei gesicherte Angaben machen zu können: Erstens treten im Reichsgebiet ebenfalls zwei deutlich gegeneinander abgehobene Zonen hervor, und zweitens erreicht die Verfolgungsintensität unter allen europäischen Ländern hier ihren absoluten Höhepunkt. Die Zone mit relativ geringem Anteil an Hexenprozessen besteht aus dem

Niederrheingebiet, der norddeutschen Tiefebene, dem östlichen Deutschland und Bayern. Politisch deckt sie sich ungefähr mit den territorialen Großbildungen: Jülich-Kleve-Berg, die nordwestlichen und nördlichen Territorien von Ostfriesland bis zu den welfischen Besitzungen und Schleswig-Holstein, Pommern, Kurbrandenburg, Kursachsen und Bayern; Mecklenburg nimmt eine Sonderstellung ein. Die Kernzone, zugleich das Gebiet mit der größten territorialen Zersplitterung, umfaßt den Südwesten mit Ausnahme von Württemberg, den Rhein-Mosel-Raum, Teile von Hessen – nicht die Landgrafschaften Hessen-Kassel und Hessen-Darmstadt – den Raum Westfalen, die sächsischen Herzogtümer und den fränkischen Raum. Dies ist selbstverständlich nur ein ungefährer Überblick. Auch alle Zahlenangaben sind nur provisorisch. Der jüngsten Schätzung zufolge »kann man für Deutschland sicher über 15 000, vielleicht sogar über 20 000 Hexenverbrennungen annehmen«.[17] Eine der vielen Schwierigkeiten besteht allein schon in der Festlegung dessen, was mit »Deutschland« gemeint ist. Die Grenzen des Heiligen Römischen Reiches kommen auch unter Ausschluß der Schweiz und der Republik der Vereinigten Niederlande nicht in Frage. Die eben gebotene Abgrenzung der beiden Zonen klammert die habsburgischen Länder aus, die jüngste Schätzung der Gesamtzahl der Opfer schließt aus dem habsburgischen Territorienblock nur die österreichischen Herzogtümer und Kärnten, Krain und Steiermark mit Tirol und den Vorlanden ein.

Die unterschiedliche Verteilung der Hexenprozesse im europäischen Rahmen wie auch im Reichsgebiet ist bereits Zeitgenossen der Verfolgungen aufgefallen. Friedrich Spee stellte gleich zu Anfang der »Cautio criminalis« die Frage: »Ob es in Deutschland mehr Hexen und Unholde als anderorts gibt?«, und antwortete darauf: »Danach scheint es jedenfalls so und wird es angenommen, daß sich in Deutschland mehr Hexen finden als woanders. Man weiß ja, daß es besonders in Deutschland allerorts von Scheiterhaufen raucht, die diese Pest vertilgen sollen, und das ist doch gewiß ein überzeugender Beweis dafür, wie sehr man alles für verseucht hält. Das geht so weit, daß der Ruf Deutschlands nicht wenig an Glanz bei unsern Feinden eingebüßt hat«. An anderer Stelle rief er aus: »Sehet da Deutschland, so vieler Hexen Mutter«. Wie ein roter Faden zieht sich die Aussage durch sein Buch, Deutschland sei das Mutterhaus der Hexenprozesse, wäh-

rend sich Italien und Spanien zurückhalten: »Jedenfalls sehen die
Italiener und Spanier, die anscheinend von Natur aus mehr dazu
veranlagt sind, diese Dinge zu bedenken und zu überlegen, welch
unzählbare Menge Unschuldiger sie hinrichten müßten, wenn sie
die Deutschen nachahmen wollten«.[18] Auch Konzentrationen
innerhalb Deutschlands waren ihm aufgefallen, er sah sie auf der
katholischen Seite wie schon sein Ordensbruder Adam Tanner.[19]

Hermann Löher sah es ebenso: »In den Rohmischen Christ-
Catholischen Ländern hat man allezeit mehr Zeuberer als in den
Protestantischen und Gereformirten Ländern« – er meint lutheri-
sche und reformierte, also calvinistische Territorien. Als Kommis-
sar Buirmann nach dem schwedischen Sieg bei Breitenfeld von
1631 wetterte, darin liege eine Strafe Gottes für die katholischen
Fürsten wegen ihrer nachlässigen Hexenbekämpfung, notierte
Löher: »welches er in sein falschs Hertz gelogen, dan in den
Teutschen Bischöfflichen Landen, Städten und Dörffern verbrenn-
ten die Edelen und Beampten tausend und tausend der Fürsten
Unterthanen«. Darüber hinaus konkretisierte er seine Aussage
aber noch und bezeichnete die geistlichen Fürstentümer, in seiner
Sprache die »bischöflichen Lande«, als die eigentlichen Vorreiter
der Hexenprozesse in Deutschland: »dan sein die Rohms Catholische Unterthanen, Acker- Weingarts- und Handwercks Leut in
den Bischöfflichen länderen, in kleinen Städten und Dörfferen mit
ihren Familien die elendigste Creaturen, die unter den Menschen
leben, weil der falscher Zauber Proces die Teutsche Bischöffliche
Landen ungleich mehr betrifft als Franckreich, Spanien, Italien
und Protestanten«.[20] Deutlicher läßt sich die Konzentration der
Prozesse im europäischen Rahmen kaum ausdrücken.

Wie aber steht es mit der Verteilung in Deutschland? Spee wie
Löher waren mit dem kurkölnischen Ausrottungsprogramm konfrontiert und könnten von daher auf die geistlichen Territorien
allgemein schließen. Das ist jedoch unwahrscheinlich, denn beispielsweise die düsteren Vorgänge in den fränkischen Fürstbistümern waren offensichtlich weithin bekannt, allein die Flugblätter
waren zahlreich, von anderen Informationsmöglichkeiten abgesehen. Als eine kleine Stadt im Herzogtum Westfalen von den
Massenprozessen ab 1628 erfaßt wurde, äußerte ihr Bürgermeister die Befürchtung, »es wird Wirtzburgisch werck werden«.[21]
Wenn schon im tiefen Sauerland »Wirtzburgisch werck« geradezu sprichwörtlich für eine Massenverfolgung stand, wird dieses

»Werk« im Rheinland nicht verborgen geblieben sein. Es muß also der Frage nachgegangen werden, ob in katholischen Territorien generell mehr Hexenprozesse geführt wurden als in protestantischen, und welche Rolle die geistlichen Fürstentümer dabei spielten. Bei den Äußerungen von Spee und Löher ist natürlich zu beachten, daß sie beide die großen Verfolgungen ab 1626 im Blickfeld hatten. Genauere Kenntnisse von den Prozessen früherer Zeiten einschließlich des 16. Jahrhunderts wird man ihnen wohl nicht unterstellen dürfen. Insofern kann ihr Urteil sehr wohl zutreffend sein, wenn auch vielleicht nur in den gegebenen Grenzen.

2. Geistliche Fürstentümer

In den letzten Jahrzehnten des 15. und zu Anfang des 16. Jahrhunderts hat es im Reichsgebiet Prozesse auf der Basis der inquisitorischen Hexenlehre gegeben, allerdings bleibt fraglich, ob es über den Ravensburger Prozeß der Jahre 1482–1485 hinaus zu weiteren Massenprozessen gekommen ist. Heinrich Institoris ist ja mit seinen Prozeßwünschen auf massiven Widerstand gestoßen, den er mit seinem »Hexenhammer«, mit der von ihm erwirkten päpstlichen Bulle und einem wahrscheinlich gefälschten Gutachten der Kölner Theologischen Fakultät zu überwinden suchte. Ab etwa 1520 traten nicht nur die Prozesse in den Hintergrund, auch literarisch wurde es still um das Hexenthema. Es ist wohl kein Zufall, daß der »Hexenhammer« nach der 13. Auflage von 1520 für mehrere Jahrzehnte in Deutschland nicht mehr erschien. Das heißt freilich nicht, daß er deshalb ungelesen geblieben ist; im Gegenteil, die Hexenlehre hat sich mit Sicherheit weiter verbreitet, denn als die Massenprozesse nach der Jahrhundertmitte anliefen, war sie akzeptiert. Einzelne Prozesse sind auch aus der Zeit nach 1520 nachgewiesen, doch erst um 1560 begannen Massenverfolgungen. Auf sie hat vermutlich der bekannte Leibarzt des Herzogs von Jülich-Kleve-Berg, Johann Weyer, mit seinem 1563 gedruckten Buch »De praestigiis daemonum« reagiert. Darin griff er Hexenlehre wie Prozeßpraxis gleichermaßen an. Er schrieb »mit hertzlichem mitleiden« über »die unschüldigen hauffen weiß erwürgt« und empörte sich um so mehr, als er die Prozesse schon »durch Predigt der gesunden Lehr gar abgeschafft unnd

auffgehebt« gewähnt hatte.[1] Die Meinung, die »Predigt der gesunden Lehr«, soll heißen der Reformation, habe zur Beseitigung
der Hexenprozesse geführt, war freilich ein Irrtum. Bis zu der
großen Verfolgungswelle um 1590 waren sich alle Konfessionen
in der Hexenfrage einig, auch wenn es in allen Lagern schärfere
und zurückhaltendere Verfechter gab. 1590 änderte sich diese
gemeinsame Haltung zur Hexenfrage. In einer im Reich bis dahin
einzigartigen Massenvernichtung wurden im Kurfürstentum Trier
über 300 Menschen umgebracht. Der Trierer Weihbischof und
energische Verfolgungsbefürworter Peter Binsfeld veröffentlichte aufgrund dieser Vorgänge 1589 in Trier seinen »Tractatus de
confessionibus maleficorum et sagarum«, der 1591 in Trier und
München in deutscher Übersetzung erschien. Darin polemisierte
er selbst schon gegen die Schrift von J. Weyer, beauftragte aber
noch zusätzlich Cornelius Loos damit, ein Buch gegen Weyer zu
schreiben.

C. Loos (1546–1595) war ein aus Holland in die spanischen Niederlande geflüchteter Katholik, der eifrig gegen den Protestantismus geschrieben hatte. Die Lektüre des Buches, das er bekämpfen
sollte, und seine eigenen Erfahrungen in den Trierer Hexenprozessen ließen ihn das Gegenteil schreiben. Er wurde zum radikalen Gegner dieser, wie er sich ausdrückte, neuen Art von Alche-
mie, durch die Menschenblut in Gold und Silber verwandelt
werde. Seinen »Tractatus de vera et falsa magia« gab er unter
Umgehung der Zensur in Köln zum Druck, doch ließ der rechtzei-
tig alarmierte Kölner Nuntius den größten Teil beschlagnahmen
und vernichten. Loos wurde zum Widerruf gezwungen und aus
Trier ausgewiesen. Den Kampf gegen die Hexenprozesse setzte er
in Brüssel fort, wurde vorübergehend verhaftet und entging einer
weiteren Festnahme nur durch seinen Tod.[2] Von da an setzte sich
auf katholischer Seite die Meinung durch, daß Zweifel an der
Hexenlehre einschließlich Hexenflug und Teilnahme am Hexensabbat und Kritik an der Hexenverfolgung mit dem kirchlichen
Standpunkt unvereinbar seien. Der hochangesehene Jesuit Gregor de Valentia, längere Zeit Theologieprofessor an der Universität Ingolstadt, trat für diese Position ein, an Wirksamkeit nur noch
überboten vom einflußreichsten Verfechter dieser Verfolgungs-
doktrin, dem bereits erwähnten Jesuiten Martin Delrio. Sein 25
Mal aufgelegtes Werk, dessen dritter Teil dem Kurfürsten Ernst
von Köln gewidmet ist, trat nicht nur für schärfste Hexenverfol-

gung ein, sondern erklärte unter Abdruck der 16 Widerrufsartikel von C. Loos Kritik an der Hexenlehre und -verfolgung zum Indiz für einen Hexereiverdacht. Kritik an der Hexenlehre wurde damit selbst zur Ketzerei. Damit war der Kampf gegen den elaborierten Hexenbegriff auf katholischer Seite bis auf weiteres ausgeschlossen. Selbst Spee machte im Eröffnungskapitel seiner »Cautio criminalis« eine scheinbare Verbeugung vor der Hexenlehre – eine scheinbare, denn bei genauer Lektüre entpuppt sie sich als glatter Hohn. Zur ersten Frage, ob es wirklich Hexen gibt, meldet er zwar seine Zweifel an, stimmt dann aber doch zu unter Berufung auf Remigius, Delrio u. a. In Dubium XX werden genau diese Autoritäten lächerlich gemacht: »Aufrichtig gesprochen, ich weiß schon längst nicht mehr, wieviel ich den Autoren, die ich früher voller Wißbegierde immer wieder eifrig las und hoch schätzte, dem Remigius, Binsfeld, Delrio und den übrigen überhaupt noch glauben kann. Ihre ganze Lehre stützt sich ja nur auf mancherlei Ammenmärchen und mit der Folter herausgepreßte Geständnisse« (quam vel narratiunculis quibusdam, vel confessionibus per torturas expressis).[3] Trotzdem war die Hexenlehre nach 1590 für Katholiken direkt nicht mehr angreifbar, auch wenn sie von der katholischen Kirche de iure niemals dogmatisiert worden ist. Die Kritik katholischer Verfolgungsgegner mußte sich auf die Prozeßpraxis konzentrieren.

Auf protestantischer Seite verlief die Meinungsbildung vielschichtiger. Luther selbst hatte zwar noch den größten Teil der Hexenlehre akzeptiert, aber seine Haltung fand nur bedingt Zustimmung. Da autoritative Äußerungen wie auf katholischer Seite mit den päpstlichen Entscheidungen nicht vorlagen, fanden sich im protestantischen Lager bald Vertreter aller Positionen wieder, von eifrigen Verfolgungsbefürwortern bis zu radikalen Gegnern. Dabei waren protestantische Kritiker nicht zu dem Umweg über die Gerichtspraxis genötigt, sondern konnten die Hexenlehre unmittelbar angreifen. Als repräsentativ kann der führende Theologe Württembergs, Johannes Brenz, gelten, der u. a. das Wettermachen der Hexen mit dem Argument bestritt, der Teufel gaukle ihnen das nur vor. Die Haltung von Brenz ist manchmal überinterpretiert worden, denn er befürwortete sehr wohl die Todesstrafe für die angeblichen Hexen, nämlich wegen ihrer Hingabe an den Teufel und wegen ihres Willens, andere zu schädigen. »Gesinnungsjustiz« mit schlimmen Folgen ist ihm

vorgeworfen worden: »Die in der Sekundärliteratur übliche Cha-
rakterisierung des Reformators als fortschrittlicher Kritiker am
Hexenwahn ist also zu korrigieren. Brenz stellt vielmehr ein Hin-
dernis für die positive Aufnahme der Gedanken Weyers und
damit eine verhängnisvolle Schaltstelle für die Kontinuität der
Hexenverfolgung im protestantischen Raum dar«.[4] Es ist aber
doch ein wichtiger Schritt, die Vorstellungen von Schadenzauber,
Flug und Hexensabbat, kurzum die ganze Hexenlehre zur Einbil-
dung zu erklären und Weyer überhaupt in die Diskussion einzuführen. Denn Weyer hatte ja den zweiten Schritt schon getan und
eine Bestrafung wegen eingebildeter Handlungen abgelehnt. Seine
Stimme fand Resonanz, ganz konsequent bei dem calvinistischen
Pfarrer Anton Praetorius, der seine Schrift nur in der ersten
Auflage von 1598 unter dem Pseudonym Johannes Scultetus
herausbrachte; alle weiteren Auflagen erschienen unter seinem
Namen. Ganz im Sinne Weyers leugnet er die Möglichkeit realer
Hexerei, übrig bleiben nicht einmal mehr die bösen Absichten,
sondern nur Vorspiegelungen des Teufels, also praestigia daemonum. An der Kontinuität der Hexenprozesse in den protestantischen Territorien ist nicht zu zweifeln, aber im Vergleich mit den
katholischen Territorien gingen sie nach 1590 zurück.

Bei so erheblichen Differenzen in der Einstellung wie in der
Verfolgungspraxis konnte es nicht ausbleiben, daß die Hexenfrage zum Gegenstand konfessioneller Polemik wurde. Protestantische Theologen hielten die papistischen »abgöttereyen« für eine
Quelle der Hexerei, galten ihnen doch viele katholische Riten als
zauberisch, wie schon Johann Calvin die katholische Transsub-
stantiationslehre als zauberisch, die Konsekration in der Messe
als »Zauberbeschwörung« bezeichnet hatte. Exemplarisch belegt
diese Einstellung ein umfangreiches Gutachten der angesehen-
sten Theologen der Reichsstadt Nürnberg von 1590. Die erste
Welle der Massenverfolgung hatte den Rat der Reichsstadt Wei-
ßenburg verunsichert, der deswegen in Nürnberg nachfragte.
Das Gutachten erklärt ganz im Sinne Weyers Schadenzauber und
Hexenflug als Blendwerke des Teufels, empfiehlt eine sehr vorsichtige Prozeßführung und gibt zu bedenken, daß viele Angeklagte aus Melancholie handeln – dies war bekanntlich die Haupt-
diagnose des Mediziners Weyer. Zwischendurch schlagen die
Nürnberger zwar auch einmal andere Töne an und sprechen von
Verbrechern, die Sakramente verunehren und Teufelsbuhlschaft

treiben, doch bei den Ausführungen über das Strafmaß kehren sie zu jenem maßvollen Tenor zurück, von dem ihre Haltung geprägt ist. Mit dieser Haltung setzen sie sich ganz bewußt gegen die katholische Kirche ab: »Es ist laider zu besorgen, wann im pabstumb die abscheulichen abgöttereyen nicht abgeschafft werden und wir uf unßerer sitten nicht rechtschaffene puß thuen, es werde solch teufelswerckh je lenger, je mehr einreißen und über handt nehmen, und nicht aufhören, wann gleich der hechßen eine große anzahl hingerichtet würden«.[5]

Umgekehrt verhärtete sich auf der katholischen Seite nicht nur die Einstellung zur Realität von Hexenflug und Hexensabbat, die Katholiken verknüpften auch die protestantische »Ketzerei« mit der Hexerei. Delrio, der seinen Kontrahenten nur »Weierus haereticus« nennt, hat dies in der Vorrede zu seinen »Disquisitionum magicarum libri sex« auf die handliche Formel gebracht: »Die Teufel haben in den Ketzern wie einst in den Götzenbildern ihre Wohnstätten; aus den Götzenbildern sind sie vertrieben worden, so haben sie sich in den Ketzern neue Wohnungen gesucht; auch die Teufel, die Christus austrieb, fuhren in die Schweine. Wie die Pest der Hungersnot folgt, so folgt die Hexerei der Ketzerei«.[6] Eine Generalisierung verbietet sich allerdings, denn die Neigung, dem konfessionellen Gegner mit der Hexerei beizukommen, ist bei allen Konfessionen verbreitet. In der Praxis sind auch keineswegs in allen katholischen Territorien seit dem späten 16. Jahrhundert verstärkt Hexenprozesse geführt worden und nicht in allen protestantischen weniger oder gar keine. Bayern zählt zu den prozeßarmen Gebieten, während es protestantische Territorien mit großen Verfolgungen gegeben hat. Unübersehbar ist aber die Sonderstellung, die eine Reihe geistlicher Fürstentümer im Reich einnehmen, ja, in einigen von ihnen wurden in der ersten Hälfte des 17. Jahrhunderts die schlimmsten Hexenverfolgungen durchgeführt, die es in Europa gegeben hat. Angesprochen ist damit die alte und vieldiskutierte Frage nach einem möglichen Zusammenhang von Hexenprozessen und Gegenreformation. Um es noch einmal zu unterstreichen: Auch bei der Einschränkung auf bestimmte geistliche Territorien darf diese Frage natürlich nicht isoliert gesehen werden, nicht ohne den Nährboden tiefgreifender Krisenerscheinungen in weiten Lebensbereichen einschließlich der massiven Steigerung der konfessionellen Gegensätze.

Der Begriff »Gegenreformation«, seit längerem Gegenstand intensiver Diskussion, fand in zweierlei Bedeutung Verwendung: zur Bezeichnung gewaltsamer Rekatholisierung und als Epochenbegriff. Der Ausdruck taucht zuerst im Plural als »Gegenreformationen« 1776 bei Johann Stephan Pütter auf und meint gewaltsame Aktionen katholischer Obrigkeiten gegen protestantische Einwohner in ihrem Machtbereich. Erst im Laufe des 19. Jahrhunderts entwickelte sich die Vorstellung von einer machtvollen, in sich geschlossenen Bewegung, die hinter all diesen gewalttätigen Einzelaktionen stand, eben die Gegenreformation, als deren Hauptträger die Kurie und der Jesuitenorden gesehen wurden. Diese Sicht trat in der deutschen Geschichtsschreibung so sehr in den Vordergrund, daß sie zum Epochenbegriff wurde: das »Zeitalter der Gegenreformation« als Bezeichnung für die deutsche Geschichte zwischen dem Augsburger Religionsfrieden von 1555 und dem Westfälischen Frieden von 1648. Inzwischen ist der Begriff »Gegenreformation« in beiderlei Bedeutung als unzulänglich erkannt worden. Der Gegenreformation im Sinne gewaltsamer Rekatholisierung ging eine eigenständige innerkatholische Reform voraus oder verlief gleichzeitig, und als Epochenbegriff bedeutet »Gegenreformation« eine nicht mehr akzeptable Überbetonung eines kirchengeschichtlichen Aspekts.[7]

Den Hintergrund der Gegenreformation als gewaltsames Vorgehen katholischer Fürsten gegen ihre protestantischen Untertanen bildete der Augsburger Religionsfrieden mit der »declaratio Ferdinandea«. Diese Erklärung des Königs Ferdinand schränkte das Konfessionsbestimmungsrecht der geistlichen Fürsten ein, indem sie den Protestanten in den geistlichen Territorien den Konfessionsstand des Jahres 1555 garantierte. Die »declaratio« stand aber nicht im Text des Augsburger Religionsfriedens, weshalb sie von den katholischen Fürsten nicht anerkannt wurde, während die Protestanten sich auf sie beriefen. Letztlich hat die katholische Seite in dieser Streitfrage ihre Auffassung durchgesetzt. Die geistlichen Fürsten begannen im letzten Viertel des 16. Jahrhunderts nach und nach, ohne Rücksicht auf die »declaratio Ferdinandea«, das Konfessionsbestimmungsrecht auszuüben, d. h. sie setzten ihre protestantischen Untertanen unter vielfältig gestaffelten verbalen und materiellen Druck wie Ausschließung von bestimmten Ämtern usw. bis zur erzwungenen Wahl, entweder zu konvertieren oder auszuwandern. Da von Bayern abgesehen der katholische Reichsteil ganz überwiegend aus den geistlichen Territorien bestand, war dies in erster Linie Sache der geistlichen Fürsten. Das war der Anlaß, warum ihnen in der älteren Literatur immer wieder vorgeworfen wird, sie hätten Hexenprozesse dazu benutzt, die konfessionelle Minderheit zu treffen. Die Prozesse wurden als Mittel katholischer Fürsten verstanden, die offiziell durch den Augsburger Religionsfrieden geschützten Protestanten in ihrem Machtbereich zu beseitigen unter Vermeidung ihrer Auswanderung mit Hab und Gut. So heißt es bei G. Längin, um nur ein Beispiel zu nennen: »In Deutschland kam noch hinzu, daß nach den Bestimmungen des Augsburger Religionsfriedens gegen die Protestanten höchstens Landesverweisung gestattet war. Wo diese ausgeführt wurde, wurden jedoch die besten Kräfte samt ihrem Vermögen dem Lande entzogen, daher machten nur wenige geistliche Fürsten davon Gebrauch. Gelang es aber, die Anklage auf Ketzerei mit der auf Zauberei zu verbinden, so war das Einschreiten ungehindert und das Vermögen fiel dem Landesherrn und dem Fiskus zu«.[8] Träfe dies zu, dann müßten Hexenprozesse als *das* Instrument der Gegenreformation schlechthin angesehen werden. Nur wurde diese Behauptung nie bewiesen und inzwischen eindeutig widerlegt; G. Längin stellte sie als einer jener vielen Autoren auf, bei denen der Wunsch des Kulturkampfes der Vater des Gedankens war. Im folgenden soll die Frage nach einem möglichen Zusammenhang zwischen Hexenprozessen und Gegenreformation noch einmal aufgegriffen werden. Als geradezu »klassische« Länder der Gegenreformation wie der Hexenprozesse gelten die geistlichen Territorien an Main und Rhein: Fulda, Würzburg, Bamberg, Kurmainz, Kurtrier, Kurköln.

Die FÜRSTABTEI FULDA war nicht nur ein geistliches Territorium im fränkischen Raum, das sich mit am frühesten an der Massenverfolgung beteiligte, es hatte auch bei der katholischen Reform und der Gegenreformation eine Art Vorreiterrolle gespielt. Entsprechend fest steht sein Ruf in den einschlägigen Darstellungen. »Im geistlichen Fürstentum Fulda ging die Ausrottung der Hexen mit der des Protestantismus Hand in Hand« – diese Feststellung von W. G. Soldan hat sich bis in die neuere Literatur hinein erhalten, ebenso die Schilderung der Vorgänge um die Fuldaer Hexenprozesse.[9] Danach begannen mit Fürstabt Balthasar v. Dermbach (1570–1576, 1602–1606) die gegenreformatorischen Maßnahmen, die 1576 zu einem Aufstand der evangelischen Stände und zur Unterstellung des Landes unter kaiserliche Administration führten. Erst 1602 erlangte der Abt die Herrschaft zurück, der nun sofort seinen langjährigen Vertrauten Balthasar Roß zum Zentgrafen und Malefizmeister für das ganze Land ernannte. Dieser wütete von 1603 bis 1605 mit unglaublich geführten Hexenprozessen – »einen Sadisten schlimmster Art« nennt ihn W. G. Soldan, als »einen kaltblütigen Verbrecher« bezeichnet ihn K. Baschwitz.[10] Auf rund 250 Personen wird die Zahl der Opfer geschätzt, gegen die Roß mit ganz formlosen Verfahren, neuen, ungeheuerlichen Folterungen und einer erpresserischen Geldgier vorging. Der Tod seines Herrn und Gönners, des Abtes Balthasar v. Dermbach am 15. März 1606 setzte diesem Terror ein Ende. Der neue Fürstabt ließ ihm auf vielfältige Anklagen hin den Prozeß machen; 1618 wurde er in Fulda enthauptet.

So die gängige Lesart, die den Gedanken einer Verbindung dieser Hexenverfolgung mit dem Kampf gegen die Protestanten allerdings nahelegt. Ausgeblendet bleibt dabei der wichtige politische Hintergrund. In Verfolgung alter Expansionswünsche gelang es der würzburgischen Regierung 1576, den Fuldaer Abt zu Fall zu bringen und sein Land in eigene Verwaltung zu nehmen. In Zusammenarbeit mit der einheimischen Opposition gegen Balthasar v. Dermbach war der Plan von langer Hand vorbereitet. Diese innere Opposition bestand nicht nur aus protestantischen Adeligen und Bürgern, die sich von gegenreformatorischen Maßnahmen bedroht sahen, sondern in erster Linie aus den Kapitularen des Stiftskapitels, gegen die massiv vorgegangen wurde. Um nur einen Fall aus dem Bereich altgewohnten Lebensstils anzusprechen: Der Abt ließ ihre Konkubinen verhaften, teilweise an den Pranger stellen, auspeitschen und des Landes verweisen. Die von ihm berufenen Jesuiten verschärften den innerkatholischen Reformkurs. Dieser Reformkurs oder anders gesagt der Versuch, den nachtridentinischen Katholizismus in den eigenen Reihen durchzusetzen, spielte in Verbindung mit den Machenschaften aus dem katholischen Hochstift Würzburg eine entscheidende Rolle bei dem gewaltsamen Machtwechsel. Der Anschlag traf den Abt völlig überraschend bei einem Aufenthalt in der Stadt Hammelburg. Er wurde gefangengesetzt. Unter schwerstem Druck, der bis zur Morddrohung ging, unterschrieb er am 23. Juni 1576 die Abdankungsurkunde. Um die angebliche

Freiwilligkeit der Hammelburger Gewalttat zu demonstrieren, wurde er gezwungen, den Würzburger Fürstbischof Julius Echter v. Mespelbrunn auf der ganzen Reise zu begleiten, auf der dieser die Huldigung seiner neuen Untertanen entgegennahm. Im Juli gelang ihm die Flucht ins Ausland. Der Kampf des Abtes um seine Wiedereinsetzung dauerte 26 Jahre, die ihm neben vielen politischen Niederlagen auch wirtschaftliche Bedrängnis eintrugen. Erst 1602 wurde sein Prozeß vor dem Reichshofrat entschieden, und Balthasar v. Dermbach konnte im Dezember dieses Jahres seine zweite Regierungszeit als Fürstabt von Fulda beginnen, die bis zu seinem Tod im März 1606 dauerte. In diesen drei Jahren betrieb er die innerkatholische Reform und die Gegenreformation mit größerer Härte als in seinen ersten Regierungsjahren.[11]

In seinem Namen führte in diesen drei Jahren sein berühmtberüchtigt gewordener Hexenrichter Balthasar Roß (er selbst schrieb »Nuß«) die Massenprozesse durch, denen an die 250 Menschen zum Opfer gefallen sein sollen. Drei Monate nach dem Tod des Abtes, am 17. Juni 1606, wurde Roß verhaftet und über zwölf Jahre in Gefangenschaft gehalten. Als man ihn am 5. Dezember 1618 zur Hinrichtung durch Enthaupten fuhr, war er ein 73 Jahre alter, von mehreren Schlaganfällen gelähmter Greis. Die Juristenfakultät der Universität Ingolstadt hatte das Todesurteil gefällt. Diese und alle anderen Nachrichten, die sich in der Literatur über Balthasar Roß finden, gehen zurück auf einen Aufsatz von G. J. Malkmus aus dem Jahre 1875, der die einschlägigen Akten des Staatsarchivs Marburg auswertete. Allerdings hat G. J. Malkmus nicht immer die richtigen Schlüsse gezogen, und vor allem sind ihm wichtige Quellen aus dem Stadtarchiv Fulda unbekannt geblieben.[12] Die Darstellung muß also überprüft werden.

Die angegebene Zahl der Opfer wird von mehreren Quellen bestätigt. Roß selbst nannte namentlich 205 Hingerichtete, es waren aber nachweislich mehr; das Todesurteil ging von 239 Hinrichtungen aus. Auch über die Schnellverfahren und die fürchterlichen Torturen sind die verschiedenen Quellen einig, während sie in der Frage der unrechtmäßigen Bereicherung abweichen. Aber diese Punkte sind im Augenblick weniger wichtig als drei andere, die schon G. J. Malkmus hätten auffallen können. Seiner Beschreibung nach handelte es sich nämlich um den einfachen Fall eines ungeheuerlichen Justizmörders – und

dann erklärt er den Mammutprozeß von 12 Jahren Dauer mit »der
Menge von Zeugen, die in demselben vernommen werden mußten«. Zweitens schildert er das Urteil der Würzburger Juristenfakultät vom 9. Juli 1615, das auf Rückerstattung der unrechtmäßig
erhobenen Gelder und Landesverweisung auf unbestimmte Zeit
lautete; das Ingolstädter Urteil von 1618 lag G. J. Malkmus zwar
nicht vor, aber er wußte, daß es auf Enthauptung erkannte – wie
passen diese beiden Urteile zusammen? Schließlich erwähnt er
kommentarlos den Prozeß, den Balthasar Roß 1609 am Reichskammergericht in Speyer wegen Rechtsverweigerung anstrengte, weil das Fuldaer Gericht mit Männern besetzt sei, »die früher
der Ritterschaft gegen seinen verstorbenen Fürsten gedient hätten«.[13] Diese letzte Feststellung zeigt genau auf die richtige Spur,
und sie führt in den eben geschilderten politischen Hintergrund
des Hammelburger Gewaltakts.

Fürstabt Balthasar v. Dermbach war 1576 durch ein Bündnis
vieler Feinde gestürzt worden, darunter befanden sich Familien,
die nach 1606 in Fulda wieder zu Einfluß kamen trotz vieler
protestantischer Verbindungen. Sie betrieben das Verfahren gegen Balthasar Roß, weil er ihre Familien in der zweiten Regierungszeit des Abtes durch eine Hexereianklage herausgefordert
hatte, wohl kaum ohne allerhöchste Billigung. Am 19. März 1604
erließ er eine öffentliche Vorladung gegen sechs Frauen, deren
Männer bzw. Familien zu den Gegnern des Abtes gehörten.
Mindestens drei von ihnen waren an den Hammelburger Vorgängen beteiligt gewesen: Esaias Röll, der 1576 als Bürgermeister von
Fulda mit dem Würzburger Fürstbischof verhandelt, Hans Han,
der damals einen freudig bewegten Bericht über die Entmach-
tung des Abtes geschrieben, und Dr. jur. Hector v. Jossa, der als
Syndikus der Stadt Fulda mitgewirkt hatte.[14] Darauf bezieht sich
ein für die Veröffentlichung bestimmter Bericht von 1618, in dem
es heißt: »Damit haben auch die Bluträth und deren Anhang an
denen ehrlichen Weibsbildern, so wegen ihres christlichen Glaubens und Gewissens ihr Vatterland, Haus, Hof, Güter und ihre
Freundschaft williglich verlassen umd sich unter anderen Herrschaften heuslich nidergethan, welche vielleicht als ubel genannte Ketzer uff den Holtzhaufen zu pringen, ein sonderlichen Anschlag gemacht, ihr Mütlein kühlen möchten.« Zwar gehörten
protestantische Gruppen auch aus konfessionellen Gründen zu
den Feinden des gegenreformatorischen Abtes, wie Politik und

Konfession zu dieser Zeit überhaupt schwer trennbar sind, aber im vorliegenden Fall ist die unterstellte Verbindung von Hexenprozessen und Gegenreformation unhaltbar. Die sechs Frauen befanden sich 1604 außer Landes. Von ihren Ehemännern war neben den drei genannten auch Veltin Kausen zum Zeitpunkt der Vorladung schon verstorben; Melchior v. Jossa und Valentin Horn lebten in Schmalkalden bzw. Melsungen. Für eine Auslieferung der Frauen hätte das bestehende Rechtshilfeabkommen zwischen Hessen-Kassel und Fulda bemüht werden müssen, was eben nicht geschah. Die Vorladung der Frauen diente der Diffamierung ihrer Familien und war in erster Linie ein politischer Racheakt, denn mindestens eine von ihnen war katholisch: Hans Han hatte seinen Schmähtraktat noch vor 1585 reumütig verbrannt, weil er antikatholische Töne darin entdeckte. Ein anderer Bericht von 1618 dürfte der Wahrheit näher kommen mit der Aussage, Abt Balthasar v. Dermbach habe die Hexenprozesse in seiner zweiten Regierungszeit betrieben, um »sich wegen seiner vorigen destitution zu rechen«.

Am Vollstrecker der Fuldaer Hexenprozesse rächte sich jedenfalls die Vorladung von 1604, denn einige der betroffenen Familien setzten alle Hebel gegen Balthasar Roß in Bewegung. Die Klagen des gefangenen Zentgrafen, seine ärgsten Feinde hätten den Prozeß aus Haß und Rachsucht gegen ihn angestiftet, haben hier ihren realen Kern. Tatsächlich hat die Juristenfakultät der Universität Ingolstadt im November 1618 zwei Urteile gefällt. Im Verfahren vor dem offiziellen fürstlichen Gericht in Fulda verurteilte die Fakultät den Angeklagten zur Erstattung von unrechtmäßig erhobenen 478 Talern und verwies hinsichtlich seiner Hexenprozeßführung auf das Urteil »in dem andern wider ihn verübten peinlichen Proceß«. Dieses andere Urteil lautete: »In peinlicher Sachen Margrethen weiland Doctor Hectors von Jossa und Annen Hansen Hahns nachgelassener Wittib, sodann Melchiors von Jossa in Ehevogts Namen und Velten Horns hinderlassener Wittib Anclägern an einem, entgegen und wider Balthasar Nussen gewesenen peinlichen Richtern Angeclagten am andern Theil ...«. Es verurteilte Roß dazu, die verletzte Ehre der genannten Frauen wiederherzustellen, und dann folgte das Todesurteil wegen seiner Delikte in »übereiltem, unverantwortlichem, unmenschlichem Hexenproceß«.[15] Es muß auch angemerkt werden, daß im Prozeß vor dem fürstlichen Gericht in Fulda der Amtsankläger, also der Staatsanwalt Severin v. Jossa hieß. Angesichts dieser Tatsachen wirken andere, bislang so unpassend scheinende Fakten gar nicht mehr unpassend: die zwölfjährige Prozeßdauer, das nicht vollstreckte Urteil der Würzburger Juristenfakultät, der Prozeß, den Roß am Reichskammergericht anstrengte. Der Verdacht wächst, daß der Hexenrichter von Fulda nicht auf dem Richtblock endete, weil er über 200 Menschen aus den Unterschichten auf dem Gewissen hatte, sondern aus politischen Gründen. Es sieht so aus, als hätten einige, nach dem Tod des Abtes wieder hochmögende Familien mit Unterstützung des neuen Fürsten den willfährigen Diener ihres alten Feindes zu Fall gebracht – wenn auch nur mit größter Mühe.

Die in der Literatur so oft unterstellte Verbindung zwischen Hexenprozessen und Gegenreformation im Hochstift Fulda wird durch diesen Befund nicht gestützt. Im Fall der 1604 vorgeladenen sechs Frauen stand die Konfessionsfrage nur im Hintergrund, anhaben konnte ihnen das Fuldaer Gericht ohnehin nichts. Die eigentlichen Opfer der großen Hexenverfolgung sind zwar in der Mehrheit namentlich bekannt, über ihre konfessionelle Einstellung aber sind keine Quellen vorhanden. Daß sie alle oder auch nur zur Mehrheit protestantisch waren, ist unwahrscheinlich. Im Gegenteil, die herrschende Willkür und Zufälligkeit der erfolterten Besagungen spricht gegen eine konfessionelle Selektion.

Prozeß und Verurteilung des Zentgrafen Balthasar Roß hatten Folgen, von denen sich die Betreiber des Verfahrens nichts hätten träumen lassen. Die Verurteilung eines Hexenrichters untergrub eines der stärksten Argumente der Verfolgungsbefürworter auf katholischer Seite, nämlich daß Gott die Hinrichtung Unschuldiger nicht zulasse. Darauf ist später näher einzugehen. Für die Fürstabtei Fulda hatten diese Ereignisse jedenfalls das Ende der Hexenprozesse zur Folge. Sie waren so in Verruf geraten, daß kein Hunger-Seuchen-Zyklus sie wieder aufleben ließ.

Ganz anders verlief die Entwicklung in den FÜRSTBISTÜMERN WÜRZBURG und BAMBERG. In Würzburg wurde die Gegenreformation unter Julius Echter v. Mespelbrunn ab 1585 durchgesetzt und binnen zehn Jahren abgeschlossen. Die Gründe für Echters langes Zögern – er war 1573 an die Regierung gekommen –, wurden früher politisch gesehen: Er habe erst abwarten wollen, wie die protestantischen Mächte im Reich auf den Kölner Krieg gegen Gebhard Truchseß v. Waldburg reagierten. Nach der neueren Forschung standen hauptsächlich fiskalische Motive im Vordergrund. Die Landesschulden sollten erst abgetragen sein, da die Protestantenvertreibung einen drastischen Rückgang der öffentlichen Einnahmen erwarten ließ, der auch eintrat: »Da die lutherische Lehre vielfach von den einflußreichsten und wohlhabendsten Teilen der Ehrbarkeit und des Patriziats in Dörfern und Städten aufgenommen worden war, bedeutete deren Abzug aufgrund gegenreformatorischer Maßnahmen eine empfindliche Schmälerung an Steuern und Kammergefällen«.[16] Der Fürstbischof begegnete diesem Verlust mit der Erhöhung der sog. »Nachsteuer«. Mußten bislang alle, die das Hochstift verließen, eine einprozentige Vermögenssteuer zahlen, so wurde diese Abgabe 1583 auf 2% erhöht.

Auf die finanzielle Seite der Gegenreformation in Würzburg wurde näher eingegangen, um noch einmal die Haltlosigkeit der Behauptung zu unterstreichen, die Hexenprozesse in den geistlichen Territorien hätten gegenreformatorisch bedingten Kapitalabfluß verhindern sollen. Im übrigen war im Fürstbistum Würzburg die Gegenreformation längst abgeschlossen, als die aufsehenerregenden Massenverfolgungen einsetzten. Im Gegensatz zu anderen fränkischen Gebieten sind im Würzburgischen bis ins 17. Jahrhundert nur wenige Hexenprozesse nachgewiesen.[17] In seinen beiden letzten Regierungsjahren aber, genau zwischen Juli 1616 und Juni 1617, ließ Julius Echter eine ungeheure Massenverfolgung zu, an deren Ende von der Domkanzel verkündet wurde, er habe das Land von 300 Hexen und Zauberern gereinigt. Dabei sind nur die Hingerichteten gemeint, ohne die zu Tode Gefolterten und die durch eigene Hand Umgekommenen. Dabei überließ der berühmte Reformbischof die Verfahren keineswegs nur seinen Beamten wie so viele andere weltliche und geistliche Fürsten, sondern prüfte häufig die Akten persönlich nach. Seine juristische Ausbildung hinderte ihn aber nicht daran, die abenteuerlichsten »Indizien« gelten zu lassen. Echters Hauptbiograph, G. v. Pölnitz, steht zunächst fassungslos vor dem grauenhaften Ereignis, bemüht den vielstrapazierten »Zeitgeist« und spricht von den »Wahnbildern einer überhitzten Phantasie«, denen sein Held bei allen sonstigen guten Eigenschaften leider erlag. Dann folgen allerdings bemerkenswerte Überlegungen, auf die noch zurückzukommen ist, eingeleitet mit der Feststellung: »Gibt es irgendwelche Seiten der Gegenreformation, die eine innere Düsterkeit beherrscht, so sind es die Hexenprozesse«. Er zieht eine Parallele zwischen den Ängsten und der Grausamkeit dieser Menschen auf der einen Seite und der inneren Zwangszucht auf der anderen Seite: »Die ganze Generation ... beherrschte ... ein Kampfgeist äußerster Härte, der sich nur zum Teil gegen die Glaubensgegner, zum Teil auch gegen die Schädlinge im eigenen Lager, am schärfsten aber gegen das eigene Ich und alles, was man an ihm als sündig empfand, richtete. Von dieser Seite aus dürfte sich auch die exzessive Betreibung des Hexenprozesses durch Julius Echter am ehesten in das Verstehen von Zeit und Persönlichkeit einfügen«.[18]

Unter Echters Nachfolger Johann Gottfried v. Aschhausen (1617–1622) wurden die Hexenprozesse nicht eingestellt, wie gelegentlich angenommen, sie traten nur zurück im Vergleich mit den Massenhinrichtungen unter Philipp Adolf v. Ehrenberg (1623–1631). In dessen Regierungszeit sollen 900 »Hexenleute« verbrannt worden sein. Von 1625 an stieg die Zahl der Brände Jahr um Jahr und erreichte ihren absoluten Höhepunkt 1628/29.[19] Das Ende dieses Terrors im Jahre 1630 steht im Zusammenhang mit den Vorgängen im benachbarten Hochstift Bamberg.

Dort weisen sowohl der Verlauf der Gegenreformation als auch der Hexenprozesse Übereinstimmungen mit dem Fürstbistum Würzburg auf, wie bei den engen Verbindungen zwischen den beiden Territorien nicht anders zu erwarten. Die Unterdrückung des Protestantismus erfolgte hier während der Regierungszeit des Fürstbischofs Neithard v. Thüngen (1591–1598), dem in einem zeitgenössischen Spottgedicht nicht umsonst nachgesagt wurde, Julius Echter sei sein »Lehrmeister«.[20] Sein Nachfolger Johann Philipp v. Gebsattel (1599–1609) bekundete allerdings protestantische Neigungen, weshalb auf Betreiben streng katholischer Nachbarfürsten nach seinem Tod jener J. G. v. Aschhausen (1609–1622) an die Regierung kam, der später auch Fürstbischof von Würzburg wurde. Unter seiner Herrschaft begannen Massenprozesse, die in den Jahren 1616–1618 kulminierten. Einer der Haupttreiber bei diesen und den späteren Verfolgungen war der Bamberger Weihbischof Dr. Friedrich Förner, treffend als »der ›böse Geist‹ der Region« bezeichnet.[21] Unter Fürstbischof Johann II. Fuchs v. Dornheim (1623–1633) fanden die größten Verfolgungen statt. Genau wie in Würzburg liegt die höchste Zahl der Hinrichtungen, die insgesamt auf 600 geschätzt werden, in den Jahren

1628/29. Der bischöfliche Verfolgungsfanatiker geriet schließlich unter starken Druck von katholischer, besonders bayerischer und kaiserlicher Seite. Auf dem Regensburger Kurfürstentag 1630 gelang es zwar noch nicht endgültig, ihm das Handwerk zu legen, letztlich führte aber dieser Widerstand sowohl in Würzburg als auch in Bamberg zum Ende der Hexenprozesse.[22] Ebenfalls wie in Würzburg ist auch im Hochstift Bamberg ein unmittelbarer Zusammenhang zwischen Protestantenverfolgung und Hexenverfolgung nicht beweisbar.

Etwas anders liegen die Verhältnisse im KURFÜRSTENTUM MAINZ, das im 16./17. Jahrhundert aus vier geographisch nicht miteinander verbundenen Landesteilen bestand: 1. dem unteren Erzstift beiderseits des Rheins um Mainz und Bingen sowie dem Rheingau, 2. dem oberen Erzstift am Main von Aschaffenburg bis Miltenberg, 3. dem Eichsfeld, einer Exklave zwischen der Landgrafschaft Hessen-Kassel und welfischen und sächsischen Fürstentümern und 4. dem Gebiet um Erfurt, das ganz von sächsischen Territorien eingeschlossen war.

Durch die Person Albrechts v. Brandenburg (1514–1545) stand Kurmainz von Anfang an in Verbindung mit dem Reformationsgeschehen; allerdings erfüllte sich Luthers Erwartung auf eine baldige Säkularisation nicht, da der Landesherr nach anfänglich positiver Einstellung alsbald zum entschiedenen Gegner der Reformation wurde. Die religiöse und kirchenpolitische Haltung seines Nachfolgers Sebastian v. Heusenstamm (1545–1555) ist in der Literatur lange als proevangelisch eingeschätzt worden; erst die Arbeit von R. Decot stellte eine eigenständige Mainzer Vermittlungspolitik fest. Die Entscheidung über die künftige konfessionelle Gestaltung des Kurstaates fiel aber letztlich erst in der Regierungszeit des Kurfürsten Daniel Brendel v. Homburg (1555–1582). Die bekannte Verflechtung von Konfession und Politik wird auch hier deutlich. Der Übergang benachbarter Territorien zum Protestantismus, die dadurch verstärkte Sorge vor einer Säkularisierung haben dazu beigetragen, daß sich im Domkapitel die Anhänger der römischen Kirche durchsetzen konnten. Mit Zustimmung des Kapitels wurden 1561 die Jesuiten berufen, ab 1572 hatte jeder künftige Domherr den tridentinischen Glaubenseid abzulegen. Noch unter Kurfürst Daniel war im unteren Erzstift die konfessionelle Einheit wiederhergestellt, und zwar ohne Zwangsmaßnahmen; nur in der Stadt Mainz gab es noch eine

protestantische Minderheit. In den beiden ganz von protestantischen Gebieten umgebenen Landesteilen verboten sich Zwangsmaßnahmen ohnehin.

Gegenreformatorisch wirksam wurde erst wieder Kurfürst Johann Adam v. Bicken (1601–1604), wobei es hauptsächlich um die
ehemaligen Grafschaften Königstein und Rieneck ging. In beiden
Gebieten war in den 40er Jahren des 16. Jahrhunderts die Reformation durchgedrungen. Am Konfessionsstand änderte sich auch
nichts, als Rieneck 1559 und Königstein 1581 als erledigte Lehen
an Kurmainz fielen. Die Gegenreformation begann hier mit dem
Regierungsantritt des Kurfürsten Johann Adam, wenn auch
zunächst vorsichtig. Da die Gebiete überwiegend von protestantischen Territorien umgeben waren, bestand die Gefahr einer
Einmischung von außen. Kurfürst Johann Adams Vorgänger hatten
freiwerdende Pfarrstellen in den ehemaligen Grafschaften immer
wieder mit Pfarrern Augsburgischer Konfession besetzt, und
Johann Adam hielt es in den beiden ersten Vakanzen ebenso. Bei
der dritten Vakanz ließ der Kurfürst einen katholischen Geistlichen einführen und gegen allen Protest durchsetzen. Ein typi-
scher Konflikt trat bei der Besetzung einer Pfarrstelle auf, für die
die protestantischen Grafen v. Solms-Laubach die Patronatsrechte hatten. Die Grafen beriefen sich auf die »declaratio Ferdinandea«. Der Kurfürst erklärte, davon stehe im Augsburger Religionsfrieden nichts, er mache nur von seinem Konfessionsbestimmungsrecht Gebrauch, wie es die Grafen in ihren Territorien auch
gehalten hätten. Ebenso typisch für diese Konfessionskämpfe ist
ein Vorgang vom November 1603. Der Kurfürst wurde durch die
Nachricht alarmiert, die Königsteiner Untertanen hätten sich an
Kurfürst Friedrich IV. v. d. Pfalz und an Landgraf Moritz v.
Hessen-Kassel gewandt, um von ihnen Schutz für ihre Konfession zu erhalten. Diese beiden Fürsten waren für Kurmainz in der
Tat nicht ungefährlich, und der Oberamtmann von Königstein
erhielt sofort den Auftrag einer genauesten Untersuchung. Es
stellte sich heraus, daß die Königsteiner Lutheraner gar nicht
daran dachten, mit Calvinisten zu paktieren – hier wie überall hat
die Spaltung des Protestantismus der Gegenreformation Vorschub geleistet. Johann Adams Nachfolger Johann Schweikard v.
Kronberg (1604–1626) setzte die Gegenreformation in Rieneck
und Königstein fort, bis 1606 war der Konfessionswechsel abgeschlossen.[23]

Mit Blick auf Kurfürst Johann Adam heißt es bei A. P. Brück: »Hexenprozesse waren bis dahin im Erzstift Mainz verhältnismäßig selten gewesen«, und auch eine neuere Arbeit zu den kurmainzischen Hexenprozessen kommt zu dem Ergebnis, »daß es sich bei den Zaubereidelikten vor 1600 um Einzelfälle handelte, bei denen die Chance der Angeklagten, mit dem Leben davon zu kommen, relativ groß war«.[24] 1594 reichten Zünfte und Bürgerschaft von Aschaffenburg dem Landesherrn eine Bittschrift ein, die in ihrem heftigen Tonfall ähnlichen Schriftstücken aus Gebieten intensiver Prozeßführung ähnelt: Die aufgezählten Hexen sollen weg, damit nicht auch »unsere arme Weiber und junge Blut ... in ewiges verdammliches Wesen geführt werden«. Von den vier angeklagten Frauen wurden zwei des Landes verwiesen und zwei gegen Kaution entlassen, sie kamen also tatsächlich mit dem Leben davon. Ein Schreiben der kurmainzischen Räte in dieser Sache schlägt aber auch drohende Töne an über das, was »zu Ausreutung dessen abscheulichen Lasters der Zauberei« bislang geschah und noch zu geschehen hat. Das Schreiben spricht von »andern hiebevor peinlich justifizierten zauberischen Manns- und Weibspersonen« und zählt fünf Hingerichtete namentlich auf.[25] Inzwischen steht fest, daß in den beiden letzten Jahrzehnten des 16. Jahrhunderts die Zahl der Hexenprozesse in Kurmainz anschwoll, also unter Kurfürst Wolfgang v. Dalberg (1582–1601). Die höchste Zahl fällt in das Jahr 1593.

Diese Verfolgungen wurden nach einem leichten Rückgang unter Johann Adam v. Bicken fortgesetzt. Die massiven Prozeßwünsche aus der Bevölkerung sind mit den wirtschaftlichen Nöten dieser Jahre in Zusammenhang gebracht worden. H. Pohl zitiert eindeutige Berichte aus der Zeit um 1603 wie den des Aschaffenburger Vizekanzlers: »Durch die andauernden Unruhen, Streitereien, Plünderungen, Durchzüge, Mißernten und Reichssteuern sind die meisten Gebiete so erschöpft, dass ... die Unterthanen kaum mehr das trockene Brot haben und die alten Reichssteuern nicht einzubringen sind, geschweige denn neue, wenn man sie nicht von Haus und Hof treiben und einen allgemeinen Aufstand erwecken will. Unsere Unterthanen sind, da der Wein, von welchem sie meist ihre Nahrung haben, seit mehreren Jahren mißriet, völlig erschöpft und in Folge des niederländischen Krieges entgehen uns die Rheinzölle«.[26] Wenn es um die Abwehr von Steuerforderungen geht, ist Zweckpessimismus zwar nie außer acht zu lassen, aber im ganzen ist der Quellenbefund klar. Nach dem Tod des Kurfürsten kamen die Prozesse für sechs Jahre zum Stillstand, wofür möglicherweise ein großer Pestzug verantwortlich war, der die Verbindung von Ober- und Unterbehörde behinderte.

Zu den schlimmsten Verfolgungen kam es unter Kurfürst Johann Schweikard v. Kronberg und seinen Nachfolgern in den Jahren zwischen 1612 und 1617 und 1627 und 1631 mit Höhepunkten in den Jahren 1616 und 1629. Dies entspricht ungefähr dem Ablauf der Massenprozesse in den Fürstbistümern Würzburg und Bamberg. Mit dem Landesherrn beider Hochstifte schloß der Mainzer Kurfürst 1618 ein Rechtshilfeabkommen zur Verfolgung und Auslieferung von Hexen. Zudem erließ der Kurfürst 1612 die neue Konfiskationsordnung, die System in die finanzielle Seite der Verfahren bringen sollte, doch war ihr offensichtlich nicht der gewünschte Erfolg beschieden.[27] Die Massenverfolgungen endeten in Kurmainz mit dem Einmarsch der schwedischen Truppen, vor denen die Stadt Mainz im Dezember 1631 kapitulieren mußte. Der Kurfürst war schon vorher außer Landes geflohen. Er kehrte zwar 1636 zurück, es gab aber nur noch vereinzelte Verfahren mit ungewissem Ausgang. Auch unter Kurfürst Johann Philipp v. Schönborn (1647–1673) tauchte das Hexereidelikt noch in Prozeßakten auf, doch zu Verfolgungen ist es nach 1631 nicht mehr gekommen. Über die Gesamtzahl der Opfer ist vorerst noch keine Angabe möglich. Für die letzte und größte Prozeßwelle der späten 20er Jahre liegen einige Anhaltspunkte vor. Eine genaue Abrechnung ergibt für das Amt Lohr 26 Hinrichtungen in den Jahren 1626/27 und 55 Hinrichtungen 1628/29. Himmlers Sonderkommando ermittelte für die Gerichtsorte Amorbach, Aschaffenburg und Miltenberg etwa 250 Hinrichtungen in den Jahren 1627–1629, dies darf bei seiner Art zu recherchieren aber keinesfalls genau genommen werden. Die neueste Untersuchung kommt zu dem Ergebnis:»Während der im Rahmen dieser Arbeit behandelten Untersuchungen kamen mindestens 324 Personen ums Leben. Die Gesamtzahl der Opfer dürfte aber nach allem, was zu erkennen ist, die Zahl 1000 nicht überschreiten«.[28]

Wie nicht anders zu erwarten, ist Kurfürst Johann Adam v. Bicken nachgesagt worden, er habe die Hexenprozesse als Waffe zur zwangsweisen Rekatholisierung seiner lutherischen Untertanen eingesetzt.[29] Dieses Urteil hat er nicht zuletzt einem zeitgenössischen Chronisten zu verdanken, dem Jesuiten Nikolaus Serarius (1558–1609). Serarius war 1582 vom Würzburger Fürstbischof Julius Echter an die in diesem Jahr eröffnete neue Universität Würzburg berufen worden, von wo er später an die Universität Mainz wechselte. An beiden Hochschulen hat er sich mit grob polemischen Schriften gegen die Lutheraner hervorgetan. Er war der rechte Mann, in seinen »Rerum Moguntiacarum libri quinque« den Kurfürsten für seinen Kampf gegen Hexen und Häretiker zu rühmen: Johann Adam habe im Jahre 1603 mit verstärkter Kraft begonnen, zwei Pestilenzen (duas pestes) in seiner Diözese auszurotten, »einmal die Zauber- und Hexenkunst, zum anderen die Häresie« (una magicarum artium et veneficiorum erat, haereseon altera).[30]

Daß der Kurfürst in seiner kurzen Regierungszeit Gegenreformation und Hexenprozesse gleichzeitig betrieb, ist erwiesen – mehr aber nicht. Ein unmittelbarer Zusammenhang ist nicht erkennbar, im Gegenteil, es spricht einiges gegen einen solchen Zusammenhang. Die Aussage von Serarius bestärkt die irrige Meinung, Kurfürst Johann Adam habe mit den Massenprozessen begonnen, die er in Wirklichkeit von seinem Vorgänger übernahm. Dazu kommt, daß die Verfolgungen dieser Jahre wie auch später ganz überwiegend das obere Erzstift betrafen, also verkürzt gesagt die Gebiete um Aschaffenburg und Miltenberg. Zu diesem Landesteil gehörte die an Kurmainz gefallene Grafschaft Rieneck mit der Stadt Lohr. Gerade in Lohr widersetzte sich die Bevölkerung der Zwangsrekatholisierung, doch diese vollzog sich genau in der Zeit, als die Massenprozesse zwischen 1604 und 1611 zum Stillstand gekommen waren. Die Gegenreformation war 1606 abgeschlossen, die nächste Prozeßwelle begann erst fünf Jahre später. Schließlich ist die Eigeninitiative der Bevölkerung zu beachten. Die Obrigkeit ließ sich zwar zu keiner Zeit das Heft aus der Hand nehmen, wie dies in anderen Territorien mehrfach geschah, aber die Zahl der Bittschriften aus der Bevölkerung und der dadurch ausgelösten Prozesse erreichte eine solche Intensität und Wirksamkeit, daß zu Recht gesagt wurde: »Es ist ein Charakteristikum der Hexenprozesse im Kurfürstentum Mainz, daß sie seitens der Bevölkerung initiiert wurden«.[31] Auch dies spricht gegen ein Austragen konfessioneller Gegensätze in den Verfolgungen, denn der Wille zur Konfessionsveränderung kam eben nicht aus der Bevölkerung, sondern wurde »von oben«, vom Kurfürsten und den hinter ihm stehenden Kräften initiert. Über eine mögliche Verbindung zwischen Hexenprozessen und Gegenreformation ist aus den Bittschriften jedenfalls ebenso wenig zu erfahren wie aus anderen Quellen. Ein Fragenkatalog für die Verhöre in Hexenprozessen, der wahrscheinlich aus der Regierungszeit des Kurfürsten Johann Schweikard stammt, enthält zwar die Frage: »habt ihr auch wohl und catholisch gebeicht und wie oft im Jare?«, aber noch so viele erhaltene Antworten würden wohl kaum einen anderen Schluß erlauben, als daß die Befragten katholisch waren.[32] Einen ganz anderen Zusammenhang von Gegenreformation und Hexenprozessen sah A. P. Brück, als er die konfessionelle Haltung von Johann Adam v. Bicken schilderte: »Die Kehrseite dieses religiösen Eifers des neuen Kurfürsten war die Intensivierung der Hexenprozesse«.[33]

Verglichen mit Kurmainz stellt das geistliche KURFÜRSTENTUM TRIER zu beiden Seiten der Mosel in der Konfessionsentwicklung einen Sonderfall dar. Während in vielen Nachbarterritorien die Reformation durchgeführt wurde, blieb Kurtrier zwar nicht unberührt, aber erstaunlich stabil. Die trierische Kirche hatte im 15. Jahrhundert die Kraft zu inneren Reformen gefunden, eine Kraft, die sich auch im 16. Jahrhundert auswirkte. Das Domkapitel war im Gegensatz zu manchen anderen Kapiteln konfessionell immer eindeutig und wählte auch entsprechende Erzbischöfe und Landesherren. Es war zwar auf seine Privilegien bedacht wie alle Domkapitel, dabei aber durchweg reformwillig. Hier liegt sicher ein wichtiger Grund für den fast geschlossenen Verbleib der Bevölkerung bei der alten Kirche. 1559 wurde die einzig nennenswerte Bewegung für die Reformation aktiv, wobei sich der später berühmte reformierte Theologe Kaspar Olevian hervortat – den Hintergrund bildete ein Ständekonflikt zwischen der Stadt Trier und dem Fürstbischof. Die Gruppe um Olevian wurde noch im selben Jahr des Landes verwiesen, und seitdem sind protestantische Bestrebungen nur noch aus den Kondominaten bekannt, die der Kurstaat mit protestantischen Nachbarterritorien gemeinsam regierte. Hexenprozesse sind im Kurfürstentum Trier sehr heftig in der ersten Welle um 1590 geführt worden und natürlich auch später. Eine direkte Verbindung zwischen den Prozessen und gegenreformatorischen Aktivitäten muß jedoch nach Lage der Dinge ausgeschlossen werden.[34]

Bemerkenswert ist die Durchführung der kurtrierischen Verfolgungen, die sich ganz und gar anders als in Kurköln vollzog. Eine schwere Agrarkrise mit Mißernten über mehrere Jahre hintereinander wurde von der Bevölkerung auf das Wirken von Hexen zurückgeführt. Kurfürst Johann VII. v. Schöneberg (1581–1599) war zwar hexengläubig und verfolgungswillig und sein berüchtigter Weihbischof Peter Binsfeld erst recht, doch erhob sich zur Ausrottung der Hexen ab 1585 eine Volksbewegung. Die Gemeinden setzten zu diesem Zweck eigene dörfliche Institutionen ein, Ausschüsse, die vor der Anklageerhebung Untersuchungen gegen Verdächtige durchführten. Hatte der Kurfürst diese Hexenausschüsse erst einmal gebilligt, so sah er sich bald einer regelrechten Insurrektion der Gemeinden gegenüber, die seine Gerichtshoheit unterlief: »Der entscheidende Grund für die Durchsetzungsfähigkeit der Gemeinden bzw. ihrer Inquisitionsausschüsse lag in ihrer Allianz mit den lokalen Amtleuten des Kurfürsten. Deren Protektion für die dörflichen Ankläger begründete sich aus mentalen Dispositionen ... Hinzu kam bei den einen die Aussicht auf persönliche Profilierung und materiellen Gewinn, bei den anderen eine auf politischer Schwäche beruhende Willfährigkeit gegenüber dem lokalen Druck«.[35] Die Gemeinden garantierten auch die Deckung der Prozeßkosten aus dem Vermögen der Angeklagten. Dadurch stieg der Anreiz auf materiellen Gewinn für Gerichtspersonen wie für landesherrliche Beamte.

1591 versuchte der Kurfürst, gegen diese Entwicklung einzuschreiten. Eine an alle Amtsträger gerichtete Hexenprozeßverordnung stellte fest, »daß sich die Gemeinden ... zusammen verschworen, und fast einem ufrur gleichstehende Verbündnüssen gemacht«. Sie hätten die Hexenprozesse eigenmächtig, unter Verletzung geltenden Rechts und mit großer Willkür bei den Prozeßkosten betrieben. Um seine Gerichtshoheit wiederherzustellen, befahl der Kurfürst, »daß hienfüro dergleichen zusammen Rottierungen, uffrürische Verbündnüssen und ausschuss abgeschafft werden, inmaßen wir dan hiermit unsern Ambtleuthen und allen andern, denen ein solches obligt, bevelhen, daruff fleissig achtung zu haben, und da eine oder mehr Gemeinde darin brüchig befunden, dieselbe zu gebürender straff nach beschaffenheit des Ungehorsambs anzuhalten«.[36] Dieser Vorstoß blieb jedoch wirkungslos. Das Bündnis von Gemeinden und Beamtenschaft erwies sich als resistent. Der angeordneten Einschaltung

der beiden Obergerichte in Trier und Koblenz konnten sich die
Gemeinden ebenso entziehen wie der Beschränkung ihrer Mit-
gliederzahl auf ein bis zwei Personen. Die Massenprozesse gingen noch jahrelang weiter.

Bei Ausbruch der zweiten Verfolgungswelle 1629 wiederholten sich diese Vorgänge. Kurfürst Philipp Christoph v. Sötern
(1623–1652) versuchte 1630 erneut, die Macht der Gemeinden zu
beschneiden. Aber auch er wehrte sich vergeblich gegen die Teilnahme der Ausschüsse an Verhören und Folterungen, »als welches den Oberkeiten allein zustendig«.[37] Sogar die Teilnahme von
Juristen an den Prozessen hatte hier nur eine vorgetäuschte obrigkeitliche Funktion, in Wirklichkeit wurden sie als Privatpersonen
herangezogen und besoldet: »Nach außen hin freilich umgab die
kommissarische Tätigkeit der Privatjuristen die Verfahren mit
dem legitimationsstiftenden Schein der Rechtlichkeit«.[38] Nach
Beginn der dritten Verfolgungswelle zu Anfang der 50er Jahre
griff der damalige Kurfürst Carl Caspar von der Leyen (1652–1676)
zu einem ungewöhnlichen Mittel, um endlich die landesherrliche
Gerichtshoheit durchzusetzen. W. Rummel konnte nachweisen,
daß er die Hexenprozesse generell verbot. Der Befehl selbst ist
nicht erhalten, aber er hat ihn durchsetzen können, da er 1659
schrieb: »... daß wir höchst gemüßiget worden, dergleichen processus und inquisitiones in unßerem ertz stifft generaliter verbie-
ten und unter sagen zu laßen, warbey wir uns dann, Gott lob,
bißhero wohl befunden ...«.[39] Im Vergleich zu Kurköln ist die
Durchführung der Verfolgungen in Kurtrier genau umgekehrt
verlaufen. Dort setzte ein Landesherr mit Hilfe seiner Behörden
und Hexenkommissare zielstrebig ein Ausrottungsprogramm in
die Tat um, hier unterlief ein Bündnis von Gemeinden und Beamten die landesherrliche Gerichtshoheit in einem Ausmaß, daß ein
Kurfürst schließlich zu dem radikalen Mittel griff, die Hexenprozesse generell niederzuschlagen.

Schließlich sei noch etwas zu jenen geistlichen Territorien
gesagt, die Kurfürst Ferdinand außer Kurköln noch unterstanden. Es waren dies in der Hauptsache die Fürstbistümer Lüttich,
Hildesheim, Münster und ab 1619 auch Paderborn. Doch jedes
dieser Territorien hatte nicht nur eine von Kurköln strikt getrennte Verwaltung, die Domkapitel wachten auch eifrigst über die
Selbständigkeit und wehrten zentralisierende Maßnahmen sofort ab. So hat Kurfürst Ferdinand 1629 versucht, seine ergänzte

Hexenprozeßordnung von 1628 auch im Fürstbistum Paderborn in ähnlicher Form einzuführen und eine Massenverfolgung durchzusetzen: »Demnach die Zauberkunst aller Orten heftig einreißt und Ihre Kurfürstliche Durchlaucht dieselbe auszurotten streng anbefohlen, also soll eine Ordnung aufgesetzt und darauf weiter verfahren werden«, protokollierte die Regierungskanzlei in Paderborn. Aus einer Hexenprozeßordnung ist jedoch nichts geworden, und Massenprozesse sind aus der Zeit um 1630 zwar belegt, nehmen aber nur einmal Ausmaße an wie im rheinischen Erzstift: In der Herrschaft Büren wurden zwischen dem 23. Dezember 1630 und dem 15. April 1631 insgesamt 55 Personen hingerichtet.[40] Im November 1631 besetzten hessische Truppen das Fürstbistum, womit die Hexenprozesse bis auf weiteres zum Erliegen kamen. Schließlich war die Kriminaljustiz nicht in einer Hand, sowohl der Fürstbischof als auch das Domkapitel und Teile der Ritterschaft und der Städte übten sie aus, was eine zentrale Steuerung der Verfolgung nicht gerade begünstigt. So zeigen die Hexenprozesse zwar Konzentrationen in den Jahren 1590–1600, um 1630 und 1656–60 mit dem Höhepunkt auf den Jahren um 1630, doch mit den Vorgängen in Kurköln sind sie nicht zu vergleichen. Ähnliches gilt für das Fürstbistum Münster, wo eine gewisse Steigerung der Prozesse in der ersten Hälfte des 17. Jahrhunderts nachzuweisen ist, allerdings nur im Oberstift.[41] Lüttich und Hildesheim nehmen eine Sonderstellung ein und sollen hier außer Betracht bleiben.

Nimmt man alle angesprochenen Fakten zusammen, dann ist die Frage nach einer Verbindung von Hexenprozessen und Gegenreformation nur in dem bekannten Sinne diskutabel, daß die Verfolgungsbefürworter meist zu den intransigenten Vertretern der konfessionellen Erneuerung und Expansion zählten, wie es G. v. Pölnitz für Julius Echter v. Mespelbrunn und A. P. Brück für Johann Adam v. Bicken beschrieben haben. Verallgemeinern läßt sich dieser Befund jedoch nicht, es gibt hier so wenig eine Automatik wie bei den Agrarkrisen. Mochten die Hexereianklagen und Prozeßwünsche einer unter schwerem Druck geratenen Bevölkerung noch so stark sein, die Obrigkeit konnte doch auf Beginn, Intensität und Dauer der Verfolgung entscheidenden Einfluß nehmen, wenn sie die Hochgerichtsbarkeit wirklich kontrollierte und das Regiment ausübte und sich nicht wie in Kurtrier das Heft aus der Hand nehmen ließ. Die individuelle

Mentalität des jeweiligen Fürsten darf also nicht unterschätzt werden. Ein gutes Beispiel ist der Freisinger Fürstbischof Veit Adam Gepeckh (1618–1651), der in Dillingen und Ingolstadt studiert hatte, ganz im Geiste der Gegenreformation erzogen worden war und auch in diesem Geiste wirkte. Trotzdem verkörperte er keineswegs den Typus des rigiden gegenreformatorischen Fürsten, und im Gegensatz zu so vielen geistlichen Landesherren seiner Zeit lagen ihm Hexenprozesse fern.[42]

Einige geistliche Fürsten, die als vom selben Geist geprägt gelten können, entschieden sich dagegen für Hexenverfolgungen und leisteten sich zum Teil die schlimmsten Exzesse. Friedrich Spee spielt in seiner »Cautio criminalis« auf geistliche Fürsten und ihre Handlanger als Hauptakteure an, zwar ohne Namensnennung, aber deutlich. Vor allem attackiert er den Kurfürsten von Köln. Sowohl in der Reichsstadt Köln wie von Paderborn aus hatte Spee den Vernichtungsfeldzug des Kurfürsten und seiner Hexenkommissare miterlebt. Sein im Frühjahr 1631 gedrucktes Buch gibt u. a. diese Erfahrungen wieder, mitunter ganz unverhohlen: Er nennt den skandalösen Henot-Prozeß und die Debatte über die Beweiskraft des Teufelsstigmas.[43] Nun waren aber die rigidesten Verfechter der Hexenprozesse und des kämpferischen Katholizismus zugleich eifrige Förderer der Jesuiten, weshalb es dem Orden so peinlich war, daß ausgerechnet ein Jesuit dieses Buch veröffentlichte. Es erschien zwar anonym, aber der Autor wie die Intention gegen die geistlichen Fürsten wurden in einschlägigen Kreisen sofort bekannt. Das zeigt ein Brief an den Osnabrücker Fürstbischof Franz Wilhelm v. Wartenberg – einer der Hauptakteure der Gegenreformation in Nordwestdeutschland und vertrauter Berater des Kölner Kurfürsten – vom 14. Mai 1631, worin der »pestilentissimus liber a Friderico Spe conscriptus et Rinteliae ipso dirigente impressus sub titulo ›Cautio criminalis‹« eingehend beschrieben wird.[44] Es gab sicher einige, die für den Verfasser des »pestilentissimus liber« den gleichen Wunsch hegten wie die beiden Hexenrichter »eines gewissen mächtigen Fürsten«, die Adam Tanners Einwände gegen die Hexenprozesse gelesen hatten und Spee mitteilten, »wenn sie diesen Mann zu fassen bekämen, dann würden sie ihn ohne langes Zögern foltern lassen«. Der Vorfall ist belegt. Am 27. Dezember 1630 berichtete der Leiter der Jesuitenniederlassung in Lippstadt, Pater Johannes Quinken, an den Ordensprovinzial über die üblen Methoden der kurkölnischen Hexenkommissare: »Die Herren Kommissare haben ganz fest beschlossen, keinen von uns mehr zur geistlichen Betreuung der Angeklagten, insbesondere der Hexen, zuzulassen, auch wenn diese uns namentlich und inständig darum bitten. Denn sie halten sogar uns für der Zauberei verdächtig. Ein Kommissar verstieg sich sogar zu der Behauptung, wenn er Pater Adam Tanner in die Finger bekäme, würde er ihn wegen Hexerei anklagen, weil er so nachsichtig über die Hexen schrieb und nicht alles dem Urteil des Richters überließ«.[45] Mit dem »gewissen mächtigen Fürsten« meinte Spee niemand anderen als den Kurfürsten Ferdinand von Köln.

3. Protestantische Gebiete

Die relativ prozeßarme Zone beginnt im Westen mit den HERZOG-TÜMERN JÜLICH-KLEVE-BERG und den GRAFSCHAFTEN MARK und RAVENSBERG. Dieser große niederrheinisch-westfälische Territorienblock wurde im 16. Jahrhundert von Düsseldorf aus vom jülich-klevischen Herrscherhaus regiert, von den Herzögen Johann (1511–1539), Wilhelm III. (1539–1592) und Johann Wilhelm (1592–1609). Hier ist eine Sonderform konfessioneller Entwicklung eingetreten, die kurz und treffend der Titel eines Buches von F. Heer umreißt: »Die Dritte Kraft. Der europäische Humanismus zwischen den Fronten des konfessionellen Zeitalters«. Diese mit dem Namen des großen Humanisten Erasmus von Rotterdam (1469–1536) verknüpfte Bewegung konnte inzwischen in mehreren europäischen Ländern nachgewiesen werden; ihre Wirksamkeit im niederrheinischen Gebiet wurde erst relativ spät aufgedeckt.[1] Diesem christlichen Humanismus galt literarische Bildung als Mittel zu religiöser Erneuerung durch Quellenstudium. Dem Ruf »ad fontes«, nämlich zu Bibel und Kirchenvätern, verband sich dabei scharfe Kritik an kirchlichen Mißständen und ein energischer Wille zu Reformen. Auf eine kurze Formel gebracht hieß das Programm: biblische Theologie, schriftgemäße Predigt, verinnerlichte Religiösität, Reinigung in Brauchtum und Zeremonien, Sakramente in biblischer Form, Priesterehe und Laienkelch. Die unübersehbare Nähe zu protestantischen Positionen hat in der älteren Literatur zu entsprechenden Fehldeutungen geführt, doch wurde inzwischen die spezifisch erasmische Ausrichtung dieser Kirchenpolitik nachgewiesen, die sich gleichermaßen gegen Protestanten wie gegen reformunwillige Altgläubige richtete. Erst die Konfessionalisierung, auf katholischer Seite mit dem 1563 abgeschlossenen Konzil von Trient besiegelt, hat dieser in Düsseldorf verfolgten Kirchenpolitik ein Ende gemacht.

In der ganzen Zeit verzichteten die Herzöge Johann und Wilhelm darauf, ihr Konfessionsbestimmungsrecht konsequent anzuwenden und die Einwohner ihrer Territorien auf ihre Linie zu zwingen. Die Folge davon war, daß in regional unterschiedlicher Dichte nicht nur Luthertum und Calvinismus in den jülich-klevischen Gebieten Fuß faßten, sondern vielfach auch eine Art unentschiedener Zustand eintrat.»Evangelisch zu werden und katholisch zu bleiben bedeutete für große Teile der Bevölkerung nicht unbedingt einen Widerspruch, solange es an der Sicherheit des Unterscheidenkönnens mangelte« – E. W. Zeeden hat seine Aussage mit eindrucksvollen Beispielen belegt.[2] Unter Herzog Johann Wilhelm änderte sich daran grundsätzlich nichts. Er war zwar seiner Erziehung nach ein entschiedener Verfechter der Gegenreformation, verfiel aber schon 1589 einer Geisteskrankheit. Unter seiner nominellen Regierung bekämpften sich konfessionell und politisch unterschiedlich ausgerichtete Gruppen am Hof in einer Art und Weise, daß sie sich gegenseitig die Waage hielten und damit in etwa die Fortdauer des Status quo bewirkten.

1609 starb der Herzog, und mit ihm erlosch seine Dynastie im Mannesstamm. Den komplizierten jülich-klevischen Erbfolgestreit mit seiner Einbettung in die Konflikte der großen europäischen Mächte zu schildern, ist hier nicht am Platze. Es genügt, die wichtigsten Ergebnisse für die fraglichen Territorien festzuhalten. Zwei lutherische Fürsten teilten sich die Erbschaft: Kurfürst Johann Sigismund von Brandenburg erhielt das Herzogtum Kleve und die Grafschaften Mark und Ravensberg, während Pfalzgraf Wolfgang Wilhelm von Pfalz-Neuburg die Herzogtümer Jülich und Berg an sich bringen konnte. Bis diese Regelung 1666 endgültig wurde, gab es zähe und verwickelte Kämpfe, für die sich beide Fürsten 1613 Verbündete sicherten. Beide wechselten in diesem Jahr die Konfession: Der Pfalz-Neuburger wurde katholisch und schloß sich an Habsburg an, der Kurfürst von Brandenburg trat zum Calvinismus über, der Konfession seiner holländischen Verbündeten. Schon 1609 aber hatten sich beide Fürsten den Ständen aller Teilgebiete gegenüber verpflichtet, »die Catholische Römische, wie auch die andere christliche Religion wie sowohl im Römischen Reich als dem vorstehenden Fürstenthumb Cleve und Grafschaft von der Marck in offentlichen Gebrauch und Übung auch in diesem Fürstenthumb Jülich an einem jeden Ort offentlich zu üben und zugebrauchen, zuzulassen, zu continuiren, und zu manuteniren und darüber Niemand an seinem Gewissen noch Exercitio zu turbieren, noch zu betrüben«. Dies ist bewertet worden als die erste gesetzlich festgelegte freie Religionsübung in Deutschland.[3] Die Wirklichkeit sah später anders aus. Jede Seite begünstigte nicht nur nach Kräften die eigene Konfession, sondern versuchte auch, mit Druck auf die Andersgläubigen im eigenen Land kirchenpolitische Ziele auf der anderen Seite durchzusetzen. Sehr zutreffend ist von »konfessionellem Kleinkrieg« gesprochen worden, der auch nach dem Westfälischen Frieden weiterging bis zu den Verträgen von 1672 und 1682.[4] Diese vergiftete Atmosphäre haben alle Konfessionen zu spüren bekommen, wenn auch in unterschiedlichem Ausmaß.

Es war eine ganz andere Atmosphäre, als sie am Hof Herzog Wilhelms III. geherrscht hatte, dessen Räte ganz in seinem Sinne die Meinung vertraten, »daß es ein gottloser Unfug sei, Widerwärtigkeiten auf den Teufel oder auf Zauberer zurückzuführen«.[5] In diesen Kreis geriet Johann Weyer, hier konnte er in wechselseitiger Beeinflussung sein Buch gegen die Hexenprozesse schreiben und die strikte Abneigung des Herzogs und des Hofes gegen die Durchführung solcher Prozesse bestärken. Weyer wurde 1515 oder 1516 in Grave an der Maas in Nordbrabant geboren, hielt sich 1532/33 als Schüler bei Agrippa von Nettesheim in Bonn auf und studierte anschließend in Orléans Medizin. Danach praktizierte er in seiner Heimat, ab 1545 war er Stadtarzt von Arnheim. 1550 nahm er die Stelle als Leibarzt des Herzogs in Düsseldorf an. Sein Buch schrieb er im Winter 1561/62 im Jagdschloß des Herzogs bei Jülich.

Einzelne Prozesse hatte es auch in Jülich-Kleve-Berg zu Anfang des 16. Jahrhunderts gegeben, das meiste Aufsehen erregte 1516 das Verfahren gegen eine Nonne aus Emmerich. Mit dem Regierungsantritt Wilhelms III. endeten bis auf wenige, vom Landesherrn nicht beeinflußbare Ausnahmen die Hexenprozesse.[6] Weyers Widmung an den Herzog ist zwar naturgemäß schmeichel-

haft, aber es spricht für sich, daß er seinem Fürsten mit drastischen Angriffen auf die Hexenlehre und die Prozesse gefallen
konnte. Er nennt Hexenprozesse ein »Blutbadt der unschüldigen«, bezeichnet den »Hexenhammer« als ungereimtes, läppi-
sches, »ja underweilen Gottlosen« Buch und kann schließlich
behaupten, niemand stimme in seinem Urteil über Hexen und
Hexenprozesse mehr mit ihm überein als der Herzog.[7] Dazu
beschreibt er in seinem Buch Maßnahmen des Herzogs bei Hexereianklagen, die für dessen Haltung charakteristisch waren. 1563
befand ein Bauer aus der Grafschaft Mark, seine Kühe lieferten
weniger Milch als früher. Damit ging er zu einem Wahrsager, der
alles sofort als Hexenwerk erklärte und ein junges Mädchen als
Täterin bezeichnete. Das Mädchen war »geständig«, nannte seinerseits gleich 16 Frauen als Komplizinnen. Der Herzog befahl,
das Verfahren niederzuschlagen, das Mädchen christlich zu un-
terweisen und dem Wahrsager den Prozeß zu machen – worauf
der Bauer befand, seine Kühe wären wieder in Ordnung.[8]
    Eine solche Einstellung zu Hexenprozessen verdient besonde-
res Interesse, wenn es sich um Territorien mit so ungewöhnlich
dichter Konfessionsmischung handelt. Diese Linie wurde auch
nach dem Aussterben der Dynastie 1609 von beiden Erbanwär-
tern beibehalten. Daß sich der katholische Pfalz-Neuburger dabei
vom Protestanten Weyer leiten ließ, ist schwer vorstellbar, zumal
in seinem Stammland, dem Fürstentum Pfalz-Neuburg, schon in
den Jahren 1589/90 Hexenprozesse geführt worden waren und
verstärkt unter seiner Regierung 1628–1630 geführt wurden. Für
Jülich-Berg blieb es jedoch bei der Ablehnung der Prozesse. Wie
schon erwähnt, wurde 1631 einem Übergreifen der kurkölnischen
Verfolgung vorgebeugt.[9] Für Weyers Buch ist eine direkte Wirkung nur auf den Fürstbischof Bernhard v. Raesfeld (1557–1566)
nachgewiesen, in anderen Fällen bleiben Ansätze, die kaum zu
verfolgen sind. Wie Weyer selbst sich eine Wirkung wünschte,
schilderte er am Beispiel Kurfürst Friedrichs III. von der Pfalz
(1559–1576), der sich durch seinen Kanzler für Weyers Ansichten
hatte gewinnen lassen und auch bei anderen Fürsten dafür wer-
ben ließ.[10]
    Erst im Vergleich mit den Nachbarterritorien wird der ganze
Unterschied in den Ausmaßen der Hexenverfolgung deutlich.
Kurtrier und Kurköln gehörten zur Kernzone, desgleichen der
sich östlich an die Grafschaft Mark anschließende westfälische

Raum. Neben solchen Verhältnissen wird der Raum Niedersachsen als Teil der prozeßarmen Zone erkennbar. Den Übergang nach Norden bilden die Fürstbistümer Münster und Osnabrück. Über Münster wurde bereits gesprochen, hier ist ein deutlicher Anstieg der Prozesse in der ersten Hälfte des 17. Jahrhunderts nachgewiesen, aber nur im Oberstift. Im HOCHSTIFT OSNABRÜCK sind Prozesse ab 1538 belegt, ebenso gewisse Schwerpunkte in den Jahren 1550–1560 und 1583–1586, doch von der Stadt Osnabrück abgesehen, von der noch zu sprechen ist, hält sich der Umfang der Prozesse in Grenzen. Aufgrund der – wenn auch nicht vollständigen – Amtsrechnungen wurden für die sieben Ämter des Hochstifts 53 Hinrichtungen in der Zeit zwischen 1544/45 und 1638 nachgewiesen. Dazu kommen weitere Anhaltspunkte, die darauf schließen lassen, daß Massenprozesse nicht stattgefunden haben. Wenn die Anklage überhaupt genannt wird, beinhaltet sie Schadenzauber, der Teufelspakt ist als Anklagepunkt nur einmal festzumachen, in einem Prozeß von 1691. Bezeichnet werden die Angeklagten als »Toversche«, nie als »Hexe«, und die Verfahren richteten sich in der Regel gegen Einzelpersonen, während sie nur selten zu Sammelprozessen wurden, die für Massenprozesse nach der Hexenlehre typisch sind. Den Prozessen kann durchaus die Hexenlehre zugrunde gelegen haben, aber die Frage, ob sie mehr traditionelle Schadenzauberprozesse waren oder nicht, ist in diesem Zusammenhang weniger wichtig als die Frage nach der Zugehörigkeit des Hochstifts zur relativ prozeßarmen Zone. Zum Vergleich sei ein Gegenbeispiel genannt: In der Fürstpropstei Ellwangen, südlich der Markgrafschaft Ansbach gelegen, wurden zwischen 1611 und 1618 Massenprozesse durchgeführt. Bis September 1613 waren 303 Menschen hingerichtet worden, aufgelistet in »Bränden« ähnlich den Würzburger Hinrichtungen, wo im Durchschnitt fünf bis sieben Personen jeweils gemeinsam exekutiert wurden.[11]

In der STADT OSNABRÜCK freilich ist ähnliches geschehen. Dort ist für die Zeit zwischen 1561 und 1639 die Hinrichtung von 276 Frauen und 2 Männern nachgewiesen. Die Konzentrationen sind eindeutig, allein 1583 gab es 121 Hinrichtungen, in den Jahren 1636–1639 noch einmal 55. Da von der ersten Massenverfolgung kaum Akten vorhanden sind, von der zweiten aber fast alle, ist diese letztere von der Forschung genauer untersucht worden.[12] Den politisch-sozialen Hintergrund bildete hier wie öfter im deutschen Nordwesten zum einen der Gegensatz von Stadt und Territorium, und zum anderen der soziale Aufstieg bürgerlicher Juristen in städtischen wie in landesherrlichen Diensten. Die Tendenz zur Professionalisierung und Bürokratisierung der Verwaltung machte sich im 16. und 17. Jahrhundert in Städten und Territorien gleichermaßen geltend. Sowohl in städtischen Diensten als auch in der territorialen Beamtenschaft boten sich den Juristen Wirkungsmöglichkeiten, die Angehörige dieser sozialen Gruppe in beide verfeindete Lager führte. Die einen blieben in der Stadt–Territorium-Konfrontation den um ihre Unabhängigkeit kämpfenden Städten verbunden, die anderen schlugen sich auf die territorial-absolutistische Seite: Erbitterte persönliche Kämpfe konnten dann leicht hinzukommen. Ein solcher Konflikt hat in der zweiten Verfolgungswelle in Osnabrück eine gewichtige Rolle gespielt. Im Kampf gegen den absolutistischen und gegenreformatorischen Kurs des Fürstbischofs hatte sich ein Dr. Pelzer ab 1627 zugunsten der lutherischen Stadt eingesetzt. Als der Fürstbischof vor den Schweden flüchten mußte, endete zwar die konfessionelle Seite dieses Kampfes, aber die absolutistischen Bestrebungen des schwedischen Statthalters schlossen sich nahtlos an. Dr. Pelzer leistete weiterhin Widerstand und nutzte seine Popularität in der Stadt, um zielstrebig den Bürgermeister Dr. Modemann aus seinem Amt zu verdrängen. Anfang 1636 wurde er selbst zum Bürgermeister gewählt, und ab jetzt verschmolzen endgültig die Stadt–Territorium-Konfrontation und Dr. Pelzers persönlicher Kampf um seine Machtstellung. Der neue Bürgermeister griff die bald ausbrechenden Hexereianklagen bereitwillig auf, um Dr. Modemanns Mutter darin zu verwickeln, der sich naturgemäß auf die Seite des schwedischen Landesherrn schlug. Je mehr der Landesherr, von Dr. Modemann und seinen Freunden alarmiert, in die Hexenprozesse einzugreifen versuchte, desto energischer verfocht die Stadt ihre Gerichtshoheit und setzte die Prozesse erst recht fort. Dr. Modemanns Mutter wurde trotz aller Anstrengungen ihres Sohnes hingerichtet, aber letztlich setzte der Landesherr sich durch, indem es ihm Anfang 1640 mit Hilfe einer innerstädtischen Oppositionsgruppe gelang, Dr. Pelzer zu stürzen. Ob die große Verfolgung von 1583, in der ebenfalls der Bürgermeister die Fäden zog, einen ähnlichen Hintergrund hatte, ist mangels Quellen nicht überprüfbar. Es wäre aber zu untersuchen, ob solche Stadt–Territorium-Konfrontationen nicht auch in anderen Verfolgungsgebieten eine Rolle gespielt haben.

Massenverfolgungen wie in der Stadt Osnabrück hat es weder im Hochstift Osnabrück noch im Hochstift Münster gegeben, am wenigsten im Niederstift Münster. Diese Gebiete gehören bereits zur prozeßarmen Zone, die sich von der Grenze der Vereinigten Niederlande, von der Grafschaft Bentheim, dem Niederstift Münster und der Grafschaft Ostfriesland über die Grafschaft Oldenburg, die Hochstifte bzw. Herzogtümer Bremen und Verden zu den welfischen Territorien erstreckt. Ausnahmen wie die Herrschaft Jever und die Herrlichkeit Kniphausen ändern nichts an diesem Befund.[13] Nachdem auch noch der welfische Herzog Heinrich Julius (1589–1613) als verfolgungssüchtige Schreckensfigur ausscheidet, weil sein angeblicher Massenterror als Fehlinterpretation einer immer wieder kritiklos abgeschriebenen Chronikstelle nachgewiesen ist, bleibt als Sonderfall in dieser Region noch Herzog August d. J. (geb. 1579, gest. 1666) aus der Dannenberger Nebenlinie des Hauses Braunschweig-Lüneburg, dem 1635 das Herzogtum Braunschweig-Wolfenbüttel im Erbgang zufiel. Hier in Wolfenbüttel hat er die berühmte Büchersammlung angelegt, die als »Herzog August Bibliothek« noch heute die Erinnerung an seinen Namen lebendig hält. Da er außerdem die Universität Helmstedt gefördert und sich auch sonst als Freund von Wissenschaft und Kunst hervorgetan hat, ist das Urteil über ihn in der Geschichtsschreibung entsprechend positiv.

Gar nicht günstig fiel dagegen das Urteil über sein Wirken vor dem Erbfall von 1635 aus. Damals residierte er in dem kleinen Braunschweig-lüneburgischen Amt HITZACKER an der Elbe, das ihm nebst einem bescheidenen Jahrgeld als Apanage zugewiesen war. In seinem Ein-Amt-Territorium hat er zwischen 1610 und 1615 Hexenprozesse durchführen lassen, denen rund 70 Menschen zum Opfer fielen. Da er sich auch an Untertanen seines Bruders im benachbarten Amt Dannenberg vergriff, drohte ihm dieser mit Militäreinsatz. Sein Bruder hielt die in Hitzacker geführten Prozesse für rechtswidrig, die zum Tode Verurteilten für völlig unschuldig: »... und der Scharfrichter«, so schrieb er im September 1610 an Herzog August, »den E. L. aldabei haben, sehet nun gerne, daß er die Wasserprobe muege erhalten, auf daß er desto mehr Geld verdiene und verbrennede woll alle die

Weiber, die im Land Lueneburg weren, wen es ihm nach seinen Willen ginge; auch mit den armen Leuten so umbgehen soll, daß sie mussen bekennen, das was sie ihr Tag woll nicht gethan haben«.[14] Über das weitere Verhalten des Herzogs in Hitzacker ist nichts bekannt.

Zu den Hexenprozessen im HERZOGTUM BRAUNSCHWEIG-WOLFENBÜTTEL vor und nach dem Regierungsantritt Augusts d. J. läßt sich aus sehr dürftiger Quellenlage nur feststellen, daß sie in unbekannter Zahl geführt worden sind und ab 1660 auslaufen. Daneben steht eine Angabe des Bürgermeisters Theodor Walter von Höxter, enthalten in einem 1656 verfaßten Bericht über die von ihm miterlebten Prozesse in der Stadt zwischen 1654 und 1656. Die Hinrichtung der Schwester seiner ersten Frau und das eigenmächtige Prozessieren hatten Theodor Walter zu der Einsicht gebracht, es seien etliche Unschuldige umgebracht worden. Zu dieser skeptischen Haltung hatte auch Herzog August beigetragen, der in seiner Eigenschaft als Erbschutzfürst von Höxter über die Prozesse in der Stadt informiert war. Der Herzog hatte damals das Schloß in Bevern erworben. Als der Bürgermeister und der Syndikus des nicht weit entfernten Höxter nach Bevern kamen, ließ er ihnen durch einen Beamten seine Meinung zu Hexenprozessen ausrichten: »Weitter habe ich auch vberlegt, was Ihr F. G. hertzog Augustus einsmahl zu Beffern durch dero H. hoffambtschreibern mir vndt dem H. syndico sagen lassen, das er auch woll 200 hexen brennen lassen, vndt gott gedanket, das er auffgehört hette«.[15] Nun sind auch im letzten Jahrzehnt von Herzog Augusts Regierungszeit in Braunschweig-Wolfenbüttel noch Hexenprozesse geführt worden, doch werden sie ab 1660 zu verhältnismäßig seltenen Einzelprozessen. Es kann durchaus als glaubwürdig gelten, daß der Herzog bis spätestens 1654/55 seine frühere Haltung geändert hat, aber die genannte Zahl bleibt trotzdem unkontrollierbar. Vorausgesetzt, der Herzog war einigermaßen richtig informiert und nannte nicht nur eine vage Schätzung, bleibt immer noch offen, wieviele dieser Opfer auf seine Zeit im Amt Hitzacker entfallen. Wenn dort nach 1615 nicht weiter verfolgt wurde, wenn es bei den 70 Hinrichtungen blieb, dann müßten im Herzogtum Braunschweig-Wolfenbüttel in der Zeit zwischen 1635 und 1654/55 noch 130 Menschen in Hexenprozessen den Tod gefunden haben. Die Richtigkeit dieser Angabe unterstellt, ändert sich am Gesamtbild der Region dennoch

nichts, denn die Verfolgungen im Amt Hitzacker wie in Braunschweig-Wolfenbüttel sind Ausnahmen, wobei Wolfenbüttel mit
seinen Hexenprozessen im Verhältnis zur Bevölkerungszahl immer
noch weit entfernt ist von jenen Exzessen, die bei kleinen und
großen Territorien in der Kernzone anzutreffen sind.

Ebenfalls zur prozeßarmen Zone dürfte SCHLESWIG-HOLSTEIN
zu zählen sein, auch wenn eine Gesamtübersicht aufgrund des
bisherigen Forschungsstandes nicht möglich ist. Die neueste
Untersuchung hat aber so eindrucksvolle Ergebnisse über die
Vielgestaltigkeit und die Eigenheiten der dortigen Prozesse erbracht, daß summarische Massenverfolgungen und Exzesse im
eben angesprochenen Sinne nicht zu erwarten sind.[16] Massenverfolgungen sind mit Ausnahme der mecklenburgischen Herzogtümer auch für Pommern, Kurbrandenburg, Kursachsen und Bayern nicht zu erwarten bzw. sie sind ausgeschlossen.

Ausgeschlossen sind sie im Fall BAYERN. Für Bayern wie für die
ganze Region Südostdeutschland liegt eine Arbeit vor, die als
abschließend bezeichnet werden kann. Im Herzogtum Bayern,
einem um 1600 straff verwalteten, ausgedehnten Territorialstaat,
in dem nahezu eine Million Menschen lebten, hat es, wie in der
ganzen Region, in den Jahren um 1590 Verfolgungen gegeben,
danach gehen sie wieder zurück. Im Herzogtum erreichten sie
nicht entfernt die Ausmaße wie in manchen Territorien der Kernzone.[17]

Ganz anders präsentiert sich der Forschungsstand für die vier
genannten ostdeutschen Territorien. In der ehemaligen DDR hat
das Thema Hexenprozesse kaum Beachtung gefunden mit dem
Ergebnis, daß, von Ausnahmen abgesehen, nur ältere Literatur
zur Verfügung steht. Eine dieser Ausnahmen ist eine breit ange-
legte Untersuchung über die Spruchpraxis der Juristenfakultäten
von Rostock und Greifswald in Hexenprozessen. Sie ermöglicht
wenigstens ansatzweise eine Orientierung. Es muß aber noch
einmal unterstrichen werden, daß alle Aussagen über diese Territorien nur ganz vorläufig sein können. Die Gutachten der beiden
Juristenfakultäten zeigen die folgende territoriale Verteilung:
Kurfürstentum Brandenburg 22, Herzogtum Braunschweig-
Lüneburg 13, Erzstift Bremen 7; Holstein: Herzogtum Holstein,
Grafschaft Holstein-Pinneberg, Stift Lübeck 56, Herzogtum Lau-
enburg 18; Mecklenburg: Herzogtum Mecklenburg-Schwerin,
Herzogtum Mecklenburg-Güstrow, Stift Schwerin, Stift Ratze-

burg 1072; Grafschaft Oldenburg 4; (Vor-)Pommern: Herzogtum Pommern-Wolgast 244; (Hinter-)Pommern: Herzogtum Pommern-Stettin, Stift Kammin 31; Herzogtum Schleswig 12, sonstige 6, unbestimmt 46.[18] Erfaßt sind die Jahre zwischen 1570/82 und 1630. Mehr als eine ungefähre Orientierung bieten diese Zahlen nicht. Denn erfaßt wird nur die Einschaltung der beiden Fakultäten in Hexenprozesse, zu denen sie ja keineswegs immer herangezogen wurden; außerdem spielt die geographische Entfernung der Gerichtsorte eine Rolle, von anderen Faktoren zu schweigen. Die Zahlen für Mecklenburg sind in ihrer Menge trotzdem aussagekräftig. In den Herzogtümern sind zwar keine Verhältnisse nachweisbar wie etwa in einigen fränkischen Hochstiften, aber es hat doch eindeutig mehr Hexenprozesse gegeben als in den bislang skizzierten Territorien der prozeßarmen Zone.

Für KURBRANDENBURG hat die Juristenfakultät der Universität Helmstedt mehr als doppelt so oft in Zaubereisachen gegutachtet wie Rostock und Greifswald zusammen, dank der geographischen Nähe. Die meisten Gutachten gingen in die Altmark und Priegnitz.[19] Aufschlußreicher sind die Entscheidungen des Brandenburger Schöffenstuhls, der sich sehr lange an die Bestimmung der Carolina hielt, die Todesstrafe nur bei nachgewiesenem Schadenzauber zu verhängen. Erst gegen Mitte des 17. Jahrhunderts gingen auch hier die Juristen dazu über, den Art. 109 zu ignorieren. In der Spruchtätigkeit des Schöffenstuhls erscheinen ab 1545 Todesurteile gegen jeweils eine, höchstens zwei Personen und dies in mehrjährigen Abständen, alles Indizien, die auf den klassischen Schadenzauberprozeß deuten. Erst 1565 wird gegen fünf Frauen in einem Prozeß entschieden, und hier taucht erstmals die Hexenlehre einschließlich der Walpurgisnacht auf dem Blocksberg auf. Aber noch 1580 wiesen die Brandenburger Schöffen im Fall einer Viehvergiftung die Annahme der Hexerei ab, weil 1. nur Vieh, aber kein Mensch geschädigt wurde und 2. der Schadenzauber nicht unter Anrufung des Teufels geschehen war.[20] Es ist auffallend, daß alle bis heute bekannten Fälle von Hexenprozessen in Kurbrandenburg auf maximal fünf Angeklagte beschränkt blieben. Kein Massenprozeß ist nachgewiesen, erst recht keine ausgeprägte Prozeßwelle oder Massenverfolgung. Zwar hat erst König Friedrich Wilhelm I. mit seinem Mandat von 1714 den Hexenprozessen ein Ende gesetzt, doch hat es aller Wahrscheinlichkeit nach schon seit dem letzten Viertel des 17. Jahrhunderts nur noch Einzelfälle gegeben. Zur Kernzone der Hexenprozesse ist Brandenburg sicher nicht zu zählen.

Vermutlich auch KURSACHSEN nicht, obschon eine Legende das Gegenteil behauptet: Es sind die 20 000 Todesurteile des Leipziger Schöffen Benedikt Carpzov (1595–1666). Das enorme Ansehen dieses Juristen beruhte auf seinen Veröffentlichungen, besonders auf einer Arbeit zum deutschen Strafrecht, die 1638 publiziert wurde und eine harte Haltung bei dem Zaubereidelikt vertrat. Dies hat dazu geführt, ihm die Verantwortung für angebliche Massenverfolgungen von Hexen in Kursachsen anzulasten, da er 38 Jahre lang dem Leipziger Schöffenstuhl angehörte. Dieses Gericht allein war befugt, in Kriminalsachen zu entscheiden. Die rund 2000 Gerichte im Kurfürstentum durften von sich aus weder die Folter verhängen noch Todesurteile fällen. Dem Leipziger Schöffenstuhl kam also eine zentrale Stellung zu. Die Massenprozesse dieser Zeit haben sich aber nicht nachweisen lassen trotz aller Carpzov-Legenden, denen W. G. Soldan folgende Variante hinzufügte:»Furchtbare Hexenbrände fanden im heutigen Königreich Sachsen statt. Die Kriminalordnung von 1572 des Kurfürsten August spornte den Jagdeifer nach Hexen in unerhörter Weise an. Von der Leipziger juristischen Fakultät erließ Carpzow seine Urteile, eines immer bluttriefender als das andere. So dekretierte er im August 1582 ...«.[21] Wenn einer schon 13 Jahre vor seiner Geburt angefangen haben soll, Todesurteile zu fällen, mag er es wohl auf 20 000 bringen. Soweit die Quellen erkennen lassen, hat sich der Leipziger Schöffenstuhl auch während der Zeit von Carpzovs Schöffentätigkeit in Hexenprozessen zurückgehalten. In welchen Dimensionen zu denken ist, zeigt die Feststellung von E. Boehm,»daß in den Jahren 1659 bis 1663 in Langensalza (Salza) eine häßliche Hexenverfolgung durchgeführt wurde, der mindestens zwei, vielleicht sogar drei Frauen zum Opfer fielen. Augenscheinlich waren der dortige Amtsverwalter und Scharfrichter fanatische Hexenverfolger und führten die ihnen obliegende Untersuchungspflicht besonders grausam durch. Aber solche Fälle sind im Gebiete des Leipziger Schöppenstuhls, aufs Ganze gesehen, doch sehr selten. Das wird besonders deutlich, wenn man ... die Größe des in Betracht kommenden Gebietes bedenkt ...«.[22]

Das bereits angesprochene Herzogtum Bayern noch hinzugenommen, schließt sich die Reihe der prozeßarmen Territorien halbringförmig um ein Gebiet, daß in Relation dazu als Kernzone

bezeichnet wurde. Die innerhalb der Kernzone gelegenen Territorien Landgrafschaft Hessen-Kassel und Herzogtum Württemberg sind allerdings auch relativ prozeßarm, die Kurpfalz vielleicht ebenfalls.[23] Wenn dies zutrifft, wird das Gewicht der Verfolgungsintensität auf seiten der katholischen Territorien im Verhältnis zu den protestantischen noch stärker. Insgesamt genügt
ein Blick auf die Landkarte um zu erkennen, daß sich die prozeßarme Zone mit dem Bereich der territorialen Großbildungen
deckt: Jülich-Kleve-Berg, die welfischen Fürstentümer, Kurbrandenburg, Kursachsen und Bayern. Auch der Nordwesten mit
Ostfriesland, Bremen/Verden und Schleswig-Holstein ist politisch nicht entfernt mit jener territorialen Zersplitterung zu vergleichen, wie sie in der Kernzone der Hexenprozesse vorherrscht.

Daß die Verfolgung dort ganz andere Dimensionen hatte, wird
sofort deutlich, wenn man von den Grafschaften Schaumburg
und Lippe im Norden oder den sächsischen Herzogtümern im
Südosten aus die Hexenprozesse im Bereich der großen territorialen Zersplitterung ins Auge faßt. In Schaumburg lag die Zahl der
Opfer über 200, in Lippe über 300, in der Grafschaft Waldeck über
200, Grafschaft Büdingen über 400, im kleinen Sachsen-Coburg
über 100. Der Coburger Schöffenstuhl gab 1628 dem Landesherrn
zur Konfiskationsfrage die originelle Auskunft, er sei zu Konfiskationen berechtigt, zumal die Hexen nach Ausweis vieler Geständnisse vom Teufel eine Menge Geld erhielten; dieses Teufels-
geld dürften die Erben natürlich nicht behalten, sondern es solle
zur weiteren Ausrottung der Hexen verwendet werden.[24] Selbst
in Kleinstherrschaften konnte es zu Massenprozessen kommen.
Eine auch nur ungefähre Gesamtübersicht liegt nicht im Rahmen
dieser Arbeit, hier geht es um die Frage nach der Haltung der
protestantischen Territorien innerhalb der Kernzone im Verhältnis zu den katholischen Territorien dieses Gebietes.

Für den deutschen Südwesten konnte ein starker Rückgang
der Prozesse in protestantischen Gebieten ab etwa 1600 nachgewiesen werden. Gleiches gilt für die Südostregion: »Die protestantisch regierten Städte und Territorien stellten nach dem Ende
der Verfolgungswelle von 1590 die Hexenhinrichtungen weitgehend ein ... Der Rückgang ›protestantischer‹ Hexenverbrennungen in Südostdeutschland korrespondiert mit gleichzeitigen Ent-
wicklungen im deutschen Südwesten ... Soweit man dies aus der
Literatur ... schließen kann, blieb in Mittel- und Oberfranken ein

breiter Territoriengürtel (Mgft. Ansbach, Bayreuth, Kur-Oberpfalz, Reichsstädte Rothenburg, Nürnberg, Dinkelsbühl, bis 1614 Pfalz-Neuburg) von Hexenverfolgungen in der Folgezeit frei«.[25] Wie gesagt, wenn die Landgrafschaft Hessen-Kassel und die Kurpfalz noch hinzukommen, bleiben auf protestantischer Seite als Gebiete mit hoher Verfolgungsintensität nur noch die Kleinterritorien in der Kernzone übrig.

Es ist festzuhalten, daß die territoriale und konfessionelle Zersplitterung ein wichtiger Faktor zur Stimulierung von Hexenprozessen war. Der Quellenbefund belegt eindeutig die Vorbildwirkung, die Verfolgungsgebiete gerade für ihre kleinen Nachbarn hatten. Dazu nur zwei Beispiele. In unmittelbarer Nachbarschaft der Stadt Dieburg im katholischen Kurfürstentum Mainz lag die Gemeinde Babenhausen, die zur calvinistisch regierten Grafschaft Hanau gehörte. In einer undatierten Bittschrift wandte sich die Gemeinde von Babenhausen an ihren Landesherrn: »Eß ist auch daß gemeine geschrey bey den benachbartten, Catholischen, Uff uns, undt andere Evangelische, so groß, daß sie uns bedauweren, deren bey Ihnen angebene Personen namen offentlich ann die Thor geschlagen, Auch außgetrewet würdt, daß bey ihrenn Teuffelischen Zuesammen Kunfften, mehr auß dem Evangelischen, Alß Catholischen ortten gesehenn werden«. H. Pohl kommentiert: »Kein Wort der Empörung über diese Verleumdung wird in der Supplikation laut, statt dessen trug man inständig die Bitte vor, auch ihnen die Erlaubnis zu gewähren, es ihren katholischen Nachbarn nachzumachen. Es handelt sich um ein besonders anschauliches Beispiel, welche Blüten die Konkurrenz der Konfessionen in einem territorial wie konfessionell zersplittertem Gebiet treiben konnte«.[26] Das zweite Beispiel liefert die schon beschriebene lutherische »Mustergemeinde« Winningen in der Nähe von Koblenz. 1631 waren dort die Hexenprozesse infolge der Kriegsereignisse abgebrochen worden. Im Juni 1640 richteten die Winninger eine Bittschrift an ihre Obrigkeit, in der sie um Wiederaufnahme der Verfahren baten mit der Begründung: »In allen benachbartten Derffern hatt die Churtrierische Herrschaft den Underthanen befohlen, mit Außrottung der Zauberey zu verfahren, worüber sie fleißig hallten, und weil wir zwischen ihnen liegen, stumfiren [= ›drücken‹] sie starck uff uns, eben als ob wir dieselbe [sc. die Zauberei] hegen unndt das Unkrauft nit außrotten lassen woltten«. Dazu bemerkt W. Rum-

mel: »Für den lutherischen Gemeinsherrn galt es jedoch, die
religiöse Unanfechtbarkeit seiner Untertanen auch dadurch zu
erweisen, daß man den benachbarten ›Papisten‹ bei der Verfolgung der ›Hexen‹ keinesfalls nachstehen würde«.[27]

Geht es wirklich um »Blüten« der territorialen und konfessionellen Konkurrenz, um seltene Extremfälle, oder wird hier eine
Wurzel der Verfolgungsdynamik in der ersten Hälfte des 17.
Jahrhunderts sichtbar? Angenommen, die Kleinterritorien sind
auf der oft angesprochenen Basis struktureller Bedingungen wie
Agrarkrisen usw. von den verfolgungsintensiven größeren Territorien mitgerissen worden, dann hat die Gegenreformation Pate
gestanden. Gegenreformation nicht im Sinne von Protestanten-
ausweisung nach dem Konfessionsbestimmungsrecht des Augsburger Religionsfriedens, sondern im Sinne der rigiden inner-
kirchlichen Reform und Expansion, die auch den oben geschilderten Fürstentypus geprägt hat, dem die schärfsten Verfolgungsbefürworter entsprachen. Denn die Vorreiter der Verfolgungen in
der Kernzone waren zu dieser Zeit geistliche Territorien wie
Bamberg, Würzburg, Mainz, Trier, Köln, Paderborn.

Bemerkenswert ist in diesem Zusammenhang der Fall SACH-
SEN-COBURG. Dieses lutherische Kleinterritorium mit gemeinsa-
mer Grenze zu Bamberg erlebte in den späten 1620er Jahren eine
Auseinandersetzung zwischen der verfolgungswilligen Geistlichkeit und Verfolgungsgegnern aus den Kreisen der Juristen.
Die Verfolgungsbefürworter nahmen die Massenprozesse im
Hochstift Bamberg zum Vorbild, die Gegner orientierten sich
nach Bayern, wo größere Verfolgungen längst eingestellt worden
waren.[28] Der Landesherr, Herzog Johann Casimir, entschied für
die Prozesse. Die Entscheidung fiel allgemein auf der Territorial-
ebene. Die Übereinstimmung zwischen »unten« und »oben«,
zwischen den Prozeßwünschen aus der Bevölkerung und der
obrigkeitlichen Zustimmung war zwar die Regel, aber die Entscheidung lag letztlich bei der Obrigkeit, sofern sie die Zügel
wirklich in der Hand hatte. Das war nicht immer der Fall. Es gab
gerade in den Klein- und Kleinstterritorien Landesherren, die
durch Familienstreitigkeiten, Prozesse, Landesteilungen und vor
allem durch hohe Verschuldung praktisch derartig machtlos waren,
daß sie sich jedem Druck ihrer Untertanen beugen mußten. Aber
auch in anderen Situationen konnten Prozeßwünsche aus der Bevölkerung Obrigkeiten zu einer Zustimmung bewegen, der sie ei-

gentlich widerstrebten. Diese Intention von »unten« konnte trotzdem obrigkeitlich beeinflußt sein – nicht durch die eigene Obrigkeit, sondern durch eine fremde auf dem Wege über die Vorbildwirkung. Beispielsweise sind durch das kurkölnische Exstirpationsprogramm Gemeinden im benachbarten Jülich und Berg zu Prozeßwünschen stimuliert worden, die von Düsseldorf aus abgewehrt werden mußten.

Die wahrscheinlich wirkungsvollste Art der Beeinflussung durch Vorbildwirkung lief über die Kondominate, Gebiete, die von zwei Obrigkeiten gemeinsam regiert wurden. Es erübrigt sich, auf Einzelheiten der Reichsverfassung einzugehen, die teilweise so kompliziert waren, daß selbst die unmittelbar Beteiligten nicht mehr durchblickten, und mit denen sich die Reichsgerichte oft jahrelang vergeblich befaßten. Der Hinweis soll genügen, daß es Gebiete gab, die von mehreren Obrigkeiten regiert wurden, z. B. Vierherrenstädte, die auf den ersten Blick an den früheren Viermächtestatus von Berlin erinnern. Die verbreitetste Form dieser »Gemeinherrschaften« waren aber die Kondominate mit zwei Obrigkeiten. Sie enthielten fast immer Zündstoff für Reibereien oder massive Streitigkeiten, und dieser Zündstoff wurde durch die Glaubens- und Kirchenspaltung und die anschließende Konfessionalisierung erheblich vermehrt. Die konfessionelle Entwicklung ergab häufig Verwaltungspartnerschaften zwischen den größten Gegensätzen.

Ein Beispiel ist das FREIGERICHT ALZENAU, östlich Frankfurt zwischen Hanau und Aschaffenburg gelegen. Dieses kleine Gebiet, das in der Zeit um 1600 aus 13 Dörfern mit etwa 3000 Einwohnern bestand, war im Jahr 1500 vom Kaiser dem Kurfürsten von Mainz und dem Grafen von Hanau als gemeinsames Mannlehen verliehen worden. Ab den 1520er Jahren drang langsam das Luthertum in die Grafschaft ein, dem im späten 16. Jahrhundert die reformierte Lehre folgte. Der Calvinismus wurde endgültig durchgesetzt, als 1595 mit Graf Philipp Ludwig II. ein energischer Verfechter dieser Konfession an die Regierung kam, der sofort den Heidelberger Katechismus einführte und die Bilder aus den Kirchen entfernen ließ. Mit der Wahl von Johann Adam v. Bicken zum Kurfürsten im Jahre 1601 regierten also ein gegenreformatorischer Erzbischof und ein kämpferischer Calvinist gemeinsam im Kondominat. Die Einwohner des Freigerichts waren katholisch, und die geistliche Gerichtsbarkeit stand allein dem Erzbischof zu. Mit Hilfe des alternierenden Vorschlagsrechts für die gemeinsam zu besetzenden Beamtenstellen konnte der Graf 1602 einen Mann seiner Wahl als Amtmann plazieren, der nun einiges unternahm, um den Calvinismus ins Freigericht zu bringen, während der Kurfürst natürlich solche Maßnahmen abwehrte. In dieser Zeit begannen in Alzenau Hexenprozesse, die erste Hinrichtung erfolgte am 10. September 1601. Als am 15. Januar 1605 die Prozesse ihr vorläufiges Ende fanden, waren 139 Menschen getötet worden, 126 Frauen und 13 Männer, rund 4,5% der Einwohner.[29] Die Prozesse sind einzuordnen in die Verfolgungen, die in diesen Jahren im ganzen Untermaingebiet festgestellt werden können. Der Auslöser dürfte in Kurmainz zu suchen sein, von dort kamen die Prozesse nach Hanau herüber. Die Vorgänge im hanauischen Amt Babenhausen sind bezeichnend, wo die Bevölkerung mit ihren Bittschriften die Erfüllung ihrer aus Kurmainz inspirierten Prozeßwünsche erreichte.[30] Widerstand der Hanauer Obrigkeit gegen die Prozesse ist auszuschließen, hanauische und kurmainzische Beamte handelten einträchtig, und beide Regierungskanzleien bestätigten jeweils die Urteile.

»Lieber getrewer, Nachdem vielfaltige Clagen vorkommen, das Leuth unnd Viehe merklich beschedigt und plötzlich dahinsterben, mit vorwendung, das solches übel von bösen Leuthen oder Zauberinnen enthspringen soll, und wir deswegen zu viel mhalen umb ausrottung etlicher angebener Hexen seindt angelanget worden, haben wir unsers tragenden Obrigkeit-Standts und Ambts halben diesem schedlichen und wolbedenklichen werkh nicht allein vor unsere Person, und wie deme etlicher massen durch Gottes verhengnus und willen möge vorkommen werden, nachgedacht, sondern auch bei vornemen Standes personen, in- und ausslendischen Rechtsgelärten, gebührlichen rhats pflegen lassen, Verstehen aber dieselbe dahin, wie wir auch vor unsere Person wissen: Das in sachen, so leib und leben, insonderheit aber die seel seligkeit betreffen, nicht liederlich und uff blosse anzaige gehandlet, noch zum gefenglichen angrieff ehe besserer erkhundigung, viel weniger zum Fewer damit will geeilet sein«.[31] So schrieb 1582 Graf Johann VI. v. Nassau-Dillenburg (1560–1606), Bruder Wilhelms v. Oranien und führender Vertreter des Calvinismus im Reich, unter dessen Regierung die Grafschaft eine relativ große politische Bedeutung hatte. Seine im Anschluß an diese Äußerungen aufgestellten Verhaltensregeln bei Hexereianklagen für die Schultheißen sind von Vorsicht geprägt, wenngleich es auch in seiner Regierungszeit Hexenprozesse gegeben hat. Diese Anweisungen vom 28. Juli 1582 sind durch Bittschriften vom April des gleichen Jahres initiiert worden, denen die Geständnisse von sechs im Jahre 1578 zu Diez verbrannten Frauen beigefügt waren. In den Bittschriften wird auch auf das Vorgehen gegen Hexen in benachbarten Ländern Bezug genommen – die Vorbildwirkung sollte zu einer Konstanten in den nassauischen Hexenprozessen werden. Daß übrigens auch ein Landesherr in starker Position die Prozeßwünsche seiner Untertanen nicht einfach ignorieren kann, zeigen diese Supliken ebenfalls. Trotz des devoten Tons ist der Inhalt keineswegs devot, wenn beispielsweise dem Grafen klargemacht wird, daß die Hexen schwer dem Vieh schaden, »darvon wir weib und kindt erhalten undt E. G. das ihre mit schatzung, dienst und bede verrichten sollen«.[32] Unter seinen schwachen Nachfolgern griffen Bauern erfolgreich zum Mittel des Fronstreiks, um Prozesse zu erzwingen.

Auf die Hexenprozesse im Nassauischen wird hier ausführlicher eingegangen, weil sie für viele Fragen wichtig sind, die im Zusammenhang mit der größten Verfolgungswelle im Reich in den späten 20er Jahren des 17. Jahrhunderts auftreten. Die politische Stellung der Grafschaft ging mit dem Tod Johanns VI. verloren, wozu er selbst kräftig beigetragen hat, indem er testamentarisch das Land für seine Söhne zerstückelte: Fünf nassauische Grafschaften waren das Ergebnis zuzüglich zahlreicher Zwistigkeiten und Erbstreitereien. In europäischer Perspektive schien sich freilich der Calvinismus unerwarteten Erfolgen zu nähern, als die aufständischen Böhmen 1618 dem Haus Habsburg die Länder der Wenzelskrone entrissen und den Führer des deutschen Calvinismus, den Kurfürsten Friedrich v. d. Pfalz, zum neuen König von Böhmen wählten. Es ist aus der Rückschau leicht, die französische Politik der Kurzsichtigkeit zu bezichtigen, weil sie im Juli 1620 den Ulmer Vertrag und damit die Neutralisierung der protestantischen Union vermittelte, aber aus der Sicht des Sommers 1620 sah das anders aus. Ging für Frankreich bis dahin eine Gefahr von Habsburg aus, so drohte sie jetzt von einem Machtvakuum auszugehen. Die Lage Kaiser Ferdinands II. wurde als sehr schlecht eingeschätzt, das Reich der deutschen Habsburger lief Gefahr, sich in calvinistisch geführte Teilgebiete aufzulösen. Sechs Jahre später war die Situation umgekehrt. Der böhmische Aufstand war niedergeschlagen, die ständische Macht im Grund zerstört. Den Kurfürsten v. d. Pfalz hatte die Reichsacht getroffen, seine Länder waren von der Liga und den Spaniern besetzt. Der in den Krieg eingetretene König v. Dänemark hatte in der Schlacht bei Lutter am Barenberge im August 1626 eine empfindliche Niederlage erlitten. Die katholischen Mächte im Reich befanden sich auf der Siegerstraße.

Zu dieser Zeit begannen am Wiener Hof Überlegungen, den deutschen Protestanten die seit 1555 erworbenen Kirchengüter wieder zu entreißen, letztlich die Axt an die Wurzel der »Ketzerei« zu legen. Die militärisch noch nicht ganz eindeutige Lage und Bedenken wegen des reichsrechtlich mehr als zweifelhaften Inhalts haben die Publizierung des »Restitutionsedikts« bis März 1629 verzögert. Aber längst vorher waren diese Pläne bekannt. Der Kurfürst von Trier begann wohl kaum zufällig seine Restitutionspolitik gegen die nassauischen Grafen im Herbst 1626, als die kaiserlichen Absichten zur generellen Unterdrückung des Calvinismus im Reich bekannt wurden: »Beide Vorgänge, äußerlich scheinbar bezugslos nebeneinanderstehend, sind in enger Verbindung zu sehen: Politischer Druck in der Religionsfrage, gestützt auf die militärischen Erfolge in den 20er Jahren, setzte jenen Prozeß in Gang, der auch die Frage der Restitution geistlicher Güter sehr beförderte. Das Element der Drohung und die Befürchtung von ihrer Umsetzung in die Praxis werden zum konstitutiven Merkmal katholischer Politik im Vorfeld des Restitutionsedikts«.[33] Gehören zu diesen scheinbar bezugslos nebeneinanderstehenden Vorgängen nicht auch die aufs höchste gesteigerten Hexenverfolgungen der Jahre ab 1626? Die Gelegenheit war günstig, mit der protestantischen »Ketzerei« auch die Hexensekte endgültig auszurotten. Die intransigenten, persönlich kompromißlosen geistlichen Fürsten wurden durch die Gunst der Stunde stimuliert und zogen die kleineren Nachbarn mit. All dies spiegeln die Vorgänge in den nassauischen Grafschaften wider.

Sie waren aufs höchste gefährdet. Neben der geplanten Calvinistenunterdrückung bedrohte sie ein fiskalischer Prozeß, der gegen sie wegen Unterstützung des Kurfürsten v. d. Pfalz im böhmischen Krieg eröffnet wurde. Der zum Katholizismus konvertierte Graf Johann VIII. v. Nassau-Siegen intrigierte in Wien gegen seine Verwandten, besonders gegen Ernst Casimir v. Nassau-Diez, der sich als friesischer Statthalter in den Niederlanden aufhielt. Der Rückfall aller nassauischen Länder mit Ausnahme des katholischen Siegener Teils an den Lehnsherrn, den Kaiser, stand bevor. Die Restitutionen geistlicher Güter in Nassau-Diez durch Kurtrier liefen bereits.[34] Im Jahr 1629 setzte die Massenverfolgung gegen die Hexen ein, der bis 1659 204 Frauen und 27 Männer zum Opfer fielen, davon in den Jahren 1629 bis 1631 allein 190. Dies sind aber nur die namentlich bekannten Opfer, insgesamt sind den nassauischen Hexenprozessen über 400 Menschen zum Opfer gefallen, vorsichtig geschätzt.[35] Der hauptsächlich damit befaßte Beamte war Dr. Martin Naurath, in Vertretung des abwesenden Grafen Befehlshaber und Amtmann von Nassau-Diez. Am 21. April schrieb er an die Marburger Juristenfakultät, die sehr oft in nassauische Hexenprozesse dieser Zeit eingeschaltet wurde, »und mag daruf dienstlich nicht bergen, daß, demnach an umbliegenden Orten die Process gegen das teuflische Laster der Zauberei stark continuirt werden, auch die Unterthanen nicht allein in dieser Grafschaft, sondern theils zugehörigen Gemeinschaftsorten darauf so eifrig tringen«.[36] Jedesmal kamen die großen Verfolgungswellen aus Kurtrier über die Kondominate.

Das blieb auch nach Nauraths Tod 1637 so. 1644 schrieben die Räte an Graf Ludwig Heinrich v. Nassau-Dillenburg: »Und mögen deroselben hiermit unverhalten, wasmaßen wegen des hochstrafbaren Hexereilasters in hiesiger Nachbarschaft, unter den Churfürstlich Trierischen wie auch in dem Gemeinschaftsort Mursfelden unterschiedliche mißtätige Personen kurz verwichener Zeit eingezogen und hingerichtet worden«.[37] Die Räte sprechen sich bei dieser Gelegenheit dringend gegen Hexenprozesse aus, sie führen wirtschaftliche Gründe ins Feld, weil die Untertanen durch die Prozesse ruiniert werden. Außerdem sind ihrer Meinung nach ganz offensichtlich Unschuldige ums Leben gebracht worden: »Daß nämlich viele durch die Gewalt und Wirksamkeit der Tortur unschuldig ums Leben gekommen sind, steht einwandfrei fest« (Multos enim innocenter torturae vi et efficacia periisse, satis superque constat). Aber dann kommt wieder das Argument mit der konfessionellen Konkurrenz und wirft alle Vernunft über den Haufen. In Kurtrier werden die Hexen verfolgt, »zu gleichmäßiger Bestrafung solches hochschädlichen Lasters uns nicht weniger emsig und eifrig zu bezeigen, gestalt dann, als auf unterschiedlicher Dorfschaften und Gemeinden beschehenen inständiges Anhalten ihnen zu Austilgung solchen

Lasters etzliche gewisse Ankläger hiezu bestellt und in wirkliche Pflichten genommen worden, es erfolget, daß deren allbereits drei in dem Gemeinschaftsamt Kirberg, zwei zu Camberg ...« – Kirberg und Kamberg sind Kondominate. Calvinisten, schärfste konfessionelle Gegner, versuchen hier, den Katholiken zu beweisen, daß sie nicht weniger energisch gegen die Hexensekte vorgehen. Die Gegenreformation steht Pate.

V. Mörder oder nicht?

1. Das Ende der Verfolgung

Der Befehl der Königin Christina von Schweden aus dem Jahr 1649 gegen Hexenprozesse ist nicht nur selbst berühmt geworden, sondern hat auch den Ruf der Schweden gefestigt, nach ihrem Einmarsch ins Reich 1630 überall in ihrem Machtbereich die Hexenprozesse unterdrückt zu haben. Dem Reskript von 1649 lagen Hexenprozesse in der Stadt Verden zugrunde, in deren Verlauf drei Mitglieder führender Familien angeklagt wurden, die sich bei den schwedischen Behörden erfolgreich zur Wehr setzten. Die Entscheidung aus Stockholm bezog sich auf diesen Fall, lehnte im Tenor aber die Hexenprozesse allgemein ab.[1]

Der Wert dieses Reskripts ist unbestritten, völlig verhindert wurden die Prozesse in den deutschen Besitzungen der Krone Schwedens damit jedoch nicht. Auch die Aussage, die schwedischen Heere hätten in ihrem Machtbereich ab 1630 die Hexenprozesse beendet, ist korrekturbedürftig. Erstens waren in weiten Teilen Süddeutschlands und besonders in den fränkischen Hauptverfolgungsgebieten Würzburg und Bamberg die Prozesse bereits vor dem schwedischen Einmarsch eingestellt worden – darauf ist noch zurückzukommen. Zweitens endeten zwar beim Einmarsch der Schweden und ihrer Verbündeten vielerorts die Prozesse, aber das dürfte eher eine Folge der Kriegsereignisse gewesen sein und nicht auf eine gezielte Aktion zurückgehen. Beim Einmarsch der mit Schweden verbündeten hessen-kasselischen Truppen in das Fürstbistum Paderborn 1631 beispielsweise wurden alle noch wegen Hexerei Inhaftierten der Herrschaft Büren freigelassen. Aktenvermerke bringen mit Bedauern zum Ausdruck, die Verfahren hätten wegen der Soldaten eingestellt werden müssen. Als der Hexenkommissar Lic. Dietrich von der Stegen um die Wende 1636/37 in der kurkölnischen Unterherrschaft Brauweiler schon 60 oder mehr Menschen hatte hinrichten lassen, lautete der ebenfalls bedauernde Kommentar des Chronisten: »und wenn der Krieg es nicht unmöglich gemacht hätte, wären vielleicht mehr verbrannt worden« (et nisi bellum impedivisset, forsitan plures excombussae fuissent). Daß Kriegsereignisse nicht nur Hexenprozesse, sondern die gesamte Justiz ausschalten konnten, zeigt die Notiz eines Wolfenbütteler Gerichtssekretärs, der beim Vordringen der Ligaarmee 1627 feststellte: »in diesem jar hett sich die heilsame justitia gantz und gar under die banck verkriechen mussen«.[2] Hier liegt möglicherweise der Grund dafür, daß das kurkölnische untere Erzstift mit Hexenprozessen kaum in Erscheinung tritt, da es früher und stärker von Kriegsereignissen erfaßt wurde. Mit Sicherheit gilt dies für das Vest Recklinghausen.

Neben solchen äußeren Einwirkungen spielt bei Hexenprozessen oft der Widerstand eine Rolle, der intern zur Geltung kommt, der vom Fürsten selbst, seinen Beratern oder Behörden ausgeht. In Bayern etwa ist dieser Kampf zwischen Verfolgungsbefürwortern und Verfolgungsgegnern auf der Regierungsebene besonders deutlich. Im Fall Kurköln ist dergleichen nicht bekannt. Wie im einleitenden Kapitel beschrieben, sind von der Geheimen Registratur heute nur noch unzusammenhängende Bruchstücke erhalten. Über Parteiungen und die interne Willensbildung am kurfürstlichen Hof läßt sich nichts sagen. Die Hofratsprotokolle lassen keinerlei Widerstreben gegen das Ausrottungsprogramm erkennen, im Gegenteil, der Hofrat lenkt diensteifrig den Vernichtungsapparat. Trotzdem ist es schwer vorstellbar, daß in der gesamten Beamtenschaft auf der Regierungsebene nicht die leiseste Meinungsverschiedenheit in der Hexenfrage bestanden haben soll. Tatsächlich findet sich ein kleiner Hinweis, der zumindest die Möglichkeit einer differenzierten Haltung andeutet. Als Hermann Löher nach seiner Flucht nach Amsterdam vom Rheinbacher Gericht vorgeladen wurde, erhielt er eine Warnung: »Angesehen Ihro Churfürstliche Durchleuchtigkeit van Cöllen geheimer Raht Adamus Herrestorf hat mir zu comperiren gantz und zumahl abgerahten, nicht vor dem Blut-raht zu Reimbach zu erscheinen. Danck habe der Sälige Hoch Weiser Fürstlicher geheimer Raht«.[3] Selbstverständlich sind aus dieser spärlichen Notiz keine weitreichenden Folgen abzuleiten, sie signalisiert lediglich, daß in Hofkreisen nicht immer und in allen Punkten Übereinstimmung geherrscht hat.

Passiver Widerstand – aus welchen Gründen auch immer – ist in der Anfangsphase in den Ämtern Nürburg und Andernach zu beobachten, wo erst besonderer Druck der Zentrale die Massenprozesse in Gang brachte. Eindeutig ablehnend war der Stadtrat von Andernach – bis der Kurfürst selbst eingriff. Widerstand gegen Hexenprozesse kann sich weiterhin in der Haltung der Landesuniversität manifestieren. Um noch einmal das Beispiel Bayern aufzugreifen: Hier hat die Universität Ingolstadt im Rahmen ihrer Möglichkeiten zur Eindämmung der Hexenprozesse beigetragen.[4] Daß die Kölner Universität reichsstädtisch war, schließt ihren Einfluß auch auf kurkölnische Hexenprozesse nicht aus; ihre Rolle bei der Juristenausbildung zeigt dies. Ähnliches wie von Ingolstadt ist von der Kölner Universität aber nicht bekannt, allerdings haben sich bislang auch nur vier einschlägige Gutachten der Kölner Juristenfakultät gefunden. Bei mehreren Juristenfakultäten ist Spruchpraxis in Hexenprozessen so minimal belegt, daß weitgehende Urteile gar nicht möglich sind. Die Kölner Juristenfakultät hat die Hexenlehre im 16. und 17. Jahrhundert voll vertreten, soviel läßt sich den vier Gutachten entnehmen, mehr nicht. Daß sie in ihrer letzten gefundenen Stellungnahme zu einem nassauischen Hexenprozeß 1630 die vierte Tortur für eine schon dreimal gefolterte Frau ablehnt, entspricht der Meinung auch der schärfsten Verfolgungsbefürworter.[5] Widerstand gegen das Ausrottungsprogramm oder auch nur der Versuch einer mäßigenden Einwirkung kann der Kölner Juristenfakultät nicht bescheinigt werden.

In ihrer Wirkung schwer abschätzbar ist jene Form des Widerstandes, die sich in Wort und Schrift geäußert hat. Die Hexenprozesse sind zu keiner Zeit ohne mehr oder weniger scharfe Kritik geblieben, auch die Verfolgung in Kurköln hat eine unbekannte Zahl von Gegnern gefunden. Hermann Löher hat einige von ihnen namhaft gemacht: »Dan ich nicht allein gegen die falsche Zauberprocessen geschrieben, sonderen andere mehr, als da sein gewesen die Ehrwürdige Herrn der Societät Jesu, Tannerus, der Auctor Cautio Criminalis, Pater Johannes Freylinck, Prediger Ordens Doctor, Herr Antonius Praetorius Protestantischer Religion, der Herrn Winandi Hartman Pastor zu Reimbach 2 Brieffen und der Herr Michel Stapirius, Pastor zu Hirschberg in Westphalen«.[6] Praetorius, Tanner und Spee waren Publizisten von Rang, wenn auch der Verfasser der anonym erschienenen »Cautio criminalis« in weiten Kreisen unbekannt blieb. Stapirius, Freylink, Hartmann und der an anderer Stelle erwähnte Pastor Hubertus von Meckenheim sind damit nicht vergleichbar, sie haben auf andere Weise gewirkt. Der evangelische Pfarrer Anton Praetorius war schon 1598 mit seiner Schrift gegen die Hexenprozesse aufgetreten, der Jesuit Adam Tanner hatte 1627 den dritten Band seiner »Theologia moralis« mit der Kritik an den Verfahren veröffentlicht. Die »Cautio criminalis« von 1631 ist in der Konfrontation mit der kurkölnischen Verfolgung geschrieben worden und nimmt mehrfach auf sie Bezug, das Buch kann durchaus zum Widerstand gegen das Ausrottungsprogramm gerechnet werden. Löher sah in der »Cautio criminalis« die von ihm angeprangerten kurkölnischen Verhältnisse. 1637 hatte ihm Johannes Freylink noch geschrieben: »Wünschete, ihr könte mehr Lateinisch, so wolte ich euch ein schönes Büchlein, genent Cautio criminalis 51 dubii schicken, in welchen der Hexen Commissarien unrichtiges verfahren mit lebendigen farben herfür gestrichen und abgemahlet wirdt«.[7] Hermann Löher hat sich später eine deutsche Übersetzung verschafft und sie in seinem Buch gründlich verwertet.

Ganz unmittelbar aus dem Widerstand gegen das Ausrottungsprogramm ist die Schrift von Michael Stappert, latinisiert zu Stapirius, erwachsen, die nur erhalten ist, weil Löher sie in sein Buch aufgenommen hat. Stappert war kein Gelehrter, sondern schlichter Landpfarrer in Hirschberg im Herzogtum Westfalen. Seine Schrift gibt seine Erfahrungen mit den Opfern des Hexenkommissars Dr. Heinrich v. Schultheiß wieder. Unter Angaben von Personennamen, Ort und Zeit hat er 21 Hexenprozesse geschildert, die ihn zur Einsicht brachten, daß alle Opfer völlig unschuldig waren. Als Seelsorger betreute er Verurteilte, die ihm in Abwandlungen das sagten, was ein Bierbrauer eine halbe Stunde vor der Hinrichtung in folgende Sätze gefaßt hat: »... sie haben mich durch unerleidliche Pein und Marter gezwungen dinge zu sagen, welche ich niemahlen gedacht, ich geschweige zu thun, und haben mich gezwungen zu sagen, ich wäre ein Zauberer, aber Gott der Herr ist mein Zeuge und mir ein festes Gewissen, daß ich nicht weiß, was zauberen ist ... Ich muß nun bald für den Richtern zu allen meinen gethanen Lügen-Bekantnüssen Ja sagen, da zwingen einen die Schelmen zu. Sage ich die Wahrheit und revocire, so peinigen sie mich widerumb, und welcher Mensch kan solch foltern, marteren und peinigen ander mahl außste-

hen?«.[8] Was hat Michael Stappert mit seiner Einsicht bewirken
können? Nachweislich ist eine Folge eingetreten: Als Pastor von
Hirschberg hat er eigenem Geständnis nach ursprünglich selbst
von der Kanzel aus zur Hexenverfolgung aufgerufen. Das hat er
nach dem ersten Zusammenstoß mit Kommissar Schultheiß 1617
gelassen. Er kann sich darüber hinaus bemüht haben, möglichst
viele Menschen, Gemeindemitglieder und Amtsbrüder, von seiner Einsicht zu überzeugen.

Solche Formen des Widerstandes sind nicht gering zu veranschlagen, wie auch andere Beispiele zeigen. Der Rheinbacher
Pastor Winand Hartmann hat auf offener Straße Schöffen ins
Gewissen geredet, der Pastor Hubertus von Meckenheim ris-
kierte es sogar, von der Kanzel gegen die Hexenprozesse zu
predigen. Auch der aus Rheinbach gebürtige Dominikaner Dr.
Johannes Freylink, Löhers Freund von Schulzeiten an, war mit
dem Verfasser der »Cautio criminalis« einer Meinung und machte keinen Hehl daraus: »eins darff ich keck schreiben, das, wan sie
mit ihre Execution so forthfahren, alle Reimbacher zuletzt müssen eingeäschert werden«. Freylink wirkte im Verborgenen, so
gut er konnte, obschon es für ihn besonders gefährlich war, weil
schon einer seiner Vettern vor einer Hexereianklage geflohen war,
mit dem er aber Verbindung hielt. Um zu ermessen, was diese
Menschen riskierten, genügt ein Blick in Kommissar Schultheiß'
Indizienliste: Widerspruch gegen die Verfolgung galt als ge-
wichtiges Indiz. Der besonders engagierte Pastor von Meckenheim ist auch nur durch hohe Protektion mit dem Leben davon-
gekommen.[9]

Der Kreis der Verfolgungsgegner umfaßte in Kurköln mit Si-
cherheit mehr Personen als die wenigen hier genannten. Doch mit
Courage und Aufklärungsarbeit war das Ausrottungsprogramm
höchstens in Einzelfällen zu unterlaufen, nicht aber ernstlich zu
behindern oder gar zu beenden. Verzweifelungsakte wie Atten-
tatsversuche auf Hexenkommissare brachten erst recht nichts.
Gegen den Verfolgungswillen des Landesherrn konnten nur zwei
Institutionen auftreten: die beiden obersten Reichsgerichte, das
Reichskammergericht und der Reichshofrat. Auf diese beiden
Institutionen muß daher näher eingegangen werden.

Das Reichskammergericht ist aus der Reichsreform des späten
15. Jahrhunderts hervorgegangen und bestand mit kleineren Un-
terbrechungen bis zum Ende des Alten Reiches 1806, die meiste

Zeit in Speyer. Seine Akten wurden im 19. Jahrhundert auf 39
Staaten des Deutschen Bundes und Belgien aufgeteilt, und erst in
neuester Zeit läuft ein Großprojekt zur Erfassung des so zerstreu-
ten Materials. Nach Abschluß dieses Projekts wird es möglich
sein, die Haltung des Gerichts in Hexenprozessen zu klären, denn
es hat in diesen Prozessen eine nicht unerhebliche Rolle gespielt.[10]
Die Zuständigkeit in Strafverfahren ist dem Reichskammergericht zwar schon 1530 entzogen worden, aber jeder konnte es
einschalten in Fällen von Rechtsverweigerung, von Nichteinhal-
tung des gesetzlichen Verfahrens, bei Justizwillkür – dies sind die
sog. »Nullitätsverfahren«. Da bei dem »Ausnahmeverbrechen«
der Hexerei sehr viel Justizwillkür geübt wurde, ist das Gericht
oft angerufen worden; eine Zahl ist vorerst nicht bekannt, aber in
Relation zur Gesamtzahl der Hexenprozesse im Reich wird sie
bescheiden sein. Trotzdem hatte das Reichskammergericht im
Bewußtsein vieler von Hexenprozessen bedrohter Menschen einen
hohen Stellenwert.

Dazu sei nur ein Fall geschildert, der infolge eines erhaltenen
Kassibers besondere Aussagekraft hat. Die Anklage richtete sich
gegen die Kronen-Wirtin von Rastatt in der Markgrafschaft Baden-Baden, Katharina Haug, die am 26. September 1626 verhaftet
wurde. Es gelang ihr, aus dem Gefängnis ihrem Mann einen Brief
zukommen zu lassen, in dem sie ihre Unschuld und ihr Gottver-
trauen beteuert. Aber nebst Gott vertraut sie dem Reichskammergericht in Speyer: »Ach, lieber Schatz, glaube dem Vogt nicht, es
ist alles nicht wahr ... Willst Du nicht nach Speyer?«. Er soll keine
Kosten und Mühen scheuen. Ihr letzter Satz ist die Nachschrift:
»Lieber Hans, sag dem Vater, er soll Herbst Herbst sein lassen und
nach Speyer gehen«.[11] Möge selbst die wichtige Weinlese ver-
nachlässigt werden, Hauptsache ist die Hilfe aus Speyer. Der Fort-
gang der Ereignisse ist in gewisser Weise typisch. Das markgräfliche Gericht läßt Frau Haug sofort foltern, um einem möglichen Eingriff aus Speyer zuvorzukommen, aber es muß die Folter
strikt begrenzen, was in der Markgrafschaft bei Hexenprozessen
dieser Zeit nicht immer eingehalten wird. Frau Haug übersteht
die Tortur, ohne ein Geständnis abzulegen. Derweilen haben
Familie und Reichsgericht schnell gehandelt. Am 26. Oktober
wird formgerecht ein Mandat aus Speyer präsentiert, das eine
weitere Folterung der Kronen-Wirtin ohne neue Indizien verbietet. Das markgräfliche Gericht bringt aber diese neuen Indizien

mühelos bei, foltert Frau Haug dann ein Geständnis ab und fällt sofort das Todesurteil. Da jetzt jede Aktion des Reichsgerichts zu spät kommen würde, besticht ihr Mann einen Gefängniswärter und verhilft seiner Frau zur Flucht in die Freie Reichsstadt Straßburg.

Der Fall deckt sich weitgehend mit der ersten bislang bekanntgewordenen Einschaltung des Reichskammergerichts während der Massenverfolgung in Kurköln. Eine Frau Voßkammer aus dem Amt Hardt hatte sich im Frühjahr 1628 nach Speyer gewandt. Wie in so vielen Fällen schritt das Reichsgericht zugunsten der Angeklagten ein – und wie in ebenfalls vielen Fällen gelang es dem Hofrat mühelos, das Mandat zu unterlaufen. Genau wie bei Frau Haug ging der Hofrat sorgfältig auf das Verfahren des Reichsgerichts ein, aber derweilen lief mit neuen Indizien der Prozeß gegen Frau Voßkammer weiter. Der einzige Unterschied besteht wohl darin, daß Frau Haug die Flucht gelang.[12]

Soweit die heutige Quellenkenntnis es erlaubt, war die Haltung des Reichskammergerichts in Hexenprozessen seiner Zeit weit voraus. Es forderte eine umfassende Verteidigung für die Angeklagten zu einer Zeit, als viele Autoritäten jede Art von Eintreten für die Angeklagten selbst für ein belastendes Indiz hielten. Es lehnte Besagungen, also die erfolterten Namen von angeblichen Komplizen, als Indizien ab, zu einer Zeit, als noch alle Juristenfakultäten Besagungen als sichere Beweismittel anerkannten. Nicht zuletzt übte es damit Kritik an erfolterten Geständnissen überhaupt, die doch die Grundlage aller Hexenprozesse bildeten. Es ist bis heute nicht geklärt, wie die Juristen am Reichskammergericht zu dieser ungewöhnlichen Haltung gekommen sind, aber bei dem hohen Ansehen dieses Gerichts im Rechtsleben des Reiches kann es auf die Dauer vorbildlich auf Juristen und andere Entscheidungsträger eingewirkt haben. Dennoch hat es wenig Sinn, Entscheidungen des Reichsgerichts in kurkölnischen Hexenprozessen zu untersuchen, wenn Friedrich Merzbacher mit seiner Feststellung recht hat: »Um so schmerzlicher und bedauerlicher ist die Tatsache, daß jene Männer im Kollegium des Reichskammergerichts, die sich über die irrige Volksmeinung und das Vorurteil der Zeit erhoben, nicht über die nötigen Machtmittel verfügten, um ihrem Standpunkt Anerkennung zu verschaffen und den einzelnen vor den Folgen des Wahns zu bewahren«.[13]

Damit ist die Frage nach der Wirksamkeit dieses Gerichts gestellt, eine Frage, die in der Forschung seit dem 19. Jahrhundert kontrovers beantwortet wird. Das Reichskammergericht verfügte über kein Machtinstrument zur Durchsetzung seiner Entscheidungen und wurde obendrein durch die Schwerfälligkeit des Verfahrens und die Möglichkeiten der Prozeßverschleppung behindert. Andererseits ist argumentiert worden, daß gerade kleinere Reichsstände Eingriffe mächtiger Nachbarn zu fürchten hatten unter dem Vorwand der Vollstreckung von Mandaten des Reichsgerichts. Schließlich ist auch noch eine quellenmäßig schwer faßbare »stille« Wirkung zu bedenken, die allein von der Existenz des Reichsgerichts ausging, von der Möglichkeit, jeden Inhaber einer Strafgerichtsbarkeit zur Verantwortung ziehen zu können. Das mag durchaus Schlimmeres verhindert haben.

Unübersehbar ist allerdings eine weitere Einschränkung für das Reichsgericht, in Hexenprozessen zugunsten der Opfer einzuschreiten: die soziale Stellung der Opfer. Trotz eines immer noch großen Forschungsdefizits ist anzunehmen, daß die Mehrheit der Opfer einem niedrigen sozialen Milieu entstammte und überwiegend ländlicher und kleinstädtischer Herkunft war, so wie es schon Hermann Löher beschrieben hat: »In kleinen Städten von 200 a 300 Bürger, in Dörfferen von 40. 60. a 80 Inwöhner hat man mehr Zauberer als in den großen Städten von 10 000. 20. 40. 60. a 80 000 Inwöhner«.[14] Hier lag eine milieubestimmte Grenze, die auch dann nicht überschritten wurde, wenn den Betroffenen die Existenz des Reichskammergerichts bekannt war. Beispielsweise wußte ein waldeckischer Tagelöhner im Jahre 1633 über dieses Gericht durchaus Bescheid, es zugunsten seiner verhafteten Frau anzurufen, lag jedoch nicht in seinem Blickfeld. Lief dazu noch eine Prozeßlawine wie diejenige der Jahre ab 1626, wurden Angeklagte innerhalb weniger Tage abgeurteilt und hingerichtet, dann war der Gedanke an Speyer vollends illusorisch.[15]

Mag das Reichskammergericht auch viel zur Verhütung von Auswüchsen und langfristig zum Ende der Hexenprozesse im Reich beigetragen haben – die großen Verfolgungswellen konnte es nicht stoppen. Eines seiner schärfsten Mandate in kurkölnischen Hexenprozessen stammt aus dem Jahre 1632; es deckt das gesetzwidrige Vorgehen der Hexenkommissare in aller Klarheit auf, aber bewirkt hat es nichts.[16] Als wirkungsvoller erwies sich das andere Reichsgericht, der kaiserliche Reichshofrat. War das

1495 geschaffene Reichskammergericht ein von Kaiser und Reichs-
ständen gemeinsam besetzter Gerichtshof, so blieb der Reichshofrat allein vom Kaiser abhängig. Er ging auf Pläne Maximilians I.
zurück, wurde jedoch erst in der ersten Hälfte des 16. Jahrhunderts schrittweise verwirklicht und erhielt seine feste Form 1559.
Die Reichsstände versuchten, mit Hilfe der Wahlkapitulationen
seit 1612 auf Verfassung und Besetzung des Reichshofrats Einfluß
zu nehmen, doch hielt sich das Ergebnis in engen Grenzen. Erst
der Westfälische Frieden brachte hier einige Veränderungen.
Oberster Richter im Reichshofrat war der Kaiser selbst oder sein
Vertreter, der Reichhofratspräsident. Der Kaiser entschied kraft
seines oberrichterlichen Amtes, er durfte nur nicht in eine einmal
rechtmäßig gefällte Entscheidung eingreifen. Zuständig war der
Reichshofrat für das ganze Reich abzüglich einiger Gebiete, die
durch besonderes Privileg ausgenommen waren wie Österreich.
Nach der sachlichen Zuständigkeit läßt sich der Reichshofrat als
der »höchste Verfassungs- und Verwaltungsgerichtshof des Reiches« bezeichnen, ausschließlich zuständig war er in Reichs-
lehnssachen, für Streitigkeiten über kaiserliche Privilegien und
Reservatrechte sowie für Kriminalsachen gegen Reichsunmittelbare.[17]

Dieses Gericht hat 1630 in die Bamberger Hexenprozesse eingegriffen und sie zum Erliegen gebracht. In dieser Hochburg
fränkischer Hexenverfolgung, wo ab 1623 Massenprozesse geführt wurden, hörten die Verhaftungen im Juni 1630 auf, im
September 1631 wurden noch vor dem Einmarsch der Schweden
die letzten zehn Inhaftierten freigelassen. Da der Reichshofrat
1639 auch in Kurköln eingegriffen und wahrscheinlich das Ausrottungsprogramm gestoppt hat, sei auf die Bamberger Vorgänge
eingegangen. Der Ablauf in Kurköln unterscheidet sich vom
Bamberger Parallelfall durch das schnellere Einlenken des Kölner
Kurfürsten, während der Fürstbischof von Bamberg Johann II.
Fuchs v. Dornheim (1623–1633) sich länger sträubte. Aber 1639
wußte man an Bonner Hof eben schon, was vom Reichshofrat zu
erwarten war. Übrigens zeigt sich in Bamberg wie in Kurköln die
wenig erfolgreiche Aktivität des Reichskammergerichts. 1627
waren Frau und Tochter des Bamberger Kanzlers Dr. Georg Haan
unter Hexereianklage verhaftet worden. Der Kanzler eilte persönlich nach Speyer zur Rettung seiner Familie, und jetzt stellte
sich heraus, daß eine Appellation nach Speyer statt Rettung

Repressalien bringen konnte. Die Bamberger Hexenjustiz folterte so fürchterlich, daß sie Frau und Tochter umbringen konnte, bevor der Kanzler mit seinem Mandat zurückkehrte. Außerdem war der Fürstbischof derart erzürnt über diesen Schritt seines Kanzlers, daß er ihn unverzüglich verhaften ließ, zusammen mit dessen ältestem Sohn, der seinen Vater in Speyer unterstützt hatte. Da Dr. Haans Frau und Tochter im Prozeß schwere Hexerei- beschuldigungen gegen Ehemann und Vater, gegen Sohn und Bruder abgefoltert worden waren, endeten auch sie auf dem Scheiterhaufen.[18]

Es ist kein Wunder, daß sich bei solchen Exzessen die verfolgungsfreien Nachbargebiete mit Flüchtlingen aus Bamberg füllten. Die Reichsstadt Nürnberg wurde zum Zentrum des Widerstandes, der schließlich zum Erfolg führte. Dies konnte freilich nur dank günstiger Vorbedingungen gelingen. Im wichtigsten Territorium der Region, in Bayern, waren nach 1600 die Verfolgungsgegner zum Zuge gekommen. Dazu hatte sich bereits Widerstand gegen eine schwere Verfolgung im Fürstbistum Eichstätt organisiert. Vor diesem Hintergrund agierten die Flüchtlinge zusammen mit einflußreichen Nürnberger Patriziern. Ausgelöst wurde die Aktion durch den Prozeß gegen Dorothea Flöck, eine geborene Hofmann aus Nürnberg. Ihr Mann, der Bamberger Ratsbürger Georg Heinrich Flöck, floh zu den Nürnberger Verwandten seiner Frau, die nun alle Beziehungen mobilisierten. Anfang 1630 wurde formelle Klage am Reichshofrat erhoben, Anfang April forderte ein kaiserliches Mandat den Bamberger Fürstbischof zur Stellungnahme auf. Dieser antwortete nur ganz allgemein und ließ weiter prozessieren: Frau Flöck wurde am 17. Mai 1630 hingerichtet.

Jetzt aber bot sich die beste Verbindung zum Reichshofrat und zum Kaiser durch den Regensburger Kurfürstentag vom 3. Juli bis 12. November 1630. Schon am 6. Juli schrieb ein Vertrauensmann dem Fürstbischof: »Gegen S. f. Gnaden würden allerlei unerhörte und unverhoffte Sachen practicirt, die zum Theil S. f. G. Execution, zum Theil deren Person beträfen. Von G. H. Flock und zwei aus dem Malefiz-Haus zu Bamberg Ausgerissenen und Andern mehr würden auf besondere Anreizung ansehnlicher, vornehmer Standespersonen vor der kaiserlichen Majestät und anwesenden Churfürsten und Fürsten fussfällige und erbärmliche Klagen vorgebracht«.[19] Tatsächlich waren die Beweise der

Verfolgungsgegner erdrückend, sogar die Akte eines Bamberger Hexenprozesses von besonderer Gesetzwidrigkeit konnte vorgelegt werden. Der Fürstbischof schickte zwei seiner Hexenrichter und seinen Weihbischof Friedrich Förner nach Regensburg, aber die dort anwesenden Reichshofratsräte und der Reichshofratspräsident waren über die Bamberger Vorgänge bestens im Bilde. Da der Fürstbischof auch ein zweites kaiserliches Mandat vom 11. Mai nicht befolgt hatte, befahl ein drittes vom 20. September die Auslieferung aller Hexenprozeßakten an den Reichshofrat Dr. Johann Anton v. Popp, und im Juni 1631 wurde die Leitung der Bamberger Hexenprozesse vom Reichshofrat auf einen Mann seines Vertrauens übertragen. Der Fürstbischof protestierte heftig, aber noch Verhaftungen wegen Hexereianklagen vorzunehmen, hatte er bereits nach dem Eingreifen des Kaisers im Frühjahr 1630 nicht mehr gewagt. Es ist wohl kaum ein Zufall, daß ab Sommer 1630 die Hexenprozesse in den Hauptverfolgungsgebieten dieser Region auslaufen. Sie waren vor dem Einmarsch der schwedischen Heere beendet und wurden nach Abzug der Schweden auch nicht wieder aufgenommen.

Angesichts dieser Ereignisse erhebt sich die Frage, warum in Kurköln der Reichshofrat nicht früher gegen das Ausrottungsprogramm angerufen wurde. Denn daß die Reaktion aus Wien von 1639 tatsächlich die erste ist, dafür spricht die Wahrscheinlichkeit. Wie schon gesagt, ist das Ausrottungsprogramm nur aus der Vogelperspektive erkennbar, aus den Hofratsprotokollen. Diese Perspektive schließt den Reichshofrat aber unbedingt ein. Nach den Bamberger Vorgängen mußte das Auftreten des Kaisers mit dem Reichshofrat in einem Hexenprozeß gerade bei einem geistlichen Fürsten die höchste Alarmstufe auslösen. Das geschah 1639 auch. Ein Eingreifen Wiens müßte also in den Hofratsprotokollen auftauchen, wenn es vor 1639 erfolgt wäre. Also liegt der Schluß ex silentio nahe, daß es nicht erfolgt ist. Von der gesellschaftlichen Stellung her hätte sich der Prozeß gegen Katharina Henot angeboten, aber er lag zeitlich vor den Bamberger Ereignissen; immerhin hat die Familie Henot versucht, das Reichskammergericht einzuschalten.[20] Angehörige der Unterschichten, und diese dürften die meisten Hexenprozeßopfer gestellt haben, hatten den Reichshofrat sicher gar nicht in ihrem Blickfeld. Wenn die Hilfe eines Reichsgerichts gesucht wurde, dann in Speyer. Waren die Bamberger Ereignisse jenseits der Regierungskanzleien nicht genügend bekannt geworden? War vielleicht der Reichshofrat generell nicht genügend bekannt?

Wie auch immer, einer kannte ihn: Gerhard Urbach, Kellner (Finanzbeamter) zu Adendorf, ein Beamter aus der Amtsverwaltung. Da über ihn weiter nichts bekannt ist, muß die Frage offen bleiben, wie ein Mann aus der mittleren Verwaltungsebene zu einem solchen Schritt kam. Jedenfalls hat er im Mai 1639 den Bonner Hof in Alarmzustand versetzt. Am 21. Mai läßt der Hofrat protokollieren: »Dieweiln Inhaftirter beim Kays. Reichshofrat inhibitionem de non ulterius procedendo ausbracht, ex parte Serenissimi dagegen interveniendo, daß diese und dergleichen Sachen dahin nit gehörig, bey Kays. Hof einkommen und Cassation taglich erwartet wird; inmittelst fernere inditia einkommen sic petit der Walpott Serenissimi Erclerung, ob ad torturam ferner verfahren möge. – Conclusum: daß mans hie pure nit woll wurde befelen konnen, am besten wurde sein, daß man der kays. Erclerung auf Serenissimi interposition abwarte, so ihme Sollicitanten mundlich anzudeuten. – Gerharden Urbach Kelnern zu Adendorf, so zu Gudenau bezichtigter Zauberey halber eingezogen«.[21] Gerhard Urbach hat also in Wien ein Mandat erwirkt, das die Fortsetzung des Prozesses vorerst verbietet. Der Kurfürst hat dagegen interveniert, und am Bonner Hof wird die Kassierung des Mandats täglich erwartet – man ist guten Mutes. Der adelige Gerichtsherr, einer aus der verzweigten Familie v. Waldbott, fragt an, ob er aufgrund neuer Indizien zur Folterung des Angeklagten schreiten könne. Dies entspräche der üblichen Methode, das Reichskammergericht zu unterlaufen. Der Hofrat will aber die kaiserliche Erklärung abwarten, da er ja mit einer Entscheidung zugunsten des Kurfürsten rechnet. Die Tortur ist also zu verschieben, das soll dem »Sollicitanten« mündlich angedeutet werden. Für den Hofrat ist dieser Mann ein Aufwiegler, ein Unruhestifter.

Die Frau des Aufwieglers ist vom gleichen Schlage: »dieses Inhaftirten Hausfrau hat am kays. Hof ein nochmaliges mandatum ausgewirkt, daß man der Sachen acta dortenhin ad examinandum schicken, inmittelst mit fernerer Procedur einhalten solle, alles wider die privilegia, statuta, Reichsabscheiden und zum hochsten Praejudic Ihrer Churf. Durchlaucht landesfürstlicher Obrigkeit« – so heißt es am 10. Juni. Ob das Vorgehen des Reichshofrats gegen alle Privilegien, Statuten und Reichstagsbeschlüsse verstößt, kann auf sich beruhen bleiben, aber der Bonner Hofrat hat völlig richtig erkannt, daß dieser Eingriff in die kurkölnische Justiz »zum höchsten Präjudiz Ihrer Kurfürstlichen Durchlaucht landesfürstlicher Obrigkeit« zu werden droht. Wenn der Prozeß gegen Gerhard Urbach ausgesetzt und das Aktenmaterial zur Überprüfung nach Wien geschickt werden muß, dann handelt es sich nicht nur um diesen einen Fall, sondern um eine höchstrichterliche Entscheidung, die bei Beurteilung künftiger ähnlicher Rechtsfälle herangezogen werden kann. Es wäre ein Eingriff in eines der wichtigsten Hoheitsrechte des Landesherrn wie in Bamberg. Die Sprache des Bonner Hofrats ist aus gutem Grund erregt: »Conclusum: inhaerendo dem vorigen a Serenissimo an Ihre Mayt. gelangtem Schreiben eine nochmaln Intervention extensius zu fertigen, die Unfueg remonstrin und von allen Herrn Doctorn Stein und Crann copias einzuschicken mit Befelch, auf die Cassation zu dringen«. Die kurkölnischen Reichshofratsagenten sollen unter allen Umständen auf die Niederschlagung des Verfahrens drängen. Doch auf eine Kraftprobe mit dem Kaiser nach fränkischem Vorbild will es der Kurfürst gar nicht erst ankommen lassen; er wahrt sein Gesicht, aber er gibt nach. Die Eintragung vom 18. Juni 1639 in den Hofratsprotokollen ist die letzte in diesem Fall. Der Hofrat zieht den Prozeß an sich und blockt ihn ab: »damit dann in dieser Sachen rechtlicher Ordnung nach und dergestalt verfahren werde, daß des Verhaften Hausfrau bey Allerhochstgnedigste Ihre Kays. Mayt. mit dergleichen Clagen ferners nicht zu behelligen Anlaß gewinnen möge«.[22]

Es hat noch eine ganze Reihe von Hexenprozessen in Kurköln gegeben, im rheinischen Landesteil, im oberen Erzstift, und vor allem im Herzogtum Westfalen, dessen Sonderrechte die Bonner Zentrale erst in der zweiten Hälfte des 17. Jahrhunderts schrittweise durchbrechen konnte.[23] Doch das Ausrottungsprogramm war im Kern getroffen. Welch radikaler Wandel sich vollzogen hatte, zeigt das Beispiel Ahrweiler. Von Anfang an prozeßfreudig, mit der Anfertigung von »noch einen Hexenstuhl« und »eisernen Halsband« dabei, wurde das Gericht 1632 zurückhaltend. Sofort reichten Einwohner, deren Frauen und Verwandte in Hexenprozessen umgekommen waren, in Bonn eine Bittschrift für die Fortsetzung der Prozesse ein. Der Hofrat, noch ganz auf Verfolgungskurs, entsprach dem Wunsch: »und weiln die von besagtem Vogten und Gericht vorgewendte unerhebliche motiven nit relevant, sollen deren unangesehen vermug solchen Befelchs und publicirten Churfurstl. Hexenordnung schleunig und wie es verantwortlich nunmehr wiederrumb verfahren«. 1639 wiederholt sich der Vorgang: »suppliciren, daß gleich ihre respective Mütter und Weiber dieses Lasters halber hingerichtet, als auch andere dergleichen noch aldahe zu Ahrweiler vorhandene selbigen Lasters behafte oder beruchtigte Personen vor Recht gestellt und justificirt werden mögten«. Aber jetzt, am 30. Juni 1639, zwölf Tage nach dem Debakel von Wien, werden die Bittsteller barsch abgefertigt: »Conclusum: weiln diese Sach die Supplicanten nit angehet, sollen sie desgleichen fernern Supplicirens sich enthalten und selbige Sachen der Obrigkeit befohlen sein lassen«.[24] Der Krieg im Kriege ist 1639 verloren, genauso wie der Krieg auf den Schlachtfeldern für die katholischen Mächte im Reich verloren ist. Für Kaiser und Liga geht der Krieg zwar noch neun Jahre weiter, aber eine entscheidende Wende zu ihren Gunsten ist nicht mehr in Sicht. Je länger, je mehr ging es nur noch darum, zu retten was zu retten war.

Die Gründe für den Abbruch des Ausrottungsprogramms sind vielfältig. Daß ortsspezifische Vorkommnisse nur eine untergeordnete Rolle gespielt haben, steht fest. Sicher ist auch, daß der westfälische Landesteil dank seiner Sonderstellung von der Zentrale nicht in dem Maße kontrolliert werden konnte wie der rheinische Landesteil; erst 1695/96 zog der Hofrat die Hexenprozesse im Herzogtum Westfalen endgültig an sich.[25] Faktisch war aber auch im Herzogtum die Massenverfolgung parallel zum rheinischen Landesteil gestoppt, nie wieder hat es solche Blutopfer gegeben wie in der Zeit ab 1627. Die Rolle der Kriegsereignisse wurde schon erwähnt. Auf den Zusammenhang mit regionalen Agrarkrisen ist noch genauer einzugehen, hier sei nur angemerkt, daß er in der Forschung kontrovers diskutiert wird. Für das Herzogtum Westfalen sind außer dem absoluten Höhepunkt der Verfolgung ab 1627 noch vier andere Prozeßwellen nachgewiesen, und in allen fünf Fällen ging jeweils eine hohe Preissteigerung bei Brot voraus. Dies ist nicht nur in Kurköln zu beobachten. Trotzdem hat der Einwand von B. Roeck seine Berechtigung: » ›Krisen‹ – wie und wo man sie auch immer identifizieren möchte – können innergesellschaftliche Spannungen verschärft und so stimulierend für Hexenpaniken gewirkt haben; aber Hungersnöte und andere Bedrückungen hat es in Europa auch nach dem Ende der Verfolgungen gegeben«.[26] Teuerungen können sehr wohl zum

Auslöser für Verfolgungen geworden sein, indem das Volk verstärkt nach Sündenböcken Ausschau hielt. Aber das Ausrottungsprogramm in Kurköln korrespondierte allenfalls solchen Wünschen, zum Holocaust konnte es nur durch den Landesherrn und seinen Vernichtungsapparat werden. Damit bleibt die Frage nach seinem Ende offen. W. Behringer, der besonders die Verbindung von Agrarkrisen und Hexenprozessen betont, stellt für das Ende der fränkischen und süddeutschen Verfolgung 1630/31 ein anderes Motiv in den Vordergrund: »Vielmehr hat man es wohl auch hier - wie in den Jahren vor 1590 – mit einem generellen Mentalitätswandel zu tun. Naturrecht und Vernunft (Staatsräson) begrenzten fortan die Exzesse des Glaubens. Die faktische Beendigung der süddeutschen Hexenverfolgungen auf dem Regensburger Kurfürstentag muß in diesem Zusammenhang eingeordnet werden«.[27]

Auf Kurfürst Ferdinand trifft diese Aussage nicht zu. Wenn es um Glaubensfragen ging, und die Hexenverfolgung gehörte dazu, kannte er bis ans Ende seines Lebens keinen Kompromiß. Seine Politik im Dreißigjährigen Krieg beweist es. Den Augsburger Religionsfrieden von 1555 sah er durch die Protestanten als gebrochen und damit nicht mehr gültig an. Der Augsburger Religionsfrieden wurde zwar von den Parteien unterschiedlich ausgelegt, aber immerhin anerkannt. Die Preisgabe des Friedens von 1555 bedeutete weit mehr als seine einseitige Interpretation zugunsten der Katholiken, wie sie Kaiser Ferdinand II. im Restitutionsedikt von 1629 vornahm, sie bedeutete die völlige Unterdrückung des deutschen Protestantismus. Damit wurde das gegenreformatorische Programm auf die Reichsebene übertragen, das der Kurfürst in seinen Territorien mit aller Kraft zu verwirklichen trachtete. Die völlige Unterordnung seiner Politik unter kirchliche Ziele zeigte Ferdinand noch einmal ganz deutlich in den Vorverhandlungen zum Prager Frieden von 1635. Er war nicht bereit, den Protestanten auch nur einen Schritt entgegenzukommen und empfahl statt dessen, einen Ausgleich mit Frankreich zu suchen. Ein Ausgleich mit Frankreich sollte seiner Meinung nach auch mit Gebietsabtretungen erkauft werden, denn es sei leichter vor Gott zu verantworten, einem katholischen Herrscher Land abzutreten, als den Protestanten Zugeständnisse zu machen. J. F. Foerster hat diese Haltung des Kurfürsten treffend zusammengefaßt: »Für Ferdinand reduzierte sich damals jedoch die Frage auf den allerdings entscheidenden Punkt, ob man den Protestanten kirchliche Zugeständnisse machen dürfe; und indem er diesem alles andere unterordnete, kam er nach den strengen Regeln des Kirchenrechts zu einem negativen Ergebnis, vor dem auch der Religionsfrieden von 1555 nicht standhielt. Bemerkenswert ist das völlige Absehen von der realpolitischen Lage ... Kein anderer katholischer Kurfürst wagte sich damals derart zu äußern«. Sein Gesamturteil über den Kurfürsten lautet: »Dieselbe schroffe Unnachgiebigkeit und Zurücksetzung politischer Erwägungen bewies Ferdinand auch sonst in grundsätzlichen Fragen«.[28]

Zu diesen grundsätzlichen Fragen gehörten zweifelsohne die Ketzer- und Hexenverfolgung, beide hat er konsequent betrieben. Die Behauptung: »Ferdinand war gewiß bei der Bekämpfung des Hexenwahns unerbittlich hart und rücksichtslos, er ragte aber in dieser Beziehung über die Mehrzahl der deutschen Fürsten nicht hinaus«, ist eine arge Verharmlosung aus Unkenntnis.[29] Welche Faktoren kommen angesichts der vorliegenden Tatsachen als Gründe für das Ende der Massenverfolgung in Betracht und welche sind auszuschließen? Auszuschließen ist zunächst einmal ein Mentalitätswandel, der Kurfürst hat sich in seinem unbedingten Verfolgungswillen von keinen Erwägungen hindern lassen, er betrieb sein Ausrottungsprogramm ohne Rücksicht auf Verluste. Damit scheidet auch ein zweites Motiv aus, das bei Hexenverfolgungen in anderen Territorien mehrfach eine Rolle gespielt hat: Rücksicht auf die negativen wirtschaftlichen Folgen. Ebenfalls auszuschließen ist eine Beendigung der Massenverfolgung durch einen wie auch immer definierten inneren Widerstand. Was bleibt an Gründen übrig? Nachdem sich Ferdinand einmal für die Ausrottung entschieden hatte, wäre der nächstliegende Grund für ihre Beendigung die Erreichung des Zieles. Dafür spricht, daß die Konfiskationsordnung nur für die Zeit der Massenprozesse gelten sollte, bis »hernechst« wieder Einzelprozesse geführt würden. Der Kurfürst kann im Laufe der Zeit den Eindruck gewonnen haben, die meisten der Teufelsdienerinnen und -diener wären vernichtet. Dagegen spricht die Fortdauer der Massenverfolgung bis in die späten 1630er Jahre, auch blieb die Konfiskationsordnung offensichtlich in Kraft. Wenn das Ausrottungsprogramm sich nicht mehr in der ursprünglichen Schärfe verwirklichen ließ, dann lag es an den Kriegsereignissen und an der Aktion des Reichshofrats. Letztere bedeutete einen permanent drohenden Eingriff in die kurkölnische Justiz. Dies hat sicher zum Ende der Massenverfolgung beigetragen.

2. Die Täter

In der Einleitung zu seinem Buch »Wallensteins Ende« stellte Heinrich v. Srbik mit Bedauern fest, die Geschichtsschreibung habe sich »allzusehr auf den Richterstuhl erhoben«; er wandte sich gegen die »Rolle der Geschichtswissenschaft als Tribunal, des Historikers als Staatsanwalt«.[1] Viele Historiker haben sich ähnlich geäußert. Im Fall der Hexenprozesse waren sie mit Urteilen aber nicht nur vorsichtig, sondern sogar übervorsichtig. Die einschlägige Literatur vermied großenteils die Rolle des Tribunals, sie stellte nicht einmal in aller Klarheit die Frage nach den Tätern – merkwürdig angesichts einer solchen Massenvernichtung von Menschen. Dies gilt natürlich nicht für Autoren, denen generell alles klar ist, angefangen von Schreibern aus Kulturkampfzeiten mit ihren eindeutigen Schuldzuweisungen bis hin zur Erklärung der Hexenprozesse als Ausrottung verhütungskundiger Frauen. Aber auch die kritische Forschung verhält sich gegenüber der Täterfrage auffallend zurückhaltend.

Wie im allgemeinen so ist es auch in der Spezialliteratur zum Kurfürstentum Köln. Daß in so mancher Darstellung der »edele Ferdinand« lieber in der Rolle des Barockmusik lauschenden Kunstmäzens beschrieben wird als in der Rolle des blutigen Verfolgers, versteht sich. Aber auch ein so seriöser Historiker wie A. Franzen hat sich schwergetan. In der Sache beschönigt er nichts, wenn ihm das Ausrottungsprogramm auch unbekannt war. Aber bei der Frage nach den Ursachen und damit bei der Beurteilung greift er auf Phrasen zurück, die in der Literatur typisch sind. Er konstatiert »eine furchtbare Epidemie«, spricht vom »unheimlichen Delirium«, dem »grausamen Wahn«, in den »hoch und niedrig, Gebildete und Ungebildete, Bürgerliche und Geistliche« verstrickt waren. Auch die kriegsbedingten Sittenverwilderungen fehlen nicht: »Die Verwilderung, die durch die Kriegsnot heraufbeschworen war, mußte das seit Jahrzehnten religiös verwahrloste Volk dem Glauben an Teufel und Hexen geradezu in die Arme treiben«.[2] Kaum eine der älteren Arbeiten zum

Thema Hexenprosesse verzichtet auf diese Art von Argumentation. Dazu nur noch ein Beispiel: »Im ausgehenden 16. Jahrhundert und in den ersten Jahrzehnten des 17. Jahrhunderts trieb die Verfolgung unschuldiger Menschen solche Blüten, daß man nur noch von einem Hexenwahn reden konnte. Die verwilderten Sitten jener Zeit, die besonders während und nach dem Dreißigjährigen Krieg harte Formen angenommen hatten, waren wohl die Ursache für die geistige Versumpfung der Gemüter der Menschen jener Zeit«.[3]

Diese Flucht ins Vage ist gewiß kein Versuch bewußter Verschleierung, sondern Ausdruck von Ratlosigkeit mangels besserer Argumente. Trotzdem hat sie eine fatale Wirkung. Ausdrücke wie »Wahn, Delirium, Versumpfung, Sittenverwilderung« und ähnliche schieben die blutige Verfolgung hinter einen Vorhang des Nebulösen und Irrationalen, der Verallgemeinerungen Vorschub leistet und den Blick auf bestimmte Fragen verstellt. Dazu gehört vor allen die Frage nach den Tätern, und sie führt in Kurköln unweigerlich sofort zum verantwortlichen Landesherrn, dem Kurfürsten. Auch in diesem Punkt greift A. Franzen zu einer typischen Antwort: »Erzbischof Ferdinand handelte ganz als Kind seiner Zeit«. Damit ist er sozusagen krankheitshalber entschuldigt, hatte ihn doch jene Epidemie befallen, die ja hoch und niedrig nicht verschonte, denn leider: »Nur wenige retteten sich die Urteilskraft und erhoben sich über die verblendete Masse«.[4] Krankhafte Verblendung ist also hier das Ergebnis der Ursachenforschung.

Die neuere Geschichtsschreibung betont dagegen die Verbindung von Hexenprozessen mit einschneidenden ökonomischen und sozialen Veränderungen ab den 1560er Jahren. Aus der in ihrer Existenz bedrohten Bevölkerung kam immer dringlicher der Ruf nach Verfolgung der vermeintlichen Urheber von Mißernten und Seuchen, dem eine veränderte Haltung der Obrigkeit mehr oder weniger entsprach – wenn auch andere, ebenfalls wichtige Faktoren gebührend berücksichtigt werden. Schon Friedrich Spee führt auf, was freilich auch anderen und früheren Zeitgenossen der Verfolgungen klargeworden war: modern gesprochen einen Zusammenhang zwischen Agrarkrisen und Hexenverfolgungen. Er spricht über die natürlichen Ursachen von Unwettern und Seuchen bei Menschen und Vieh und fährt fort: »Aber laß einmal irgend so etwas in Deutschland, besonders unter der Landbevölkerung, sich zeigen; bewölkt sich der Himmel, und stürmt es einmal heftiger als gewöhnlich; kennt einmal der Arzt nicht eine neue Krankheit, oder weicht ein altes Leiden nicht gleich unter seiner Behandlung; – kurz, laß irgendein Unglück sich ereignen, das ungewöhnlich erscheint, – und schon überläßt man sich Gott weiß welchem Leichtsinn, Aberglauben und Unsinn, denkt nur an Hexenwerk und schiebt die Schuld auf die Zauberer«.[5] Spee irrte sich hier nur insofern, als es nicht um »irgendein Unglück« ging, sondern um Mißernten, die Unterernährung, Hunger, erhöhte Krankheitsanfälligkeit bei Mensch und Vieh und andere Übel nach sich zogen, eben um Agrarkrisen mit ihren existenzbedrohenden Folgen. Die Betroffenen überließen sich auch nicht leichtsinnig dem Gedanken an Hexenwerk und Zauberei, sondern machten in akuter Notlage den Wetterzauber und anderen Schadenzauber der Hexen verantwortlich. So schrieb ein Zeitgenosse der großen Hexenverfolgung in Kurtrier um 1590: »Weil im Volk geglaubt wurde, die jahrelange Unfruchtbarkeit sei vom diabolischen Haß der Hexen und Zauberer verursacht, erhob sich das ganze Land zu ihrer Ausrottung«. Der Zusammenhang zwischen regionalen Agrarkrisen, statistisch »Zwischenteuerungen«, und dem Ausbruch von Hexenverfolgungen ist von der Forschung für die verschiedensten Gebiete des Reiches belegt, auch für Kurköln.[6]

Darüber hinaus ist auf den Hintergrund einer säkularen Krise verwiesen worden, von der sog.»Preisrevolution« mit den katastrophalen Teuerungen ab der zweiten Hälfte des 16. Jahrhunderts, über eine Kette von Aufständen, Bürgerkriegen und Kriegen bis zu den radikalen sozialen und mentalen Umbrüchen, zusammengefaßt in der Formel »Krise in Europa 1560–1660«. Abgesehen von der noch kontroversen Diskussion der Forschung über diese Krise, vornehmlich über »die Krise des 17. Jahrhunderts«, besteht doch weitgehend Einigkeit darüber, daß die Höhepunkte der europäischen Hexenverfolgung in diese Zeit fallen, und daß diese Höhepunkte in den verschiedenen Verfolgungsgebieten Europas mit überregionalen Agrarkrisen in Beziehung standen: »Der Anstieg der Hexenprozesse hängt in vielfacher Weise zusammen mit der gesellschaftlichen Krise Europas, die in der zweiten Hälfte des 16. Jahrhunderts begann und dann in die vieldiskutierte ›Krise des 17. Jahrhunderts‹ einmündete, also jener längeren Phase der Stagnation bzw. des Rückgangs zwischen zwei langen Perioden wirtschaftlichen und demographischen Aufschwungs ... Auf der anderen Seite wuchs in der Oberschichtenkultur im Zuge eines radikalen Mentalitätswandels die Neigung, die reale Verhärtung der Lebensbedingungen als Zeichen für den Zorn Gottes und für eine vermehrte Aktivität des Teufels zu interpretieren ... Der christlichen Obrigkeit fiel unter dieser Bedingung die Aufgabe einer unbarmherzigen Hexenverfolgung zu, von der man sich nicht nur unter der bäuerlichen Bevölkerung, sondern auch bei den Obrigkeiten aller Konfessionen eine unmittelbare Abhilfe erwartete, auch und vor allem in bezug auf die materiellen Nöte der Untertanen!«.[7]

Unabhängig von allem Fortschritt der Forschung bleibt doch die Frage: Wird hier dem Kurfürsten von Köln nicht wieder ein Attest zu seiner Entschuldigung ausgestellt? Ist er jetzt statt ein »Kind seiner Zeit« mit partieller geistiger Verblendung ein »Kind der europäischen Krise von 1560 bis 1660« unter dem Druck ökonomischer und sozialpsychologischer Zwänge? Damit tauchen Fragen wieder auf, die im Zusammenhang mit der Rolle der geistlichen Fürsten schon einmal angesprochen wurden. Selbstverständlich hat nicht jeder Hunger-Seuchen-Zyklus Hexenverfolgungen ausgelöst, es gibt hier keine Automatik. Warum hat es in Spanien und großen Teilen Italiens kaum Hexenprozesse gegeben? Warum finden sich in Ländern wie England, Holland und Österreich nur relativ wenige, während sie im Reichsgebiet zur größten Hexenverfolgung Europas kulminierten? Warum gab es im Reich eine Kernzone der Hexenprozesse, und warum taten sich dort in der Hauptwelle der Jahre 1626 bis 1631 geistliche Fürsten so besonders hervor? Warum schritt die christliche Obrigkeit von Kurköln zur »unbarmherzigen Hexenverfolgung«, als andere christliche Obrigkeiten der eigenen und besonders der anderen Konfession damit längst aufgehört hatten?

Eine Verbindung mit dem Konfessionalisierungsprozeß ist schon mehrfach gesehen worden: »Der Haß auf den Glaubensfeind wurde planmäßig geschürt. Dazu kam der Druck der ungewohnten Disziplinierungsmaßnahmen, der Aggressionen erzeugte, die nach außen abgelenkt wurden. So wurde das konfessionelle Zeitalter zur Wiege der Verschwörungsmythen, angefangen bei den Hexen, die in allen Konfessionen als fiktive Aggressoren verfolgt wurden – nicht zufällig liegt gerade hier der Höhepunkt der europäischen Hexenverfolgungen«.[8] Für das Reichsgebiet muß diese Feststellung noch präzisiert werden, denn inzwischen ist deutlich, daß Hexen zwar in allen Konfessionen verfolgt wurden, daß aber im Reich die Katholiken den größeren Anteil an den Prozessen hatten. Zumindest bei der Kulmination in der Hauptwelle stand die Gegenreformation insofern Pate, als sie die intransigenten Verfechter der konfessionellen Erneuerung und Expansion geprägt hat, aus deren Reihen die schärfsten Verfolgungsbefürworter hervorgingen: Julius Echter v. Mespelbrunn und Johann Adam v. Bicken wurden schon genannt, der Kölner Kurfürst Ferdinand v. Wittelsbach verkörpert ebenfalls diesen Typus des rigiden gegenreformatorischen Fürsten. Dazu ist noch einmal an die Überlegung zu erinnern, die G. v. Pölnitz im Zusammenhang mit den Hexenprozessen unter Julius Echter angestellt hat: »Die ganze Generation ... beherrschte ... ein Kampfgeist äußerster Härte, der sich nur zum Teil gegen die Glaubensgegner, zum Teil auch gegen die Schädlinge im eigenen Lager, am schärfsten aber gegen das eigene Ich und alles, was man an ihm als sündig empfand, richtete«.[9] Um dies einordnen zu können, muß erneut die Frage nach den Opfern gestellt werden.

Leider besteht ein besonders schmerzliches Forschungsdefizit hinsichtlich der sozialen Stellung der Opfer, teilweise sicher durch Quellenmangel zu erklären. Eine Übersicht über Hexenprozeßopfer aus verschiedenen europäischen Regionen ergab im Durchschnitt, daß 80% der Opfer Frauen waren. Trotzdem können nicht nur die gesellschaftliche Stellung und die Alterszusammensetzung, sondern auch die Geschlechterverteilung der Opfer variieren, sowohl regional als auch zeitlich: Sie können am gleichen Gerichtsort in zeitlich getrennten Prozeßwellen sehr unterschiedlich sein. Es ist ungefähr davon auszugehen, daß am Anfang einer Verfolgung das Hexenstereotyp – ältere, ärmere Frau – weitgehend eingehalten wurde und sich dann verschob, bis in Einzelfällen über die Hälfte der Opfer Männer waren. Im Zauberer Jackl-Prozeß um 1680 in Salzburg waren sogar rund 70% der Opfer Männer, mehrheitlich junge Männer. Insgesamt war jedoch auch in Deutschland die überwiegende Mehrheit der Opfer weiblich.

Wie aber entstanden »Hexen«? Wie kam es, daß bestimmte Frauen schließlich im ganzen Dorf berüchtigt waren? Über die zentrale Rolle des Gerüchts als Indiz im Hexenprozeß gibt es keinen Zweifel. Friedrich Spee hat dazu geschrieben: »Die meisten Gerüchte haben heute ihren Ursprung in Zank, Streit, Ver-

leumdung, Ehrabschneiderei, falscher Verdächtigung, unüber-
legtem Urteilen, Wahrsagerei, kindischem Gespött und ähnlichen
Anlässen und werden aus unglaublicher Schwatzhaftigkeit und
Mißgunst, denen keine Strafdrohung Schranken setzt, überall
verbreitet ... Begegnet uns irgendein Unheil, dann haben wir stets
diese oder jene Person im Sinn, die uns behext hat ... Die Zische-
leien schleichen durch Häuser und Städte, die eine gesellt sich zur
anderen, bis sie allmählich stark genug geworden sind, als ein
offenes Gerücht aufzutreten, von dem dann aber keiner weiß, wer
seine Urheber waren«.[10] Das hört sich danach an, als ob Zufalls-
verfeindungen und Dorfklatsch wahllos mit Hexereibeschuldi-
gungen zuschlagen. Andererseits gibt es genügend Hinweise
darauf, daß die Verfügbarkeit von Hexenprozessen auch dazu
führen konnte, sie bewußt oder unbewußt zu allen möglichen
Zwecken einzusetzen, wie I. Schöck dies beispielsweise für Hexenprozesse in der Stadt Reutlingen nachgewiesen hat.[11] Doch ob
wahllos oder gezielt beschuldigt wurde, ob der Zufall herrschte
oder soziales Vorurteil mitwirkte – die Beschuldigten waren
mehrheitlich Frauen.

Die zweite wichtige Quelle für die Prägung künftiger Prozeß-
opfer waren neben den Gerüchten die Besagungen, die Benennung angeblicher Komplizen, und wieder überwiegen die Frau-
en. Die jüngste Arbeit, die auf diese Frage eingeht, kommt bei der
Untersuchung einer exemplarischen Verfolgungswelle in einigen
kurmainzischen Gerichtsorten zu dem Ergebnis: »In einer typischen Prozeßkaskade, deren Entwicklung nicht von Denunziationen Außenstehender, sondern den Inquisiten selbst bestimmt
wurde, wurden ausschließlich Frauen verhaftet und auch hingerichtet. Deren Denunziationsverhalten, nicht irgendwelche Verfemungen durch Männer, waren der Grund dafür, daß sich auch
während der Prozesse nichts hieran änderte. Vierundvierzigmal
denunzierten sie Geschlechtsgenossinnen, nur siebenmal Männer«.[12] Die mitgeteilten Fakten sind nicht anzuzweifeln, aber der
daraus gezogene Schluß, »irgendwelche Verfemungen durch
Männer« hätten damit nichts zu tun, ist unakzeptabel. Die ausschließlich männlichen Dämonologen, Theologen wie Juristen,
hatten doch nicht umsonst gewirkt! Nach massiver Durchsetzung
der Hexenlehre mit ihrer Zuspitzung auf Frauen ist ein anderes
»Denunziationsverhalten« gar nicht zu erwarten, ganz unabhängig davon, ob es im volkstümlichen Zauberglauben getrennte,

männlich und weiblich besetzte Domänen gab, wobei die weiblich besetzten der Hexenlehre näherkamen. Wenn im 17. Jahrhundert eine Angeklagte während der Folterung nach Komplizen gefragt wurde, sagte sie selbstverständlich, was alle wußten, und was die Richter hören wollten: Daß Hexerei in erster Linie von Frauen betrieben wird. Mochten auf der Höhe einer sich überschlagenden Prozeßwelle noch so viele Männer und Kinder in die Verfolgung geraten, das eigentliche Ziel des Angriffs war das Feindbild Frau.

Was G. v. Pölnitz mit dem Kampf »gegen das eigene Ich und alles, was man an ihm als sündig empfand«, gemeint hat, dürfte hier seine Wurzel haben. Mit der Angst vor der Sexualität ist nicht nur der »Hexenhammer« durchtränkt. In der Hexenlehre und den nach ihr erfolterten Geständnissen spielt die Sexualität zusammen mit dem Schadenzauber die Hauptrolle. Für den wichtigsten Anklagepunkt beim Hexereiverbrechen, für den Teufelspakt, sind Gottesverleugnung und Geschlechtsakt gleichermaßen konstituierend. Der Teufelspakt wird in den Formen einer Eheschließung vollzogen, in badischen Hexenprozeßprotokollen ist daraus eine regelrechte Teufelshochzeit geworden mit einem trauenden Teufel, einem quasikirchlichen Zeremoniell und anschließender Hochzeitsfeier.[13] Die Teufelsbuhlschaft, der immer wiederholte Geschlechtsverkehr mit dem Teufel, gehörte zum eisernen Bestandteil der Geständnisse, und der als orgiastisch gedachte Hexensabbat bedarf keiner näheren Erwähnung. Das »Laster der Zauberei« – so die am häufigsten verwendete Bezeichnung in den Quellen – war eindeutig ein sehr sexuelles Laster.

Selbstverständlich gab es aber auch andere Bereiche für ein verstärktes Sündenbewußtsein, und dies gilt für die Untertanen nicht weniger als für die Fürsten. Die schon einmal erwähnten Hexenprozesse in Winningen in den Jahren ab 1629 sind dafür ein gutes Beispiel. Das Dorf an der unteren Mosel gehörte zur lutherischen Hinteren Grafschaft Sponheim, lag aber als Enklave in Kurtrier, war also völlig von katholischem Gebiet umgeben. Aus dieser konfessionellen Konkurrenzsituation heraus hatte die Obrigkeit auf Winningen ein besonders wachsames Auge. Regelmäßige Visitationen und eine innergemeindlich organisierte Kontrolle sollten erst die Reste »papistischer Abgöttereien« beseitigen und dann die Gemeinde zu einem leuchtenden Beispiel für die umliegenden, im Papsttum verharrenden Gebiete machen. Es kostete erheblichen Druck, doch zu Beginn des 17. Jahrhunderts war Winningen auf dem Weg zu einer lutherischen Mustergemeinde. Bei den Hexenprozessen wurde die Wirkung dieser Entwicklung deutlich. Es zeigte sich, »daß der ›löbliche‹ Eifer der Winninger bei der Verfolgung der ›Hexen‹ zumindest teilweise von der intensivierten obrigkeitlichen Glaubens- und Verhaltensdisziplinierung stimuliert wurde«.[14] In den Zeugenaussagen und Anklagen traten die Beschuldigungen wegen Schadenzauber hinter den Belastungen wegen Verstöße gegen sittliche und religiöse Normen zurück. Dies schlägt sich auch in den Geständnissen nieder: »sie hette Gott den Almechtigen undt die Leuth [!] mit ihrem bösen Leben verzürnt ...«, sagt eine Frau aus. Ein Mann bekennt, er sei in seiner Jugend an die Hexerei gekommen, »wuste nicht wie, sagt, er habe böße gedancken an Hurerey halben gehabt ...« und etwas später noch deutlicher: »Er habe öfters gehört, durch Hurerey komme man dahin«.[15] Die konfessionell eingeübte Sozialkontrolle, die gegenseitige Überwachung wirkt sich hier in Anschuldigungen wegen Fluchens, Trunkenheit und besonders wegen Abweichungen von der Sexualmoral aus, außerehelicher Verkehr und Ehebruch überwiegen die Schadenzauberbeschuldigungen.

Dieses Beispiel zeigt auf seine Weise auch etwas vom Kampf gegen »das eigene Ich«, der zwar nicht die Ursache der Winninger Hexenprozesse war, sie jedoch stimulierte. Das Beispiel verweist aber zugleich auf viele vorerst unbeantwortbare Fragen. Hier agierte kein rigider gegenreformatorischer Fürst, sondern eine lutherische Gemeinde, wenn auch eine »Mustergemeinde« infolge besonderer konfessioneller Situation. Der Disziplinierungsdruck allein erklärt jedoch nicht das unterschiedliche Verfolgungsverhalten bei Katholiken und Protestanten. Eine vergleichende Biographie der katholischen Verfolgungsbefürworter würde vielleicht weiterhelfen. Die Individualität der Akteure kann jedenfalls neben den strukturellen Bedingungen nicht unberücksichtigt bleiben. Damit zurück zur Frage: Mörder oder nicht? Nach heutiger Rechtsauffassung ist ein Mörder, wer vorsätzlich und aus niederen Motiven einen Menschen tötet. Daß vorsätzlich getötet wurde, steht außer Zweifel, in Frage stehen nur die Motive. Dabei geht es in erster Linie um die Hexenkommissare, die anderen Gerichtspersonen waren in der Regel nur Statisten.

Über Heinrich v. Schultheiß ist geschrieben worden: »Aber es gab dennoch auch Personen, die – obwohl nicht ganz frei von Ehrgeiz und Habsucht – ihren letzten Antrieb zu den Verfolgungen in einer Begeisterung für die Ehre Gottes und für die Rettung der Seelen fanden. Solch eine Figur stellt Heinrich Schultheiß dar. Sein Werk über die Führung der Hexenprozesse ist so voll von frommen Worten, so viele Gebete für die verirrten Hexen schaltet er zwischen die Verhöre ein, daß man es schwer als Verstellung und Heuchelei deuten kann. Wir müssen wohl annehmen, daß bisweilen auch die Hexenkommissare von frommen Absichten beseelt waren«.[16] Schultheiß hat es in seinem Buch verstanden, sein ideologisches Freund-Feind-Denken gegen empirische Wahrheitskriterien, die er durchaus anspricht, zu immunisieren mit Hilfe einer Pseudologik, die eben nur den Hexengläubigen zugänglich war. Aber es geht nicht nur darum, sich mit seinem Buch auseinanderzusetzen, seine Praxis ist viel aufschlußreicher. Michael Stappert (Stapirius), Landpfarrer in Hirschberg im kurkölnischen Sauerland, erlebte den »frommen« Fanatiker aus nächster Nähe und sah es anders: »Ich fragte die Fraw wie sie zu solcher Besagung der Frommen Leute kommen wäre? Sie antwortete: ›Der Doctor Schultheiß fragete mich oft im peinlichen examine: ›was weistu von solchen Leuten, die umb den Kirchhoff wohnen?‹ auß welchen seinen Fragen ich wol verstehen konte, welche er gerne wolte besagt haben, so hab ich die besagt welche umb den Kirchhoff wohnen und das Gerucht haben, aber ihnen geschiehet für Gott undt allen Menschen unrecht‹«.[17] Allein die gezielte Art, bestimmte Besagungen zu erzwingen, stellt ihn auf eine Stufe mit seinem Kollegen Buirmann, der einwandfrei vorsätzlich und aus niederen Motiven tötete, also auch nach heutiger Rechtsauffassung ein Mörder war. Der Kurfürst, von seinem Hofrat über die Machenschaften Buirmanns informiert, deckte ihn trotzdem.

Friedrich Spee, der am klarsten sehende Zeitgenosse des kurkölnischen Ausrottungsprogramms, beschrieb den Ablauf treffend: »Der Fürst schüttelt alle Sorge und Mühe ab und schiebt die Verantwortung seinen Beamten zu. Die Beamten wieder entledigen sich ihrer und schieben die Verantwortung dem Fürsten zu. A. schiebt's dem B., B. dem A. zu. Der Fürst meint, ›Da werden meine Beamten zusehen‹, und die Beamten sagen, ›Da wird unser Fürst schon zusehen!‹ Was ist das für ein Zirkel? Wer aber

wird es vor Gott zu verantworten haben? Denn wo die Beamten
zusehen sollen und der Fürst zusehen soll, da sieht gar keiner
zu«.[18] Spee selbst stellte folgende Hierarchie der Verantwortlichen auf: 1. die Fürsten, 2. die Ratgeber der Fürsten, 3. die Hexenrichter, 4. die Hexenbeichtväter, 5. das Volk, 6. die Hexenliteratur,
7. die Prediger. Den Hexenrichtern wirft er unverhohlen Mord
vor. Bei der Diskussion des entscheidenden Arguments der katholischen Verfolgungsbefürworter, Gott lasse in den Hexenprozessen keine Unschuldigen umkommen, wird er besonders deutlich: »Häufig sind die Richter, denen die Hexenprozesse anver-
traut werden, dumme und bösartige Menschen ... Tanner erzählt,
daß in früheren Jahren in Deutschland zwei Blutrichter, die die
Hexenfälle zu bearbeiten gehabt hatten, durch Urteil der Ingolstädter Juristenfakultät zum Tode verurteilt und dann hingerichtet worden sind, weil sie rechtswidrige Prozesse durchgeführt
hatten, bei denen Unschuldige in Gefahr geraten waren«. Tanner
verschweigt dezent ihre Namen, »um ihren armen Seelen die
Ruhe zu lassen«. Heute werden ihre armen Seelen aber nicht
mehr in Ruhe gelassen: Es waren Gottfried Sattler, Hexenrichter
in Wemding/Bayern, der Ende Juni oder Anfang Juli 1613 enthauptet wurde, und Balthasar Roß, der Hexenrichter von Fulda,
der am 5. Dezember 1618 geköpft wurde.[19] Tatsächlich konnten in
den Jahren der kurkölnischen Massenverfolgung nur noch die
größten Ignoranten und Fanatiker unter den Hexenkommissaren
davon überzeugt sein, Gott lasse die Hinrichtung Unschuldiger
nicht zu.

Auch gegen die Fürsten erhebt Spee schwere Vorwürfe, weil
sie die Justizaufsicht vernachlässigen oder gar nicht ausüben. Dubium 9 beschäftigt sich ausführlich mit dieser Frage, nennt auch
22 Punkte, die von den Fürsten unbedingt persönlich zu kontrol-
lieren sind, damit sie die Gerichtspraxis kennenlernen. Aber er
macht sich keine Illusionen, die meisten der hohen Herren haben
keine Ahnung: »Du willst einwenden, die Obrigkeiten wissen
davon nichts und deshalb trifft sie auch keine Schuld. Wenn sie es
wüßten, dann würden sie gewiß mit schweren Strafen dagegen
einschreiten. Ich erwidere, daß sie es nicht wissen, das gebe ich zu,
und das ist es auch, worüber ich Klage führe. Aber daß sie keine
Schuld trifft, das bestreite ich ganz und gar. Sie hätten all das und
Ähnliches wissen können, wenn sie nur gewollt hätten; warum
wußten sie es da nicht?«.[20] Die schwerste Anklage unterbleibt, die

Fürsten sind zwar schuldig, aber keine Mörder, sondern Justiz-
mörder. Der Begriff »Justizmord« ist bezeichnenderweise im
Zusammenhang mit einem Hexenprozeß geprägt worden. Im
Jahre 1782 wurde in Glarus, dem Hauptort des gleichnamigen
Schweizer Kantons, die Magd Anna Göldi wegen Hexerei hingerichtet. Der Prozeß, der als der letzte Hexenprozeß in Europa gilt,
erregte damals viel Aufsehen. Diese Hinrichtung nannte der
Göttinger Historiker August Ludwig Schlözer in einem Zeit-
schriftenbericht »Justizmord«. Hexenprozesse als gigantischen
Justizmord zu bezeichnen, ist bis heute üblich.[21] Der Begriff ist
natürlich paradox, es kann nur einen Justizirrtum oder einen
Mord geben. Initiierte der Kurfürst von Köln also einen mehrtau-
sendfachen Justizirrtum? Aber warum ging er so fürchterlich in
die Irre, wo er doch genau hätte wissen können, was es mit diesen
Prozessen auf sich hatte? Mit Spee zu fragen: Warum wußte er es
nicht – cur nescierit? Weil Fanatismus blind macht. Ferdinand
gehörte zur Gruppe der intransigenten Verfechter katholischer
Erneuerung und Expansion, aber die absolute Kompromißlosig-
keit ist seine ganz persönliche Haltung. Die Grundaufgabe seines
Lebens sah er in der Erneuerung und Wiederherstellung der
katholischen Kirche und in der Vernichtung des Protestantismus
und aller antikatholischen Kräfte, doch das sah sein Bruder
Maximilian ebenso. Gerade im Vergleich mit seinem Bruder wird
Ferdinands Haltung deutlich, am deutlichsten in der Politik
während des Dreißigjährigen Krieges: völlige Unterordnung der
Politik unter die kirchlichen Ziele, diese in der Form von ganz
unrealistischen Maximalzielen und dann kompromißlos vertreten. Genauso verhielt er sich in der Hexenfrage. Einmal ent-
schlossen, die Hexensekte in seinem Land zu vernichten, ließ er
sich in seinem unbedingten Verfolgungswillen nicht mehr beein-
flussen, er betrieb sein Ausrottungsprogramm ohne wenn und
aber. Mit dieser Haltung waren den schlimmsten Exzessen Tür
und Tor geöffnet, bis die Kriegsereignisse der Massenvernichtung ein Ende machten, einer Verfolgung, die Berührungspunkte
mit der Judenverfolgung aufweist.

Wie im Einleitungskapitel beschrieben, liegt der Hauptberüh-
rungspunkt zwischen Juden- und Hexenverfolgung im Verschwörungsmythos. Hitlers Reaktion auf die »Protokolle der
Weisen von Zion« ist exemplarisch für die Wirkung eines solchen
Mythos. Ob die Protokolle echt sind oder nicht, ist ganz neben-

sächlich, wichtig ist ihm allein, daß sie die unterirdische Wühl-
arbeit und die »wahren« Ziele der Juden, dieser in ihrer Verbor-
genheit und Allgegenwärtigkeit gefährlichsten Feinde aufdek-
ken: »Was zählte, war nicht die Wirklichkeit, sondern der Mythos«.[22] Die Ausprägung von Stereotypen und die sich steigernde
Dämonisierung zur Inkarnation des Bösen sind weitere Berührungspunkte. Bei der Judenverfolgung durch die Nazis kommt
noch ein Punkt hinzu: die Rassenlehre, die Fixierung auf ein bio-
logisches Merkmal. Sicher waren die Opfer der Hexenprozesse
keine von vornherein feststehende gesellschaftliche Gruppe, geschweige denn ein Volk, aber die Hexenlehre brachte die Zuspitzung auf Frauen und damit ebenfalls die Fixierung auf ein biolo-
gisches Merkmal. Die Frauenfeindschaft steigerte sich zum Geschlechtsrassismus.

Die wahrscheinlich größte Hexenverfolgung fand im Reich
zwischen 1626 und 1631 statt, und dabei wiederum dürfte die Verfolgung in Kurköln einen Sonderfall bilden. Hier hatten der Fürst
und seine Helfer eine Art endgültiger Lösung der Hexenfrage im
Sinne, und mit den – freilich bescheidenen – Mitteln eines frühneuzeitlichen Territorialstaats gingen sie daran, diese Lösung in
die Tat umzusetzen. Dies einen Krieg gegen die Hexen zu nennen,
hat trotz aller Vorbehalte und Einschränkungen seine Berechtigung.

Anmerkungen

Abkürzungen

HStAD	Hauptstaatsarchiv Düsseldorf
HStAW	Hauptstaatsarchiv Wiesbaden
LHAK	Landeshauptarchiv Koblenz
StadtA	Stadtarchiv
StAM	Staatsarchiv Münster
StAMa	Staatsarchiv Marburg

I. 1. Juden und Hexen

1 Graus, Pest, passim; hier: S. 299f.
2 Greive, Die Juden, S. 105.
3 Graus, Pest, S. 227-248.
4 Greive, Die Juden, S. 69.
5 Elbogen/Sterling, Die Geschichte, S. 26f.
6 Graus, Pest, S. 389.
7 Elbogen/Sterling, Die Geschichte, S. 117-148.
8 Graus, Pest, S. 279.
9 Patschovsky, Was sind Ketzer?, S. 172.
10 Ders., Waldenserverfolgung, S. 149-153; Schormann, Hexenprozesse in Deutschland, S. 23, 30ff.
11 Wistrich, Der antisemitische Wahn, S. 20f.
12 Kershaw, Der NS-Staat, S. 171.
13 Ebd. S. 177, Einzelnachweise für den Streit: S. 165-208.
14 Ebd. S. 180; Dawidowicz, Der Krieg, S. 152.
15 Wistrich, Der antisemitische Wahn, S. 73; Greive, Geschichte, S. 18, 145f.
16 Schormann, Hexenprozesse in Deutschland, S. 5; Dawidowicz, Der Krieg, S. 153.
17 Wistrich, Der antisemitische Wahn, S. 63, 67ff.
18 Schormann, Hexenprozesse in Deutschland, S. 100-105.
19 Bracher, Die Auflösung; Rhodes, The Hitler Movement.
20 Graus, Pest, S. 279.
21 Neuere Literaturberichte zu Hexenprozessen: Hehl, Hexenprozesse; Behringer, Erträge.

I. 2. Land und Leute

1 Allg.: Heckel, Deutschland; Lutz, Das Ringen.
2 Erkens/Janssen, Das Erzstift, S. 37.
3 Flink, Die rheinischen Städte, S. 147, 156; Janssen, Die Landwirtschaft, S. 106-111.
4 Duchhardt, Protestantisches Kaisertum, S. 118-124.
5 Lojewski, Bayerns Weg, S. 436-445.
6 Petri, Im Zeitalter, S. 95.
7 Ebd. S. 94; Lojewski, Bayerns Weg, S. 22, 373f.
8 Andernach, Die landesherrliche Verwaltung, S. 244.
9 Ebd. S. 241-250; Rotthoff, Gerichtswesen, S. 257-264; Penning, Die weltlichen Zentralbehörden, S. 110-123.
10 Beemelmans, Die Stellung, S. 11-17.
11 Herkenrath, Die Reformbehörde, S. 26.
12 Weiler, Die kirchliche Reform, S. 19f.; Franzen, Der Wiereraufbau, S. 208f.
13 Franzen, Der Wiederaufbau, passim; Reinhard, Katholische Reform, S. 25ff.; Heusgen, Das Dekanat Zülpich, S. 61; HStAD KK III 24 Bl. 487; Herkenrath, Die Reformbehörde, S. 76ff., 133-158; Keller (Hrsg.), Die Gegenreformation, Bd. 3.
14 Franzen, Der Wiederaufbau, S. 21f.
15 Foerster, Kurfürst Ferdinand, S. 401.
16 Schröer, Die Kirche, Bd. 2, S. 203; Heusgen, Das Dekanat Zülpich, S. 61.
17 Ennen, Kleine Geschichte, S. 102f.; Valder-Knechtges, Musik, S. 361.

II. 1. Zur Ehre Gottes und des Landes Wohl

1 Schmidt, Einführung, S. 131ff.
2 Scotti (Hrsg.), Sammlung, 2. Abt. 1. T., Nachtrag.
3 HStAD KK III 24 Bl. 32.
4 Siebel, Die Hexenverfolgung, S. 125f., 129ff.; Zwetsloot, Friedrich Spee, S. 77, 228-231; Beemelmans, Der Kölner Professor, S. 4; HStAD KK III 24 Bl. 405f.
5 Spee, Cautio criminalis, S. 214.
6 Kunstmann, Zauberwahn, S. 75.
7 Behringer, Hexenverfolgung, S. 197, 215ff., 219f.
8 HStAD KK II 3307.
9 Ebd. KK III 10 Bl. 344; 15 Bl. 329f.; 21 Bl. 622; 24 a Bl. 285.
10 Pauls, Zauberwesen, S. 218.
11 Siebel, Die Hexenverfolgung, S. 49.
12 Ebd. S. 51, 164 Anm. 195; Schormann, Hexenprozesse in Deutschland, S. 60f.
13 Siebel, Die Hexenverfolgung, S. 70; Graus, Pest, S. 217.
14 Schormann, Hexenprozesse in Nordwestdeutschland, S. 77.
15 Patschovsky, Was sind Ketzer?, S. 174.
16 Decker, Die Hexenverfolgungen, S. 357; HStAD KK III 24 Bl. 28, 318.

17 Behringer (Hrsg.), Hexen, Nr. 36, S. 60f., 462; Becker u.a., Aus der Zeit, Nr. 1, S. 325f., 450.
18 Hansen, Quellen, Nr. 1, S. 38f.
19 Behringer (Hrsg.), Hexen, Nr. 92, S. 148.
20 Lau (Hrsg.), Das Buch Weinsberg, S. 69.
21 Monter, Witchcraft, S. 122.
22 Pohl, Hexenglaube, S. 218ff.
23 Hansen, Zauberwahn; Delumeau, Angst, Bd. 2, S. 419f.
24 Labouvie, Männer, S. 75.
25 Sprenger/Institoris, Der Hexenhammer, 2. T., S. 41ff.
26 Hansen, Quellen, Nr. 57, S. 282.
27 Segl, Heinrich Institoris, S. 116-121, Zitat S. 121.
28 Frank, Femina, S. 102.
29 Roeck, Christlicher Idealstaat, S. 396.

II. 2. Der Krieg im Kriege

1 Zum folgenden Schormann, Der Dreißigjährige Krieg, S. 25-46, 92-94.
2 Siebel, Die Hexenverfolgung, S. 164 Anm. 199.
3 Ebd. S. 46; HStAD JB II 1324; Löher, Klage, S. 603.
4 Siebel, Die Hexenverfolgung, S. 52-64, Zitat: S. 60.
5 Ebd. S. 58.
6 HStAD KK III 23 Bl. 37 u. a.
7 Ebd. 24 Bl. 664.
8 Ebd. Abtei Brauweiler Rep. u. Hs. 6 III Bl. 58; Wisplinghoff, Brauweiler, S. 225.
9 HStAD KK III 23 Bl. 41.
10 Joesten, Zur Geschichte, S. 5 Anm. 1.
11 HStAD KK III 24 Bl. 120.
12 Ebd. Bl. 688; 24 a Bl. 525, 530; Wühr, Die Apotheken, S. 94; Pohl, Ein Hexenprozeß, S. 34; Maaßen, Geschichte, S. 367ff.
13 StadtA Bonn Ku 102/1 Teil 1, S. 7.
14 HStAD KK III 23 Bl. 53, 71, 78, 162, 207, 211, 270ff.
15 Ebd. Bl. 470, 476.
16 Ebd. 24 Bl. 32, 55.
17 Ebd. 23 Bl. 162; 24 Bl. 98, 139, 238, 358.
18 Ebd. 24 Bl. 115; Terwelp, Hexenprozesse, passim.
19 LHAK Abt. 612 Nr. 2004 S. 419.
20 HStAD KK III 24 Bl. 239.
21 LHAK Abt. 612 Nr. 2004 S. 439; Nr. 2695, Nr. 2696; Nr. 2004 S. 457.
22 HStAD KK III 24 Bl. 560.
23 LHAK Abt. 612 Nr. 2696.
24 Ebd. Abt. 2 Köln 2 Nr. 1241, Abt. 2 Köln 1 Nr. 1829 Bl. 1/2.
25 HStAD KK III 26 Bl. 147.
26 LHAK Abt. 2 Köln 1 Nr. 1829 Bl. 5/6.
27 HStAD KK III 24 a Bl. 591, 30 Bl. 147.

28 Ebd. Best. Schwarzrheindorf, Akten 45; Gissinger, Geschichte, S. 243.
29 HStAD KK III 24 Bl. 238; 24 a Bl. 158.
30 Ebd. 24 a Bl. 57, 72f., 77, 94, 101.
31 Ebd. Bl. 270.
32 Ebd. Bl. 713.
33 Decker, Die Hexenverfolgungen, S. 343ff.
34 Ebd. S. 357; HStAD KK III 24 Bl. 28.
35 HStAD KK III 24 a Bl. 38.
36 Ebd. Bl. 77; StAM Hztm. Westfalen, Landesarchiv VII Nr. 34.
37 Decker, Die Hexenverfolgungen, S. 355; Schormann, Hexenprozesse in
    Nordwestdeutschland, S. 100.
38 Mummenhoff, Zur Geschichte, passim.
39 StAM R 335/969 Bl. 29.
40 StA Stade Rep. 27 V 880 Bd. 1; Rep. 8 Fach 21 Nr. 9.
41 Schneider, Stadt, passim.

III. 1. Die Hexenkommissare

 1 HStAD KK III 24 Bl. 226.
 2 Decker, Die Hexenverfolgungen, S. 361; von dems. in Kürze: »Dr. Hein-
    rich v. Schultheiß – eine biographische Skizze«.
 3 Schultheiß, Instruction, S. 488f.
 4 HStAD KK III 24 Bl. 774f.
 5 Decker, Die Hexenverfolgungen, S. 358f.
 6 Dornbusch, Buirmann, S. 81; Gibbons, Löher, S. 348 Anm. 47, S. 358
    Anm. 96.
 7 Die Matrikel der Universität Köln, Bd. 4, 724, 46; Flink, Geschichte, S. 190;
    HStAD KK III 23 Bl. 275.
 8 Löher, Klage, S. 528.
 9 HStAD KK III 24 a Bl. 282f., 285.
10 Ebd. Bl. 282.
11 Flink, Geschichte, S. 193.
12 HStAD KK II 3307 Bl. 11; ebd. KK III 24 a Bl. 57; Hansmann, Hexenpro-
    zesse, S. 100.
13 Übersicht: Schormann, Hexenprozesse in Nordwestdeutschland, S. 9-44.
14 Löher, Klage, S. 602.
15 Decker, Die Hexenverfolgungen, S. 358.
16 HStAD KK III 21 Bl. 622.
17 Siebel, Die Hexenverfolgung, S. 101; Ennen, Geschichte, Bd. 5, S. 780.
18 HStAD KK III 23 Bl. 211.
19 Ebd. KK III 24 Bl. 98 - 1629 März 20; Bl. 405f. - 1629 Dez. 17.
20 Pohl, Ein Hexenprozeß, S. 57; HStAD KK III 24 Bl. 226.
21 Die Matrikel der Universität Köln, Bd. 4, Nr. 136; HStAD KK III 24 Bl. 260
    – Hulchrade 1629 Aug. 20; ebd. 24 a Bl. 344 – Rheinbach 1632 Jan. 12;
    Gansen, Die Hexenprozesse, S. 57; ders., Einwohnerbuch, Sp. 22.
22 HStAD KK III 24 a Bl. 527 – 1632 Aug. 19; ebd. 28 Bl. 254 - 1636 Aug. 21;
    Gissinger, Geschichte, S. 243; Matrikel Würzburg, Bd. 1, S. 99.

23 HStAD Rep. u. Hs. 6 III Bl. 58.
24 Zum folgenden Rummel, Hexenverfolgungen, S. 43-46.
25 Die Matrikel der Universität Köln, Bd. 4, 724, 62; Gansen, Die Hexenprozesse, S. 57; Diwo, Die Hexenprozesse, S. 75ff.
26 Gansen, Die Hexenprozesse, S. 57 Anm. 8.
27 StAM Hztm. Westfalen, Landesarchiv VII 17 b Bl. 34.
28 Decker, Die Hexenverfolgungen, S. 358.
29 Meuthen, Die alte Universität, S. 413.
30 HStAD KK III 16 Bl. 81.
31 StAM Msc. VI, 266 Heft 17 – Febr. 1.
32 Schultheiß, Instruction, S. 79-97.

III. 2. Die Finanzierung

1 S. o. S. 56.
2 Schormann, Das Fiskalat, S. 32f.
3 Spee, Cautio criminalis, S. 13.
4 Merzbacher, Die Hexenprozesse, S. 180.
5 Midelfort, Witch Hunting, S. 167f.; Pohl, Hexenglaube, S. 186 Anm. 286.
6 Schormann, Hexenprozesse in Deutschland, S. 85.
7 Pohl, Hexenglaube, S. 187f., 317-321; Merzbacher, Die Hexenprozesse, S. 178f.; Scotti (Hrsg.), Sammlung, S. 14-19, die Konfiskationsordnung ist nicht schon in der Hexenprozeßordnung von 1607 enthalten.
8 Scotti (Hrsg.), Sammlung, S. 17.
9 HStAD KK III 23 Bl. 487; Siebel, Die Hexenverfolgung, S. 144f.
10 Pohl, Hexenglaube, S. 318.
11 HStAD KK III 23 Bl. 78, 270ff.
12 Ebd. 24 a Bl. 55; Merzbacher, Die Hexenprozesse, S. 179; Pohl, Hexenglaube, S. 190.
13 HStAD KK III 24 a Bl. 379, 527ff.; 26 Bl. 147; LHAK Abt. Köln Nr. 1829 Bl. 1ff.
14 HStAD KK III 24 a Bl. 273.
15 Ebd. 24 Bl. 238; 24 a Bl. 157, 270.
16 Ebd. 24 Bl. 688, 761.
17 Ebd. Bl. 677f.
18 Ebd. 24 a Bl. 270, 275, 379, 528f.; 26 Bl. 127.
19 Decker, Die Hexenverfolgungen, S. 350.
20 HStAD KK III 24 Bl. 55.
21 StadtA Rüthen X. I. g. 1.
22 HStAD KK III 24 a Bl. 72.
23 Ebd. 24 Bl. 598.
24 Ebd. Bl. 225; Merzbacher, Die Hexenprozesze, S. 180.
25 Ebd. 24 a Bl. 270.
26 StadtA Rüthen X. I. g. 1.
27 Pohl, Hexenglaube, S. 187, 191f.
28 Behringer, Hexenverfolgung, S. 402.

IV. 1. Der europäische Rahmen

1 Borst, Die Katharer, S. 65; Huber, Art. »Häresie«; Müller, Art. »Katharer«.
2 Kamen, Art. »Inquisition«; Trusen, Vom Inquisitionsverfahren.
3 Hansen, Quellen, S. 4ff., Nr. 4, 5.
4 Ebd. S. 528 Nr. 26; Übersicht über die Prozesse von 1240 bis 1540, S. 445-613.
5 Müller, Heinrich Institoris; Ammann, Der Innsbrucker Hexenprocess.
6 Schwerhoff, Rationalität, S. 46.
7 Henningsen, The Witches' Advocate, S. 22f., 367ff., 387f., mit der älteren Lit.
8 Lit. bei Roeck, Christlicher Idealstaat, S. 382 Anm. 7.
9 Kemperink, Heksenprocessen, S. 218f.; Dupont-Bouchat, La répression, S. 127.
10 Seymour, Irish Witchcraft; Byrne, Witchcraft.
11 Macfarlane, Witchcraft, S. 62; Larner, Enemies, S. 204f.
12 Henningsen, Hexenverfolgung, S. 146; Naess, Die Hexenprozesse, S. 168; Baschwitz, Hexen, S. 272-276; Ankarloo, Das Geschrei; Unverhau, Akkusationsprozeß, S. 116.
13 Tazbir, Hexenprozesse, S. 280; Karasová, Hexenprozesse, S. 4-9 mit älterer Lit.
14 Komáromy (Hrsg.), Magyarországi; Marczali, Hexenprozesse, S. 182, 184f.; Horna, Zwei Hexenprozesse.
15 Byloff, Hexenglaube, S. 159f.; ders., Das Verbrechen, S. 86; Gosler, Hexenwahn, S. 198; Nagl, Der Zauberer-Jackl-Prozeß I, S. 522.
16 Bader, Die Hexenprozesse, S. 219.
17 Behringer, Erhob sich das ganze Land, S. 165.
18 Spee, Cautio criminalis, S. 2f., 50, 102.
19 Ebd. S. 11f.
20 Löher, Klage, S. 226f., 398, 603.
21 Decker, Die Hexenverfolgungen, S. 359.

IV. 2. Geistliche Fürstentümer

1 Weyer, De praestigiis, Vorreden.
2 Zenz, Cornelius Loos.
3 Delrio, Disquisitionum, Bd. 3, S. 315-319; Duhr, Die Stellung, S. 36-43; Spee, Cautio criminalis, S. 1, 93.
4 Viole, Ergeben, S. 193.
5 Kunstmann, Zauberwahn, S. 177-184, Zitat: S. 184.
6 Delrio, Disquisitionum, Bd. 1, Vorrede.
7 Zeeden (Hrsg.), Gegenreformation.
8 Längin, Religion, S. 112.
9 Soldan, Geschichte, Bd. 2, S. 23ff.; Baschwitz, Hexen, S. 215ff.
10 Soldan, Geschichte, Bd. 2, S. 24; Baschwitz, Hexen, S. 215.
11 Schaffrath, Fürstabt Balthasar, S. 60-68, 101-108.

12 Malkmus, Ein Hexenrichter; StAMa Best. 90 a Nr. 836, Best. 255 Nr. 18; StadtA Fulda XVI B 1.
13 Malkmus, Ein Hexenrichter, S. 143, 146-151.
14 Alle Dokumente: StadtA Fulda XVI B 1; zu den Personen: Schaffrath, Fürstabt Balthasar, Reg.
15 Die Urteilskopien sind vermutlich irrtümlich falsch datiert, das eigentliche Todesurteil auf den 16. Nov., das andere auf den 10. Nov. – StadtA Fulda XVI B 1.
16 Schubert, Gegenreformationen, S. 249-253, Zitat: S. 251.
17 Zum folgenden Merzbacher, Die Hexenprozesse, S. 41ff.
18 Pölnitz, Julius Echter, S. 303f.
19 Merzbacher, Die Hexenprozesse, S. 45ff.
20 Schubert, Gegenreformationen, S. 255.
21 Behringer, Hexenverfolgung, S. 237.
22 Ebd. S. 238, 326ff.
23 Decot, Religionsfrieden, passim; Schmidt, Die katholische Restauration, S. 27, 35.
24 Brück, Johann Adam, S. 175; Grebner, Hexenprozesse, S. 164.
25 StA Würzburg, Aschaffenburger Archivreste 143/VII/1; Mainzer Aktenfragment 62 Fasz. 1.
26 Pohl, Hexenglaube, S. 6.
27 Ebd. S. 8, 12, 27ff.
28 StA Würzburg G-Akten 3083; Kartoteka Nr. 6,7; Pohl, Hexenglaube, S. 33.
29 Nachweise: Pohl, Hexenglaube, S. 231ff.
30 Serarius, Rerum, S. 902; zu Serarius: ADB, 34, S. 36f., Schmidt, Die katholische Restauration, S. 11 Anm. 4; zu Lohr: ebd. S. 36-62.
31 Pohl, Hexenglaube, S. 148ff., Zitat: S. 150.
32 StA Würzburg Gericht Miltenberg 692.
33 Brück, Mainz, S. 38.
34 Molitor, Kirchliche Reformversuche, passim.
35 Rummel, Soziale Dynamik, S. 32.
36 Schormann, Hexenprozesse in Deutschland, S. 58.
37 Ebd. S. 59.
38 Rummel, Soziale Dynamik, S. 33.
39 Ebd. S. 34; ausführlich dazu: ders., Bauern, Herren und Hexen, Göttingen 1991.
40 Decker, Die Hexenverfolgungen im Hochstift, S. 331f.; StAM Herrschaft Büren, Akten Nr. 946 Bl. 110.
41 Schormann, Hexenprozesse in Nordwestdeutschland, S. 96ff.
42 Weber, Veit Adam Gepeckh, passim.
43 Spee, Cautio criminalis, S. 190, 214; Zwetsloot, Friedrich Spee, S. 77f.
44 Forst (Hrsg.), Politische Correspondenz, S. 497, 503.
45 Spee, Cautio criminalis, S. 23, 161; Decker, Die Hexenverfolgungen, S. 367f.

IV. 3. Protestantische Gebiete

1 Heer, Die Dritte Kraft; Franzen, Das Schicksal, passim.
2 Zeeden, Die Entstehung, S. 77f.
3 Keller, Die Gegenreformation, Bd. 3, S. 144; Rothert, Westfälische Geschichte, Bd. 2, S. 132.
4 Coenen, Die katholische Kirche, S. 106.
5 Pauls, Zauberwesen, S. 215.
6 Ebd.; Crecelius, Bekenntnis, passim; Schneider, Das Werk, S. 2ff.
7 Weyer, De praestigiis, Vorrede an den Herzog.
8 Ebd. S. 435.
9 Pauls, Zauberwesen, S. 216f., 229-232; Behringer, Hexenverfolgung, S. 137ff., 312.
10 Weyer, De praestigiis, S. 435; Schneider, Das Werk, S. 64-72.
11 Midelfort, Witch Hunting, S. 104; Wilbertz, Hexenprozesse, S. 34-42.
12 Stebel, Die Osnabrücker Hexenprozesse, S. 23-55; Schormann, Städtische Gesellschaft, S. 179f.
13 Zum folgenden Schormann, Hexenprozesse in Nordwestdeutschland, S. 47-78.
14 Ebd. S. 162.
15 Görlich, Die Denkschrift, S. 33.
16 Unverhau, Akkusationsprozeß, S. 76f., 115ff., 137-142.
17 Behringer, Hexenverfolgung, S. 39-70, 413f.
18 Lorenz, Aktenversendung, Bd. II, 1, S. 48-64.
19 Schormann, Hexenprozesse in Nordwestdeutschland, S. 25.
20 Stölzel, Urkundliches Material, passim; Raumer, Actenmäßige Nachrichten, S. 239ff.; Dreisbach, Der Einfluß, S. 89f.
21 Soldan, Geschichte Bd. 2, S. 120; Carpzov hat in seinem Buch 36 Urteile des Schöffenstuhls aus den Jahren 1582 bis 1622 abgedruckt.
22 Boehm, Der Schöppenstuhl, S. 395 Anm. 49; Kuhne, Der Einfluß, S. 225, 228f.
23 Schormann, Hexenprozesse in Deutschland, S. 68f.
24 Human, Herzog Johann, S. 99.
25 Behringer, Hexenverfolgung, S. 228.
26 Pohl, Hexenglaube, S. 232.
27 Rummel, Die Ausrottung, S. 69f.
28 Behringer, Hexenverfolgung, S. 417 Anm. 39.
29 Grebner, Hexenprozesse, S. 160-163, 166ff., 207.
30 Brück, Johann Adam, S. 176.
31 Götze, Johanns VI., S. 328f.
32 HStAW Abt. 369 Nr. 219 Bl. 1-8, Zitat Bl. 3; Brumm, Zauberer, S. 215.
33 Menk, Restitutionen, S. 108.
34 Ebd. S. 116ff.
35 Lautz, Nachrichten, S. 111.
36 HStAW Abt. 369 Nr. 224.
37 Ebd. Nr. 221 Bl. 5f.

V. 1. Das Ende der Verfolgung

1 Schormann, Hexenprozesse in Nordwestdeutschland, S. 71; Druck: Behringer (Hrsg.), Hexen, S. 397f.
2 StAM Herrschaft Büren, Akten Nr. 947; HStAD Rep. u. Hs. 6 III Bl. 58; Schormann, Strafrechtspflege, S. 98.
3 Löher, Klage, S. 84.
4 Schrittenloher, Aus der Gutachter- und Urteilstätigkeit, S. 326-329, 353f.
5 HStAW Abt. 369 Nr. 99 Bl. 56-61.
6 Löher, Klage, S. 102.
7 Ebd. S. 83.
8 Ebd. S. 269f.; Decker, Die Hexenverfolgungen, S. 365ff.
9 Löher, Klage, S. 80-83, 90f.; Dornbusch, Buirmann, S. 107.
10 Lorenz, Das Reichskammergericht; Diestelkamp (Hrsg.), Das Reichskammergericht.
11 Hermann, Die Hexen, S. 49-56; Reiß, Die Hexenprozesse, S. 216 Anm. 48.
12 S. o. S. 59.
13 Merzbacher, Die Hexenprozesse, S. 82.
14 Löher, Klage, S. 398; Kriedte, Die Hexen, S. 59f.; Schormann, Städtische Gesellschaft, S. 182-185.
15 StAMa Best. 115 Nr. 14/23.
16 HStAD KK III 24 a Bl. 610; Behringer (Hrsg.), Hexen, S. 389-393.
17 Conrad, Deutsche Rechtsgeschichte, Bd. 2, S. 165-168, Zitat S. 168.
18 Wittmann, Die Bamberger Hexen-Justiz, S. 192f.
19 Zum folgenden ebd. S. 194-221, Zitat S. 209f.; Behringer (Hrsg.), Hexen, S. 386f.; ders., Hexenverfolgung, S. 321-331.
20 Siebel, Die Hexenverfolgung, S. 58.
21 HStAD KK III 30 Bl. 115.
22 Ebd. Bl. 130, 139.
23 LHAK Abt. 612 Nr. 2696; Decker, Die Hexenverfolgungen, S. 368-374.
24 HStAD KK III 24 a Bl. 591, 30 Bl. 147.
25 Ebd. 76 Bl. 107ff.
26 Decker, Die Hexenverfolgungen, S. 376ff.; Roeck, Christlicher Idealstaat, S. 403.
27 Behringer, Hexenverfolgung, S. 331.
28 Foerster, Kurfürst Ferdinand, S. 404f.
29 Siebel, Die Hexenverfolgung, S. 46.

V. 2. Die Täter

1 Srbik, Wallensteins Ende, S. 21.
2 Franzen, Der Wiederaufbau, S. 281, 284f.
3 Esser, Hexenverbrennungen, S. 30.
4 Franzen, Der Wiederaufbau, S. 281f.
5 Spee, Cautio criminalis, S. 3.
6 Schormann, Hexenprozesse in Deutschland, S. 58; Midelfort, Witch Hun-

ting, S. 122ff.; Behringer, Hexenverfolgung, S. 98-106; Decker, Die Hexenverfolgungen, S. 379f.

7 Behringer, Hexenverfolgung, S. 426f.
8 Reinhard, Konfession, S. 186.
9 S. o. S. 122.
10 Spee, Cautio criminalis, S. 164.
11 Schöck, Hexenglaube, S. 71-85.
12 Pohl, Hexenglaube, S. 217.
13 Reiß, Die Hexenprozesse, S. 245ff.
14 Rummel, Die Ausrottung, S. 63.
15 Ebd. S. 66.
16 Zwetsloot, Friedrich Spee, S. 141f.
17 Löher, Klage, S. 246ff.
18 Spee, Cautio criminalis, S. 22.
19 Ebd. S. 32 – die deutsche Übersetzung gibt »imprudenter« irrtümlich mit
    »schamlos« wieder; Zwetsloot, Friedrich Spee, S. 144; Behringer, Hexen-
    verfolgung, S. 303ff.
20 Spee, Cautio criminalis, S. 205, dubium 9 S. 16-27.
21 Hasler, Anna Göldin, S. 287; Behringer, Hexenverfolgung, S. 385f. und Reg.
22 Wistrich, Der antisemitische Wahn, S. 167.

Literaturverzeichnis

Amman, H.: Der Innsbrucker Hexenproceß von 1495, in: Zeitschrift des Ferdinandeums für Tirol und Vorarlberg, 3. Folge, 34 (1890), S. 1-87

Andernach, N.: Die landesherrliche Verwaltung, in: Kurköln, Land unter dem Krummstab, hrsg. v. HStAD, Kevelaer 1985, S. 241-250

Ankarloo, B.: Das Geschrei der ungebildeten Masse. Zur Analyse der schwedischen Hexenprozesse, in: Degn, C. u.a. (Hrsg.), Hexenprozesse. Deutsche und skandinavische Beiträge, Neumünster 1983, S. 172-178

Bader, G.: Die Hexenprozesse in der Schweiz, jur. Diss., Affoltern a. A. 1945

Baschwitz, K.: Hexen und Hexenprozesse, München 1966

Beemelmans, M. C.: Die Stellung des Hohen Kurfürstlichen Gerichts zum Rat der Stadt Köln (1475-1794), jur. Diss., Köln 1934

Beemelmans, W.: Der Kölner Professor Peter Osterman (1596-1657) und seine Schicksale, in: Jahrbuch des kölnischen Geschichtsvereins 19 (1937), S. 1-88

Behringer, W.: Hexenverfolgung in Bayern, München 1987

— : »Erhob sich das ganze Land zu ihrer Ausrottung ...«, in: Dülmen, R. v. (Hrsg.), Hexenwelten, Frankfurt a. M. 1987, S. 131-169

— (Hrsg.): Hexen und Hexenprozesse, München 1988

— : Erträge und Perspektiven der Hexenverfolgung, in: Historische Zeitschrift 249 (1989), S. 619-640

Boehm, E.: Der Schöppenstuhl zu Leipzig und der sächsische Inquisitionsprozeß im Barockzeitalter, in: Zeitschrift für die gesamte Strafrechtswissenschaft 59 (1940), S. 371-410, 620-639

Borst, A.: Die Katharer, Stuttgart 1953

Bracher, K. D.: Die Auflösung der Weimarer Republik, Düsseldorf 1984

Brück, A. P.: Johann Adam von Bicken, Erzbischof und Kurfürst von Mainz 1601-1604, in: Archiv für mittelrheinische Kirchengeschichte 23 (1971), S. 147-187

— : Mainz vom Verlust der Stadtfreiheit bis zum Ende des Dreißigjährigen Krieges 1462-1648, Düsseldorf 1972

B(rumm), J.: Zauberer und Hexen, in: Nassovia 13 (1912), S. 215

Byloff F.: Das Verbrechen der Zauberei (crimen magiae). Ein Beitrag zur Geschichte der Strafrechtspflege in Steiermark, Graz 1902

— : Hexenglaube und Hexenverfolgung in den österreichischen Alpenländern, Berlin 1934

Byrne, P. F.: Witchcraft in Ireland, Cork 1973

Coenen, D.: Die katholische Kirche am Niederrhein von der Reformation bis zum Beginn des 18. Jahrhunderts, Münster 1967

Conrad, H.: Deutsche Rechtsgeschichte, 2 Bde., Karlsruhe 1962/66

Crecelius, W.: Bekenntnis einer als Hexe angeklagten Nonne aus dem

Jahre 1516, in: Zeitschrift des Bergischen Geschichtsvereins 9 (1873), S. 103-110

Dawidowitz, L. S.: Der Krieg gegen die Juden 1933-1945, Wiesbaden 1979

Decker, R.: Die Hexenverfolgungen im Hochstift Paderborn, in: Westfälische Zeitschrift 128 (1978), S. 315-356

— : Die Hexenverfolgungen im Herzogtum Westfalen, in: Westfälische Zeitschrift 131/32 (1981/82), S. 339-386

Decot, R.: Religionsfrieden und Kirchenreform. Der Mainzer Kurfürst und Erzbischof Sebastian von Heusenstamm 1545-1555, Wiesbaden 1980

Delrio, M.: Disquisitionum magicarum libri sex, 3 Bde., Mainz 1606

Delumeau, J.: Angst im Abendland, 2 Bde., Reinbek 1985

Diestelkamp, B. (Hrsg.): Das Reichskammergericht in der deutschen Geschichte – Forschungsstand und Forschungsperspektiven, Köln 1989

Diwo, J.: Die Hexenprozesse in der Stadt Siegburg, jur. Diss. MS, Bonn o. J. (1948)

Dornbusch, J. B.: Dr. juris Franciscus Buirmann, in: Heimat. Wochenblatt für Kunde der niederrheinischen Geschichte 1875, S. 69-71, 77-79, 81-83, 93-95, 106-116

Dreisbach, H.: Der Einfluß der Carolina auf die Rechtsprechung norddeutscher Oberhöfe, jur. Diss., Marburg 1969

Duchhardt, H.: Protestantisches Kaisertum und Altes Reich, Wiesbaden 1977

Duhr, B.: Die Stellung der Jesuiten in den deutschen Hexenprozessen, Köln 1900

Dupont-Bouchat, M.-S.: La répression de la sorcellerie dans le Duché de Luxembourg aux XVIe et XVIIe siècles, in: Dies. u. a., Prophètes et sorciers dans des Pays-Bas XVIe – XVIIIe siècle, Paris 1978, S. 41-154

Elbogen, J.-Sterling, E.: Die Geschichte der Juden in Deutschland, Frankfurt a. M. 1966

Ennen, E.: Kleine Geschichte der Stadt Bonn, Bonn 1968

Ennen, L.: Geschichte der Stadt Köln, Bd. 5, Düsseldorf 1880

Erkens, F.-R.-Janssen, W.: Das Erzstift Köln im geschichtlichen Überblick, in: Kurköln, Land unter dem Krummstab, hrsg. v. HStAD, Kevelar 1985, S. 19-42

Esser, P.: Hexenverbrennungen in der Eifel, in: Eifel-Jahrbuch 1965/66, S. 30-36

Flink, K.: Geschichte der Burg, der Stadt und des Amtes Rheinbach von den Anfängen bis zum Ausgang des 18. Jahrhunderts, Bonn 1965

— : Die rheinischen Städte des Erzstifts Köln und ihre Privilegien, in: Kurköln, Land unter dem Krummstab, hrsg. v. HStAD, Kevelaer 1985, S. 145-163

Foerster, J. F.: Kurfürst Ferdinand von Köln. Die Politik seiner Stifter in den Jahren 1634-1650, Münster 1976

Forst, H. (Hrsg.): Politische Correspondenz des Grafen Franz Wilhelm v. Wartenberg, Leipzig 1897

Frank, I. W.: Femina est mas occasionatus. Deutung und Folgerungen bei Thomas von Aquin, in: Segl, P. (Hrsg.), Der Hexenhammer. Entstehung und Umfeld des Malleus maleficarum von 1487, Köln 1988, S. 71-102

Franzen, A.: Der Wiederaufbau des kirchlichen Lebens im Erzbistum Köln unter Ferdinand von Bayern, Erzbischof von Köln 1612-1650, Münster 1941

— : Das Schicksal des Erasmianismus am Niederrhein im 16. Jahrhundert, in: Historisches Jahrbuch 83 (1963), S. 84-112

Gansen, P.: Die Hexenprozesse des 17. Jahrhunderts in Siegburg, in: Siegburger Heimatblätter, 27. Jg., Dez. 1959, H. 77, S. 52-81

— : Ein seltsames Einwohnerbuch aus Siegburg von 1636-38, in: Mitteilungen der Westdeutschen Gesellschaft für Familienkunde 20 (1961/62), Sp. 21-30

Gissinger, K.: Geschichte der Stadt Euskirchen, Euskirchen 1902

Görlich, J.-U.: Die Denkschrift des Theodorus Walter zum Hexenprozeß, in: Jahrbuch für den Landkreis Holzminden 2 (1984), S. 29-51

Götze, L.: Johanns VI., Grafen von Nassau-Dillenburg, Urteil über Hexenprozesse (1582), in: Annalen des Vereins für Nassauische Alterthumskunde und Geschichtsforschung 13 (1874), S. 327ff

Gosler, S.: Hexenwahn und Hexenprozesse in Kärnten von der Mitte des 15. Jahrhunderts bis zum ersten Drittel des 18. Jahrhunderts, phil. Diss. MS, Graz 1955

Graus, F.: Pest – Geissler – Judenmorde, Göttingen 1987

Grebner, C.: Hexenprozesse im Freigericht Alzenau (1601-1605), in: Aschaffenburger Jahrbuch 6 (1979), S. 137-240

Greive, H.: Die Juden. Grundzüge ihrer Geschichte im mittelalterlichen und neuzeitlichen Europa, Darmstadt 1982

— : Geschichte des modernen Antisemitismus in Deutschland, Darmstadt 1983

Hansen, J.: Quellen und Untersuchungen zur Geschichte des Hexenwahns und der Hexenverfolgung im Mittelalter, Bonn 1901, ND: Hildesheim 1963

— : Zauberwahn, Inquisition und Hexenprozeß im Mittelalter und die Entstehung der großen Hexenverfolgung, München 1900, ND: Aalen 1964

Hansmann, A.: Hexenprozesse in Heimerzheim, in: 900 Jahre Heimerzheim (1074–1974), Köln/Berlin 1974, S. 98-105

Hasler, E.: Anna Göldin, Braunschweig 1982

Heckel, M.: Deutschland im konfesssionellen Zeitalter, Göttingen 1983

Heer, F.: Die dritte Kraft, Frankfurt a. M. 1960

Hehl, U. v.: Hexenprozesse und Geschichtswissenschaft, in: Historisches Jahrbuch 107 (1987), S. 349-375

Henningsen, G.: The Witches' Advocate. Basque Witchcraft and the Spanish Inquisition (1609-1614), Reno/Nevada 1980

— : Hexenverfolgung und Hexenprozesse in Dänemark, in: Degn, C. u. a. (Hrsg.), Hexenprozesse. Deutsche und skandinavische Beiträge, Neumünster 1983, S. 143-149

Herkenrath, H. J.: Die Reformbehörde des Kölner Kirchenrats 1601-1615, Düsseldorf 1960

Hermann, E.: Die Hexen von Baden-Baden, Karlsruhe o. J. (1890)

Heusgen, P.: Das Dekanat Zülpich, Siegburg 1958

Horna, R.: Zwei Hexenprozesse in Preßburg zu Beginn des XVII. Jahrhunderts, Bratislava 1933

Huber, W.: Art. »Häresie«, in: Theologische Realenzyklopädie 14 (1985), S. 313-348

Human, A.: Herzog Johann Casimirs »Gerichts-Ordnung die Hexerei betr.: Publiciret ahm 21. February 1629«, in: Schriften des Vereins für Sachsen-Meiningische Geschichte und Landeskunde 29 (1898), S. 99-112

Janssen, W.: Die Landwirtschaft in Kurköln im Spätmittelalter, in: Kurköln, Land unter dem Krummstab, hrsg. v. HStAD, Kevelaer 1985, S. 105-112

Joesten, J.: Zur Geschichte der Hexen und Juden in Bonn, Bonn 1900

Kamen, H.: Art. »Inquisition«, in: Theologische Realenzyklopädie 16 (1987), S. 189-196

Karasová, M.: Hexenprozesse in den Ländern der böhmischen Krone, in: Bohemia 29 (1988), S. 1-14

Keller, L. (Hrsg.): Die Gegenreformation in Westfalen und am Niederrhein, Bd. 3, Leipzig 1895, ND: Osnabrück 1965

Kemperink, J. H. P.: Heksenprocessen te Amersfoort op het einde der XVIe eeuw, in: Tijdschrift voor Geschiedenis 70 (1957), S. 218-230

Kershaw, J.: Der NS-Staat, Reinbek 1988

Komáromy, A. (Hrsg.): Magyarországi boszorkányperek oklevéltára (Archiv ungarischer Hexenprozesse), Budapest 1910

Kriedte, P.: Die Hexen und ihre Ankläger, in: Zeitschrift für Historische Forschung 14 (1987), S. 47-71

Kuhne, K.: Der Einfluß des Leipziger Schöppen Benedict Carpzov auf die Prozesse gegen die Hexen um Delitzsch, in: Sächsische Heimatblätter 13 (1967), S. 225-230

Kunstmann, H. H.: Zauberwahn und Hexenprozeß in der Reichsstadt Nürnberg, Nürnberg 1970

Labouvie, E.: Männer im Hexenprozeß. Zur Sozialanthropologie eines ›männlichen‹ Verständnisses von Magie und Hexerei, in: Geschichte und Gesellschaft 16 (1990), S. 56-78

Längin, G.: Religion und Hexenprozess, Leipzig 1888

Larner, C.: Enemies of God. Ths Witch-hunt in Scotland, London 1981

Lau, F. (Hrsg.): Das Buch Weinsberg, Bd. 4, Bonn 1898

Löher, H.: Hochnötige Unterthanige Wemütige Klage der Frommen Unschültigen, Amsterdam 1676

Lautz, (F): Nachrichten über den Umfang der Hexenverfolgung in den deutschen Gebieten der Otto'schen Linie der Grafen von Nassau, in: Annalen des Vereins für Nassauische Altertumskunde und Geschichtsforschung 19 (1885/86), S. 105-115

Lojewski, G. v.: Bayerns Weg nach Köln, Bonn 1962

Lorenz, S.: Aktenversendung und Hexenprozeß. Dargestellt am Beispiel der Juristenfakultäten Rostock und Greifswald (1570/82–1630), 3 Bde., Frankfurt a. M. 1982/83

— : Das Reichskammergericht, in: Zeitschrift für Württembergische Landesgeschichte 43 (1984), S. 175-203

Lutz, H.: Das Ringen um deutsche Einheit und kirchliche Erneuerung. Von Maximilian I. bis zum Westfälischen Frieden 1490-1648, Berlin W. 1983

Maaßen, G. H. C.: Geschichte der Pfarreien des Dekanates Hersel, Köln 1885

Macfarlane, A.: Witchcraft in Tudor and Stuart England, London 1970

Malkmus, G. J.: Ein Hexenrichter, in: Ders., Fuldaer Anekdotenbüchlein, Fulda ²1875, S. 101-151

Marczali, H.: Hexenprozesse in Ungarn, in: Ungarische Rundschau für historische und soziale Wissenschaften 1 (1912), S. 177-187

Die Matrikel der Universität Köln, Bd. 4, bearb. v. Nyassi, U./Huiskes, M., Düsseldorf 1981

Die Matrikel der Universität Würzburg, Bd. 1, hrsg. v. Merckle, S., München 1922, ND: Nendeln 1980

Menk, G.: Restitutionen vor dem Restitutionsedikt. Kurtrier, Nassau und das Reich 1626-1629, in: Jahrbuch für westdeutsche Landesgeschichte 5 (1979), S. 103-130

Merzbacher, F.: Die Hexenprozesse in Franken, München ²1970

Meuthen, E.: Die alte Universität, Köln 1988

Midelfort, H. C. E.: Witch Hunting in Southwestern Germany 1562–1684. The Social and Intellectual Foundations, Stanford 1972

Molitor, H.: Kirchliche Reformversuche der Kurfürsten und Erzbischöfe von Trier im Zeitalter der Gegenreformation, Wiesbaden 1967

Monter, E. W.: Witchcraft in France and Switzerland, Ithaca 1976

Müller, D.: Art. »Katharer«, in: Theologische Realenzyklopädie 18 (1989), S. 21-30

Müller, K. O.: Heinrich Institoris, der Verfasser des Hexenhammers und seine Tätigkeit als Hexeninquisitor in Ravensburg im Herbst 1484, in: Württembergische Vierteljahrshefte für Landesgeschichte, NF 19 (1910), S. 397-417

Mummenhoff, W.: Zur Geschichte der Hexenverfolgungen in der Stadt Recklinghausen und ihrer Umgebung während des 16. Jahrhunderts, in: Vestische Zeitschrift 34 (1927), S. 75-90

Naess, H. E.: Die Hexenprozssse in Norwegen, in: Degn, C. u. a. (Hrsg.), Hexenprozesse. Deutsche und skandinavische Beiträge, Neumünster 1983, S. 167-171

Nagl, H.: Der Zauberer-Jackl-Prozeß, I und II, in: Mitteilungen für Salzburger Landeskunde 112/113 (1972/73), S. 385-539, 114 (1974), S. 79-241

Patschovsky, A.: Waldenserverfolgung in Schweidnitz 1315, in: Deutsches Archiv für Erforschung des Mittelalters 36 (1980), S. 137-176

— : Was sind Ketzer?, in: Kerner, M. (Hrsg.), »... eine finstere und fast unglaubliche Geschichte«?, Darmstadt 1988, S. 169-190

Pauls, E.: Zauberwesen und Hexenwahn am Niederrhein, in: Beiträge zur Geschichte des Niederrheins 13 (1898), S. 134-242

Penning, W.-D.: Die weltlichen Zentralbehörden im Erzstift Köln von der ersten Hälfte des 15. bis zum Beginn des 17. Jahrhunderts, Bonn 1977

Petri, F.: Im Zeitalter der Glaubenskämpfe (1500–1648), in: Petri, F./Droege, G. (Hrsg.), Rheinische Geschichte, Bd. 2, Düsseldorf 1976, S. 1-217

Pölnitz, G. v.: Julius Echter von Mespelbrunn, München 1934, ND: Aalen 1973

Pohl, H.: Hexenglaube und Hexenverfolgung im Kurfürstentum Mainz, Stuttgart 1988

Pohl, J.: Ein Hexenprozeß zu Linz a. Rhein vom Jahre 1631, in: Bonner Archiv 1893, S. 33-37, 41-44, 57f.

Raumer, G. W. v.: Actenmäßige Nachrichten von Hexenprozessen und Zaubereien in der Mark Brandenburg vom 16. bis ins 18. Jahrhundert, in: Märkische Forschungen 1 (1841), S. 236-265

Reinhard, W.: Katholische Reform und Gegenreformation in der Kölner Nuntiatur 1584-1621, in: Römische Quartalschrift 66 (1971), S. 8-65

— : Konfession und Konfessionalisierung in Europa, in: Ders. (Hrsg.), Bekenntnis und Geschichte, München 1981, S. 165-189

Reiß, W.: Die Hexenprozesse in der Stadt Baden-Baden, in: Freiburger Diözesan-Archiv 91 (3. Folge 23) (1971), S. 202-266

Rhodes, J. J.: The Hitler Movement. A Modern Millenarian Revolution, Stanford 1980

Roeck, B.: Christlicher Idealstaat und Hexenwahn. Zum Ende der europäischen Verfolgungen, in: Historisches Jahrbuch 108 (1988), S. 379-405

Rothert, H.: Westfälische Geschichte, Bd. 2, Gütersloh 41981

Rotthoff, G.: Gerichtswesen und Rechtsordnungen, in: Kurköln, Land unter dem Krummstab, hrsg. v. HStAD, Kevelaer 1985, S. 257-264

Rummel, W.: Die »Ausrottung des abscheulichen Hexerey Lasters«. Zur Bedeutung populärer Religiosität in einer dörflichen Hexenverfolgung des 17. Jahrhunderts, in: Schieder, W. (Hrsg.), Volksreligiosität in der modernen Sozialgeschichte, Göttingen 1986, S. 51-72

— : Soziale Dynamik und herrschaftliche Problematik der kurtrierischen Hexenverfolgungen, in: Geschichte und Gesellschaft 16 (1990), S. 26-55

— : Hexenverfolgung in den Manderscheider Territorien (1528-1641), in: Die Manderscheider. Eine Eifeler Adelsfamilie, Köln 1990, S. 33-48

Schaffrath, O.: Fürstabt Balthasar von Dermbach und seine Zeit, Fulda 1967

Schier, B.: Hexenwahn und Hexenverfolgung. Rezeption und politische Zurichtung eines kulturwissenschaftlichen Themas im Dritten Reich, in: Bayerisches Jahrbuch für Volkskunde, 1990, S. 43-115

Schmidt, E.: Einführung in die Geschichte der deutschen Strafrechtspflege, Göttingen 31965

Schmidt J.: Die katholische Restauration in den ehemaligen Kurmainzer Herrschaften Königstein und Rieneck, Freiburg i.Br. 1902

Schneider, F.: Stadt und Vest Recklinghausen während des dreißigjährigen Krieges, in: Westfälische Zeitschrift 22 (1862), S. 147-224

Schneider, U. F.: Das Werk »De praestigiis Daemonum« von Weyer und seine Auswirkungen auf die Bekämpfung des Hexenwahns, jur. Diss. MS, Bonn 1951

Schöck, I.: Hexenglaube der Gegenwart, Tübingen 1978

Schormann, G.: Das Fiskalat in Schaumburg, in: Schaumburg-Lippische Mitteilungen 23 (1974), S. 23-39

— : Strafrechtspflege in Braunschweig-Wolfenbüttel 1569-1633, in: Braunschweigisches Jahrbuch 55 (1974), S. 90-112

— : Hexenprozesse in Nordwestdeutschland, Hildesheim 1977

— : Der Dreißigjährige Krieg, Göttingen 1985

— : Städtische Gesellschaft und Hexenprozeß, in: Stadt im Wandel. Kunst und Kultur des Bürgertums in Norddeutschland 1150-1650, Bd. 4, Braunschweig 1985, S. 175-187

— : Hexenprozesse in Deutschland, Göttingen ²1986

Schrittenloher, J.: Aus der Gutachter- und Urteilstätigkeit der Ingolstädter Juristenfakultät im Zeitalter der Hexenverfolgungen, in: Jahrbuch für fränkische Landesforschung 23 (1963), S. 315-353

Schröer, A.: Die Kirche in Westfalen im Zeichen der Erneuerung (1585-1648), 2 Bde., Münster 1986/87

Schubert, E.: Gegenreformationen in Franken, in: Zeeden, E. W. (Hrsg.), Gegenreformation, S. 222-269

Schultheiß, H. v.: Eine Außführliche Instruction Wie in Inquisition Sachen des grewlichen Lasters der Zauberey ... zu procediren, Köln 1634

Schwerhoff, G.: Rationalität im Wahn. Zum gelehrten Diskurs über die Hexen in der frühen Neuzeit, in: Saeculum 37 (1986), S. 45-82

Scotti, J. J. (Hrsg.): Sammlung der Gesetze und Verordnungen, welche in dem vormaligen Churfürstenthum Cöln ... ergangen sind, 2. Abt., 1. Teil, Düsseldorf 1831

Segl, P.: Heinrich Institoris. Persönlichkeit und literarisches Werk, in: Ders. (Hrsg.), Der Hexenhammer. Entstehung und Umfeld des Malleus maleficarum von 1487, Köln 1988, S. 103-126

Serarius, N.: Rerum Moguntiacarum libri quinque, Mainz 1604

Seymour, J. D.: Irish Witchcraft and Demonology, Dublin 1913

Siebel, F. W.: Die Hexenverfolgung in Köln, jur. Diss., Bonn 1959

Soldan, W. G.: Geschichte der Hexenprozesse, 2 Bde. , München ³1912, ND: Darmstadt 1972

Spee, F. v.: Cautio criminalis, dt. v. J. F. Ritter, Darmstadt 1967

Sprenger, J./Institoris, H.: Der Hexenhammer, dt. v. J. W. R. Schmidt, Berlin 1906, ND: Darmstadt 1974

Srbik, H. v.: Wallensteins Ende, Salzburg ²1952

Stebel, H.-J.: Die Osnabrücker Hexenprozesse, Osnabrück 1969

Stölzel, A.: Urkundliches Material aus den Brandenburger Schöppenstuhlakten, 4 Bde., Berlin 1901

Tazbir, J.: Hexenprozesse in Polen, in: Archiv für Reformationsgeschichte 71 (1980), S. 280-307

Terwelp: Hexenprozesse in Andernach, in: Niederrheinischer Geschichtsfreund 5 (1883), S. 179ff., 187-190

Trusen, W.: Vom Inquisitionsverfahren zum Ketzer- und Hexenprozeß, in: Schwab, D. u. a. (Hrsg.), Staat, Kirche, Wissenschaft in einer pluralistischen Gesellschaft, Festschrift P. Mikat, Berlin W. 1989

Unverhau, D.: Akkusationsprozeß – Inquisitionsprozeß. Indikatoren für die Intensität der Hexenverfolgung in Schleswig-Holstein, in: Degn, C. u. a. (Hrsg.), Hexenprozesse. Deutsche und skandinavische Beiträge, Neumünster 1983, S. 59-142

Valder-Knechtges, C.: Musik am kurkölnischen Hof, in: Kurköln, Land unter dem Krummstab, hrsg. v. HStAD, Kevelaer 1985, S. 361-366

Viole, U.: »Ergeben und ersotten in des Satans Geist«: Reformatorische Kritik am Hexenwahn als Korrektiv des Alltagsbewußtseins, in: Ebert, K. (Hrsg.), Alltagswelt und Ethik, Wuppertal 1988, S. 179-195

Weber, L.: Veit Adam Gepeckh, Fürstbischof von Freising 1618-1651, München 1972

Weiler, P.: Die kirchliche Reform im Erzbistum Köln (1583-1615), Münster 1931

Weyer, J.: De praestigiis daemonum. Von Teufelsgespenst, Zauberern und Gifftbereytern, Frankfurt a. M. 1586

Wilbertz, G.: Hexenprozesse und Zauberglaube im Hochstift Osnabrück, in: Osnabrücker Mitteilungen 84 (1978), S. 33-50

Wisplinghoff, E.: Brauweiler, in: Haacke, R. v. (Bearb.), Die Benediktinerklöster in Nordrheinwestfalen, München 1980, S. 216-231

Wistrich, R.: Der antisemitische Wahn, München 1987

Wittmann, P.: Die Bamberger Hexen-Justiz (1595–1631), in: Archiv für katholisches Kirchenrecht 50 (1883), S. 177-223

Wühr, M.: Die Apotheken im ehemaligen Oberen Erzstift Köln, Stuttgart 1985

Zeeden, E. W.: Die Entstehung der Konfessionen, München 1965

— (Hrsg.): Gegenreformation, Darmstadt 1973

Zenz, E.: Cornelius Loos – ein Vorläufer Friedrich von Spees im Kampf gegen den Hexenwahn, in: Kurtrierisches Jahrbuch 21 (1981), S. 146-153

Zwetsloot, H.: Friedrich Spee und die Hexenprozesse, Trier 1954

Personen- und Ortsregister